企业价值评估
实务与案例

PRACTICE AND CASE STUDY OF
ENTERPRISE VALUE ASSESSMENT

王晓丽　刘春学◎主编

经济管理出版社

ECONOMY & MANAGEMENT PUBLISHING HOUSE

图书在版编目（CIP）数据

企业价值评估实务与案例/王晓丽，刘春学主编 . —北京：经济管理出版社，2021.6
（2023.2 重印）
ISBN 978 - 7 - 5096 - 8054 - 4

Ⅰ. ①企⋯　Ⅱ. ①王⋯ ②刘⋯　Ⅲ. ①企业—价值论—案例　Ⅳ. ①F270

中国版本图书馆 CIP 数据核字（2021）第 109315 号

组稿编辑：郭　飞
责任编辑：曹　靖　郭　飞
责任印制：黄章平
责任校对：王淑卿

出版发行：经济管理出版社
　　　　　（北京市海淀区北蜂窝 8 号中雅大厦 A 座 11 层　100038）
网　　址：www. E - mp. com. cn
电　　话：(010) 51915602
印　　刷：北京虎彩文化传播有限公司
经　　销：新华书店
开　　本：720mm × 1000mm/16
印　　张：17
字　　数：325 千字
版　　次：2021 年 10 月第 1 版　　2023 年 2 月第 3 次印刷
书　　号：ISBN 978 - 7 - 5096 - 8054 - 4
定　　价：58. 00 元

前　言

　　《企业价值评估实务与案例》是资产评估专业核心课。相对于其他单项资产评估，企业价值评估对象涉及范围广、业务繁杂、难度系数较大，对资产评估执业人员要求较高。通过整理近年来的资产评估专业教材发现，资产评估实务与案例的参考教材大概有七到八类，但企业价值评估方向的实务与案例教材偏少。企业价值评估业务是评估机构的主要业务之一，为了提高资产评估专业学生的实践操作能力，更好地实现评估机构需求与人才培养的无缝连接，特编写此书。

　　我们在编写此书时突破了以往的资产评估实务案例指导书的框架，主要是从评估公司的角度按照企业价值评估流程安排内容。编写过程中主要遵循以下原则：

　　（1）实践性。该书内容按照评估流程展开，每个环节充实了大量实务中的操作内容，应用性强，培养学生动手、动脑、理论联系实际的能力。

　　（2）新颖性。第五章至第九章中的案例均是来自资产评估公司近年来的案例，案例反映的内容比较典型，学生可以通过案例了解最新的企业价值评估业态和评估技术思路。

　　（3）系统性。该书从与评估相关的单位接洽到签订业务书再到出具资产评估报告都有涉及，系统地勾勒出企业价值评估流程，便于学生系统地掌握企业价值评估的相关知识和评估细节。

　　编写此书时结合了当前国内外企业价值评估研究最新成果和执业实践，较为系统地融合了企业价值评估基本理论和基本知识，既能作为资产评估专业本科生实习实践指导书，也可作为资产评估公司岗前培训指导书。

　　编写此书耗费近两年时间，在此感谢云南财经大学教指委专家提出的宝贵意见；城市与环境学院院长刘春学教授和其他专业教师给予的支持和指导；中同华资产评估公司云南分公司和中和资产评估公司西南分公司给予的大力支持；研究生马帅、师万迪、王德敏、周树真、欧薇、王玲等同学在资料收集、案例编排等方面的付出；家人的支持，让我能够有充足的时间和精力编写教材。在此，一并表示感谢！

由于笔者水平有限，加之编写时间仓促，所以书中错误和不足之处在所难免，恳请广大读者批评指正。

王晓丽

2021 年 1 月 25 日

目　录

第一章 概 述

第一节 企业价值评估实务领域

企业价值评估实务领域范围广、类型多，一般从评估对象和需要进行评估的经济行为等角度分类。

一、按企业价值评估对象的类型划分实务领域

企业价值评估对象是什么？是企业总资产价值还是企业整体价值？是企业投资价值还是企业股东全部权益价值或企业股东部分权益价值？

（一）企业整体价值

企业整体价值是指企业全部资产价值减去企业负债中非付息债务价值后的余额，或用企业所有者权益价值加上企业全部付息债务价值表示。这里需要指出的是，企业总资产价值是企业表里、表外的全部流动资产和非流动资产价值之和。正确理解企业整体价值需要与企业投资资本价值区分开，企业投入资本价值是企业总资产价值减去企业流动负债价值后的余额，或者用企业所有者权益价值加上企业长期付息债务价值。

（二）股东权益价值

股东价值也称为资本价值，是指企业净资产价值。在实务中，执业评估师应根据具体经济行为和评估目的区分股东全部价值和股东部分权益价值。股东全部权益价值反映了股东在企业资产中享有的经济利益。因此，股东全部权益价值是企业所有者权益或净资产价值。股东部分权益价值是指企业一部分股权价值，即股东持股比例大于0小于100%部分的权益价值。在评估实务中，大多数企业产权交易并非企业整体产权转让，交易对象只是部分产权。如果持有这部分股权能

够对公司产生控制力，那么这部分股权单位价值通常要高于对企业无控制力的少数股权单位价值。因此，通过先评估股东全部权益价值，然后根据股权比例确定股东部分权益价值的估算方法需要修正，即根据控股权溢价和少数股权折价调整。在实务中，执业评估师应当知晓股东部分权益价值并不必然等于股东全部权益价值乘以持股比例。

二、按照企业价值评估服务涉及经济行为划分实务领域

中国资产评估协会制定的《资产评估行业市场开拓路线指引（2019）》对资产评估行业业务的需求方进行了梳理，并根据需求方的不同，对触发资产评估行业业务的 126 项经济行为进行逐一分析。其中，评估类业务中涉及的需求方分为 8 个类别，对应具体的经济行为 85 项；评价类业务中涉及的需求方分为 2 个类别，对应具体的经济行为 12 项；咨询类业务中涉及的需求方分为 2 个类别，对应的具体经济行为 29 项。基本覆盖了我国资产评估行业已经开展的传统评估业务和新兴业务领域，如表 1-1 所示。

表 1-1　企业价值评估业务

需求方	触发资产评估行业业务的具体经济行为	
1.1 国资委、财政部及其授权履行国有资产监管的中央企业和中央金融企业	1.1.1	资产转让
	1.1.2	资产拍卖
	1.1.3	资产偿债
	1.1.4	资产租赁
	1.1.5	资产抵押
	1.1.6	资产质押
	1.1.7	资产重组
	1.1.8	资产捐赠
	1.1.9	资产补偿
	1.1.10	资产涉讼
	1.1.11	对外投资
	1.1.12	接受投资
	1.1.13	接受抵债资产
	1.1.14	债务重组
	1.1.15	公司制改建
	1.1.16	企业合并
	1.1.17	企业分立

续表

需求方		触发资产评估行业业务的具体经济行为	
1.1	国资委、财政部及其授权履行国有资产监管的中央企业和中央金融企业	1.1.18	企业破产
		1.1.19	企业清算
		1.1.20	企业解散
		1.1.21	增资扩股
		1.1.22	IPO
		1.1.23	股权转让
		1.1.24	债转股
1.2	国有企业	1.2.1	中央企业的股权投资
		1.2.2	国有控股混合所有制企业员工以科技成果出资
		1.2.3	国有控股混合所有制企业员工入股价格确定
		1.2.4	国有科技型企业股权出售
		1.2.5	国有科技型企业用于股权奖励的激励额折合股权确定
		1.2.6	中央企业及其所有的科技型企业股权出售
		1.2.7	中央企业及其所有的科技型企业股权奖励
		1.2.8	"僵尸企业"处置
		1.2.9	过剩产能资产处置
		1.2.10	企业办医疗机构资产转让
		1.2.11	企业办医疗机构产权转让
		1.2.12	国有企业职工家属区"三供一业"分离移交
1.3	国有金融企业	1.3.1	国有金融企业直接股权投资
		1.3.2	市场化银行债权转股权
1.4	中央文化企业	1.4.1	经营性文化事业单位转制为企业
		1.4.2	中央文化企业改制
		1.4.3	中央文化企业产权转让
		1.4.4	中央文化企业增资
		1.4.5	中央文化企业资产转让
1.5	上市公司及非上市公众公司	1.5.1	资产重组
		1.5.2	业务重组
		1.5.3	发行股份购买资产
		1.5.4	定向增发
		1.5.5	重大资产重组

续表

	需求方		触发资产评估行业业务的具体经济行为
1.5	上市公司及非上市公众公司	1.5.6	收购资产
		1.5.7	外国投资者对上市公司战略投资
1.6	行政事业单位	1.6.1	资产清查
		1.6.2	经营类事业单位整体或部分改制为有限责任公司或者股份有限公司
		1.6.3	经营类事业单位国有资产处置
1.7	企业	1.7.1	商誉减值测试
		1.7.2	其他资产或资产组减值测试
		1.7.3	非货币性资产公允价值评估
		1.7.4	金融工具公允价值评估
		1.7.5	基金估值
		1.7.6	合并对价分摊评估
		1.7.7	金融企业抵押物管理及评估
		1.7.8	外国投资者对境内企业并购
1.8	其他	1.8.1	碳排放权交易
		1.8.2	碳排放权质押
		1.8.3	生态价值补偿价值
		1.8.4	森林生态价值补偿
		1.8.5	环境损失评估
		1.8.6	存量PPP项目实施中的资产评估
		1.8.7	PPP项目物有所值评价
		1.8.8	PPP项目中期绩效评估
		1.8.9	存量PPP项目中国有资产、股权转让
		1.8.10	PPP项目合作期满移交资产评估
		1.8.11	PPP项目公司资产证券化
		1.8.12	PPP项目公司股东资产证券化
		1.8.13	PPP项目公司其他相关主体资产证券化
		1.8.14	资产损害赔偿鉴定
		1.8.15	资产变价
		1.8.16	刑事案件定罪量刑中相关损失估算
		1.8.17	人民法院委托司法执行财产处置资产评估

需求方		触发资产评估行业业务的具体经济行为	
1.8	其他	1.8.18	国家中小企业发展基金价值评估
		1.8.19	行业协会商会与行政机关脱钩有关国有资产管理
		1.8.20	中国足协大额资产出售与置换
		1.8.21	中国足协所持的国有企业股权资产管理
		1.8.22	包装产业发展混合所有制经济中涉及的国有资产评估
		1.8.23	大中型包装企业的股权分置改革中涉及的国有产权变动
		1.8.24	包装企业与科研院所间的资产重组

资料来源：http://www.cas.org.cn/gztz/60966.htm。

（一）国资委、财政部及其授权履行国有资产监管的中央企业和中央金融企业评估类业务需求

国资委、财政部及其授权履行国有资产监管的中央企业和中央金融企业触发评估类业务需求的经济行为主要包括资产处置、公司制改建、企业合并与分立、产权变动等，涉及的相关业务是资产评估机构开展多年的业务类型，是资产评估机构的基本服务项目。

资产处置经济行为包括资产转让、拍卖、偿债、租赁、抵质押、资产重组、资产捐赠、资产补偿、资产涉讼、对外投资、接受投资、接受抵债资产和债务重组等。

企业合并与分立经济行为包括企业合并、企业分立、企业破产、企业清算、企业解散等。

产权变动经济行为包括增资扩股、IPO、股权转让、债转股等。

（二）国有企业评估类业务需求

在发展混合所有制经济和国有经济优化布局、调整结构过程中，触发评估类业务需求的经济行为包括国有企业股权投资、股权激励、"僵尸企业"处置、国有企业办教育医疗机构改革等，具体如下：

1. 中央企业的股权投资

《中央企业投资监督管理办法》（国资委令第34号）和《中央企业境外投资监督管理办法》（国资委令第35号）规定，中央企业在投资事前管理中，"股权投资项目应开展必要的尽职调查，并按要求履行资产评估或估值程序"；在投资风险管理中，"中央企业股权类重大投资项目在投资决策前应当由独立第三方有资质咨询机构出具投资项目风险评估报告"。因此，中央企业在开展股权投资前，应履行资产评估或者估值程序，在投后需要进行项目风险评估。

此处股权投资主要是指针对中央企业在股权投资业务开展前进行的业务。

2. 国有企业发展混合所有制经济

《关于国有企业发展混合所有制经济的意见》（国发〔2015〕54 号）指出，"国有资本、集体资本、非公有资本等交叉持股、相互融合的混合所有制经济，是基本经济制度的重要实现形式""发展混合所有制经济，是深化国有企业改革的重要举措"。以此为契机，员工持股和股权奖励等产生评估类业务需求的经济行为不断出现，具体如下：

（1）国有控股混合所有制企业开展员工持股。2016 年 12 月，国务院国资委、财政部、证监会发布《关于国有控股混合所有制企业开展员工持股试点的意见》（国资发改革〔2016〕133 号），对处于充分竞争领域的商业类企业进行员工持股试点。同时规定"金融、文化等国有企业实施员工持股，中央另有规定的依其规定执行。国有科技型企业的股权和分红激励，按国务院有关规定执行"。文件规定员工出资和入股价格等应以评估为基础。

（2）国有科技型企业股权和分红激励。《国有科技型企业股权和分红激励暂行办法》（财资〔2016〕4 号）第 11 条规定："企业实施股权出售，应按不低于资产评估结果的价格，以协议方式将企业股权有偿出售给激励对象。资产评估结果，应当根据国有资产评估的管理规定，报相关部门、机构或者企业核准或者备案。"第 14 条规定："企业用于股权奖励的激励额，应当依据经核准或者备案的资产评估结果折合股权，并确定向每个激励对象奖励的股权。"

（3）中央企业及其属科技型企业股权和分红激励。《国有科技型企业股权和分红激励暂行办法》（财资〔2016〕4 号）和《关于做好中央科技型企业股权和分红激励工作的通知》（国资发分配〔2016〕274 号）对中央企业及所属国有科技型企业股权和分红激励做出规定和要求，明确中央企业及所属国有科技型企业股权和分红中涉及股权出售和股权奖励时应以核准或者备案的资产评估结果为基础。

3. 化解过剩产能

《关于化解产能严重过剩矛盾的指导意见》（国发〔2013〕41 号）指出，"化解产能严重过剩矛盾是当前和今后一个时期推进产业结构调整的工作重点。积极有效地化解钢铁、水泥、电解铝、平板玻璃、船舶等行业产能严重过剩矛盾"。在此过程中涉及的评估经济行为主要有以下两类：

（1）"僵尸企业"处置。2016 年，国务院国资委摸底梳理出中央企业需要专项处置和治理的"僵尸企业"及特困企业 2041 户，涉及资产 3 万亿元。另据 2016 年中国人民大学《中国僵尸企业研究报告》指出，电力、热力、冶金、石油加工等行业中"僵尸企业"的比例较高。其中，钢铁行业的比例是 51.43%、房地产行业的比例是 44.53%、建筑装饰行业的比例是 31.76%。

（2）过剩产能资产处置。2016 年化解钢铁煤炭过剩产能，涉及 28 个省份 1905 家企业。2018 年，国家发展和改革委员会、工业和信息化部、国家能源局、财政部、人力资源和社会保障部、国务院国资委《关于做好 2018 年重点领域化解过剩产能工作的通知》（发改运行〔2018〕554 号）指出，"钢铁方面：2018 年退出粗钢产能 3000 万吨左右，基本完成'十三五'时期压减粗钢产能 1.5 亿吨的上限目标任务。煤炭方面：力争化解过剩产能 1.5 亿吨左右，确保 8 亿吨左右煤炭去产能目标实现。煤电方面：淘汰关停不达标的 30 万千瓦以下煤电机组"。

4. 国有企业办教育医疗机构的改革

2017 年，国资委、中央编办、教育部、财政部、人社部和国家卫计委六部委联合制定和发布《关于国有企业办教育医疗机构深化改革的指导意见》（国资发改革〔2017〕34 号），规定企业办医疗机构进行资源整合，实现专业化运营和集中管理中涉及的资产转让、产权转让等经济行为应当进行评估。

5. 国有企业职工家属区"三供一业"分离移交

根据国务院国资委、财政部《关于国有企业职工家属区"三供一业"分离移交工作的指导意见》（国办发〔2016〕45 号），全面推进国有企业（含中央企业和地方国有企业）职工家属区"三供一业"分离移交工作，移交企业要做好移交资产清查、财务清理、审计评估、产权变更及登记等工作。

（三）国有金融企业评估类业务需求

国有金融企业触发评估类业务需求的经济行为主要包括国有金融企业直接股权投资和市场化银行债权转股权等。

1. 国有金融企业直接股权投资

《关于进一步明确国有金融企业直接股权投资有关资产管理问题的通知》（财金〔2014〕31 号）中要求"国有金融企业开展直接股权投资，应当根据拟投资项目的具体情况，采用国际通用的估值方法，对拟投资企业的投资价值进行评估，得出审慎合理的估值结果"，同时规定"国有金融企业可以按照成本效益和效率原则，自主确定是否聘请专业机构对拟投资企业进行资产评估，资产评估结果由企业履行内部备案程序"。

2. 市场化银行债权转股权

《关于市场化银行债权转股权实施中有关具体政策问题的通知》（发改财金〔2018〕152 号）中对银行和市场化债转股实施机构规定，"可根据对象企业降低杠杆率的目标，设计股债结合、以股为主的综合性降杠杆方案，并允许有条件、分阶段实现转股。鼓励以收债转股模式开展市场化债转股"。在"市场化银行债权转股权"工作中，市场化的最核心要素就是价值，以买卖双方都能够认可的价值作为交换的基础，资产评估在此过程中属于必需的经济行为。

（四）中央文化企业评估类业务需求

2012 年，《中央文化企业国有资产评估管理暂行办法》（财文资〔2012〕15号）对中央文化企业应当进行资产评估的十二个事项进行了明确规定。中央文化企业触发评估类业务需求的经济行为主要包括：

1. 经营性文化事业单位转制为企业

2014 年，国务院办公厅发布《关于印发文化体制改革中经营性文化事业单位转制为企业和进一步支持文化企业发展两个规定的通知》（国办发〔2014〕15号），要求"经营性文化事业单位转制为企业，要认真做好资产清查、资产评估、产权登记等基础工作"。

2. 中央文化企业改制

2017 年，中共中央宣传部和财政部发布《中央文化企业国有资产监督管理暂行办法》（中宣发〔2017〕3 号），明确规定"财政部负责研究制定中央文化企业国有资产基础管理相关制度，对中央文化企业国有资产产权界定、产权登记、资产评估、清产核资、资产统计、财务等进行监督管理"。

2018 年，财政部和中共中央宣传部发布《关于中央文化企业公司制改制工作实施方案的通知》（财文〔2018〕6 号），要求中央文化企业"改制为股权多元化企业，要符合文化市场准入有关规定，不得违规引入社会资本，按要求履行清产核资、财务审计、资产评估、进场交易等各项程序，并以资产评估值作为认缴出资的依据"。

3. 中央文化企业国有资产交易

2017 年，财政部发布《关于进一步规范中央文化企业国有资产交易管理的通知》（财文〔2017〕140 号），要求中央文化企业国有资产交易应充分发挥市场配置资源作用，遵循等价有偿和公开、公平、公正的原则。中央文化企业国有资产交易行为包括产权转让、增资、资产转让行为，根据《中央文化企业国有资产评估管理暂行办法》（财文资〔2012〕15 号），这三类国有资产交易行为在涉及国有产权变动中均应进行资产评估。

（五）上市公司及非上市公众公司评估类业务需求

上市公司触发评估类业务需求的经济行为主要包括资产重组、业务重组、发行股份购买资产、定向增发、退市评估、外国投资者对 A 股上市公司的战略投资等；非上市公众公司触发资产评估的经济行为主要包括重大资产重组和收购资产。

（六）行政事业单位评估类业务需求

2017 年，财政部发布《关于从事生产经营活动事业单位改革中国有资产管理的若干规定》（财资〔2017〕13 号），对从事生产经营活动事业单位改革中的国有资产管理进行了规范，行政事业单位触发评估类业务需求的经济行为主要包括：①资产清查。②经营类事业单位整体或部分改制为有限责任公司或者股份有限公司及进行产权转让、国有资产流转等。③经营类事业单位国有资产出售等经济行为中，应进行资产评估，其中涉及改制行为的，资产评估结果在转制单位内部公示，经主管部门审核后，报财政部门核准或备案。

（七）企业评估类业务需求

此处企业触发评估类业务需求的经济行为主要与会计核算相关，包括商誉减值测试、其他资产或资产组减值测试、非货币性资产公允价值评估、金融工具公允价值评估、基金估值、合并对价分摊评估等。其他还包括金融企业抵押物管理及评估和外国投资者对境内企业并购资产评估，这主要与企业的管理、并购等需求相关。

此外，还有评价业务涉及企业、财政部门等需求方，触发资产评估行业业务的经济行为共计 12 项，如表 1-2 所示。

表 1-2　评价业务

需求方		触发资产评估行业业务的具体经济行为	
2.1	企业	2.1.1	企业绩效评价
		2.1.2	金融企业绩效评价
		2.1.3	现代服务业综合试点工作绩效评价
		2.1.4	上市公司业绩评价
		2.1.5	企业内部控制评价
		2.1.6	品牌评价
2.2	财政部门和预算部门（单位）等	2.2.1	财政支出绩效评价
		2.2.2	国有资本经营预算支出项目绩效评价
		2.2.3	中小企业发展专项资金评审
		2.2.4	政府出资产业投资基金的绩效评价
		2.2.5	政府投资基金绩效评价
		2.2.6	"互联网+流通"发展基金评价

由表 1-2 可知，企业触发评价类业务需求的具体经济行为主要包括绩效评价、内部控制评价和品牌评价等。其中，绩效评价又大致可分为企业绩效评价、金融企业绩效评价、现代服务业综合试点工作绩效评价、上市公司业绩评价等。

第二节　企业价值评估流程

　　企业价值评估流程反映了评估业务从开始到完成所需要经历的工作及步骤。根据《资产评估准则——评估程序》第五条，完整的企业价值评估业务需要经历的基本程序包括：明确业务基本事项、订立业务委托合同、编制资产评估计划、进行评估现场调查、收集整理评估资料、评定估算形成结论、编制出具评估报告、整理归集评估档案。资产评估机构及其资产评估专业人员应当根据资产评估业务的具体情况以及重要性原则确定所履行各基本程序的繁简程度。无论企业规模大小，出于何种评估目的，资产评估机构及其资产评估专业人员不得随意减少资产评估基本程序。

一、明确评估基本事项

　　资产评估机构受理资产评估业务前，应当明确下列资产评估业务基本事项：

　　（1）委托人、产权持有人和委托人以外的其他资产评估报告使用人。在评估业务开始阶段，首先明确评估业务委托方和产权持有者以及是否存在委托方以外的其他评估报告使用者，在适当及切实可行的条件下了解评估报告使用者与委托方关系。了解委托方与相关当事方的关系很重要，它关系到评估业务有关资料收集与现场调查等有关方面的配合程度，从而关系到评估程序的执行程度。评估评估报告使用者是接受委托时要了解的一项内容，评估前期明确报告使用群体，有利于规避不必要的报告使用风险，最大限度地把握项目风险和个性要求。

　　（2）评估目的。执业人员要通过分析经济行为明确评估目的，依据"为什么评，评什么，用于什么方向"了解经济行为，明确评估目的。尽量细化评估目的，避免使用"融资""重组"等比较笼统的词语作为评估目的。另外，明确评估目的对评估方法选取以及价值类型有重要影响。

　　（3）评估对象和评估范围。一般对象可界定为股东部分权益价值和全部权益价值。在实务中，为明确责任，避免日后纠纷，评估范围的最终确定权在委托方，应由委托方针对具体对象的评估范围，明细资产评估清单进行签字盖章确认。同时，还需要强调有关评估对象及其相关权益状况，如明确被评估股权比例、状况、性质，是控股的还是非控股的，是流通还是非流通的股权等。

　　（4）价值类型。在实务中，评估师应当与委托方沟通，基于哪些假设或前提选择恰当的价值类型，确信选择的价值类型适用于评估目的和经济行为，并与委托方就具体价值类型的定义达成一致理解，避免不理解或异议。另外，明确价值类型，可以更清楚表达评估结果，避免报告使用者误用评估结果，造成不必要的损失。

（5）评估基准日。由于企业价值的动态变化性，为了使企业价值得以操作，同时，又能保证企业价值评估结果可以被市场检验，在进行企业价值评估时，必须假定市场条件固定在某一时点，这一时点就是评估基准日或者估价日期。在实务中，评估基准日选取考虑的因素包括：有利于评估结论有效服务于评估目的、有利于现场调查资料收集等工作的开展、企业价值评估业务尽可能选择会计期末。

（6）资产评估报告使用范围。一份评估报告只服务一个评估目的。评估结论只能用于评估报告载明的评估目的和用途，而且只能由评估报告载明评估报告使用者使用，未征得出具报告的评估机构同意，评估报告内容不得被摘抄引用或披露给公开媒体，法律法规规定以及相关当事方另有约定的除外。另外，评估报告使用的有效期一定是经济行为实现前，委估企业面临的经济社会环境未发生重大变化可作为有效期，原则上不超过一年。

（7）资产评估报告提交期限及方式。在实务中，执业人员需要了解委托方对于评估报告日的要求，便于判断能否按照时间要求完成评估业务。签订合同日到提交报告日的时间长短受以下几个因素影响：①评估程序的影响。为了保证评估质量，评估师应当履行完整的评估程序，因此，估计完成评估报告的期限时，应当按照完整的评估程序所需要耗费时间进行测算。②评估工作量的影响。评估对象越多，评估范围越大，评估工作量越大，耗费时间越长。③委托方提供的工作条件和协助情况。委托方及时提供良好的工作条件，能否积极配合，是评估师按时完成工作的保证。评估师完成工作的周期随着委托方提供的效率和质量变化。因此，在约定书中，应明确委托方提供协助的时限和质量要求的基础上再约定评估报告的期限。④评估师工作能力水平的影响。能力越强，执业水平越高，执业经验越丰富，则完成评估工作周期越短。作为执业评估师要综合考虑以上因素，确定评估报告提交期限的合理性。

（8）评估服务费及支付方式。明确服务费以及支付方式，为后期的资产评估委托合同的顺利签订奠定基础。在实务中，一般采用人民币作为计价货币。评估费用的支付时间一般采用三种模式：一是预付款，在签订业务约定书后，由委托方支付部分服务费，余款待评估工作结束时付清。二是按进度付款，委托方根据评估工作开展的进度，分阶段支付评估服务费。三是一次性付款，在完成全部评估工作时，委托方一次性结清评估服务费。支付方式主要有现金支付和转账支付，对采用现金支付方式的，应约定交付评估服务费的地点；采用转账支付的，因款项从委托方账户转出到达评估机构账户存在时间间隔，一般约定以款项到达评估机构账户的时间作为支付时间。

（9）委托人、其他相关当事人与资产评估机构及其资产评估专业人员工作配合和协助等需要明确的重要事项。明确委托方和相关当事方的工作配合和协助事项，可以有效地提升评估工作效率，降低因不能按照时间提交评估报告造成的违约风险。

二、签订业务约定书

业务约定书内容主要包括以下十个方面：①评估机构和委托方的名称、住所。②评估目的。③评估对象和评估范围。④评估基准日。⑤评估报告使用者。⑥评估报告提交期限和方式。⑦评估服务费总额、支付时间和方式。⑧评估机构和委托方的其他权利和义务。⑨违约责任和争议解决。⑩签约时间。

业务约定书约定事项力求简单扼要，陈述准确清晰，不得表述模糊。

三、编制评估计划

资产评估专业人员应当根据资产评估业务具体情况编制资产评估计划，并合理确定资产评估计划的繁简程度。资产评估计划包括资产评估业务实施的主要过程及时间进度、人员安排等。

四、现场调查

执行资产评估业务，应当对评估对象进行现场调查，获取评估业务需要的资料，了解评估对象现状，关注评估对象法律权属。现场调查手段通常包括询问、访谈、核对、监盘、勘察等。资产评估专业人员可以根据重要性原则采用逐项或者抽样的方式进行现场调查。

五、收集评估资料

资产评估专业人员应当根据资产评估业务的具体情况收集资产评估业务需要的资料。包括：委托人或者其他相关当事人提供的涉及评估对象和评估范围等资料；从政府部门、各类专业机构以及市场等渠道获取的其他资料。资产评估专业人员应当依法对资产评估活动中使用的资料进行核查验证。核查验证的方式通常包括观察、询问、书面审查、实地调查、查询、函证、复核等。

六、评定估算

资产评估专业人员应当根据所采用的评估方法，选取相应的公式和参数进行分析、计算和判断，形成测算结果。评估方法选择受各种评估方法运用所需数据资料及主要经济技术参数能否收集的制约。每种评估方法的运用所涉及经济技术参数的选择都需要充分的数据资料作为基础和依据。在评估时点以及一个相对较短的时间内，某种评估方法所需数据资料的收集可能会遇到困难，当然也就会限制某种评估方法的选择和运用。在这种情况下，评估人员考虑采用替代原理和原则，选择信息资料充分的评估方法进行评估。

七、编制和提交评估报告

资产评估专业人员应当在评定、估算形成评估结论后，编制初步资产评估报告。资产评估机构应当按照法律、行政法规、资产评估准则和资产评估机构内部质量控制制度，对初步资产评估报告进行内部审核。

八、工作底稿归档

资产评估机构应当对工作底稿、资产评估报告及其他相关资料进行整理，形成资产评估档案。

第三节　企业价值评估基本事项

评估公司或者评估专业人员，主要是通过访谈的方式了解基本事项。访谈前，需对要明确的基本事项做成调查表，便于复核者一目了然。

基本事项涉及的相关主体有：委托方、共同委托方、产权持有者或者被评估企业、报告使用者等。

了解的内容主要有：委托方和被评估方以及相关当事方之间的关系；报告使用者和委托方以及相关当事方之间的关系；委托方和被评估方企业名称、地址、电话、企业性质、经营业务范围、经营期限；评估目的；评估对象；评估范围；价值类型；评估假设和评估限制；评估报告类型；提交方式；提交时间。了解以上内容目的有二：一是通过以上信息内容，识别该评估业务存在哪些风险。二是通过以上信息，分析评估机构和评估执业人员能否胜任此项目的评估。资产评估机构应当对专业能力、独立性和业务风险进行综合分析和评价。受理资产评估业务应当满足专业能力、独立性和业务风险控制要求，否则不得受理。

通过访谈，将表 1-3 内容填写完整，交由复核人审核。审核的目的主要是判断访谈内容是否全面、详细、有无遗漏，是否能对评估对象涉及的基本面做出正确判断。

表1-3 企业价值评估基本事项调查

	洽谈人				
委托方	名称		地址		
	法定代表人		电话		
	企业性质		联系人		电话
	注册资金		经营期限		
	经营范围				
共同委托方	名称		地址		
	法定代表人		电话		
	企业性质		联系人		电话
	注册资金		经营期限		
	经营范围				
被评估单位（产权持有单位）	名称		地址		
	法定代表人		电话		
	企业性质		联系人		电话
	注册资金		经营期限		
	经营范围				
委托方与被评估单位关系					
报告使用者与委托方、相关当事方的关系	本评估报告仅供委托方和国家法律法规规定的评估报告使用者使用				
项目名称					
评估目的					
评估对象					
评估范围	流动资产				
	固定资产				
	无形资产				
	长期待摊费用				
	递延所得税资产				
	负债				
价值类型		评估基准日			
评估假设和限制条件	评估假设：				
报告类型、提交时间和方式	评估报告为纸质报告/电子版本 评估时间：				
备注					

复核人：   时间：

因此，接受评估业务委托之前，应当采取与委托方等相关当事方讨论，阅读基础资料，进行必要初步调查等方式，共同明确资产评估业务基本事项，对评估项目进行风险评价的基础上，与委托方达成一致意见后方可决定项目的承接。

第四节　评估项目风险评价

一、概述

项目风险评价是资产评估公司签订业务约定书的基础和前提。风险评价的内容主要是与项目相关的内外部各种风险来源、风险可控性以及风险防控措施等。一般而言，评估机构可以通过评估项目风险管理做出更有效的决策，例如，合理选择评估业务承接，组建最合适的评估团队处理评估业务等。为了保证项目顺利进行，在签约之前需要对项目可能存在的风险进行风险识别、风险分析和风险估测。

二、项目风险来源

风险识别主要依赖于对项目具体情况和外部环境的分析。风险识别最关键一步在于如何找出评估项目的所有风险因素，按照各种风险因素对评估机构造成损失概率大小和严重程度归类整理各种潜在风险。

企业价值评估项目主要风险归纳为五个方面，即来源于委托方、被评估单位、待估资产负债、评估机构和评估报告使用方面。具体风险类型如表1-4所示。

表1-4　×××项目风险评价表

项目名称：

调查内容	评价结果
一、来自委托方风险	×××
1. 委托方评估目的明确否？	×××
2. 委托方对时间要求是否紧迫？	×××
3. 委托方对评估结果是否有特殊要求？	×××
4. 委托者与被评估单位的关系如何？	×××
5. 委托方有无诚信记录？	×××

续表

项目名称：

调查内容	评价结果
6. 委托方主要负责人社会地位如何？	× × ×
7. 该项委托是否曾被其他评估机构拒绝过，如果是，为什么？	× × ×
二、来自被评估单位的风险	× × ×
1. 被评估单位负责人和其他相关人员对评估工作是否配合？	× × ×
2. 被评估单位是否面临财务危机？如到期债务不能偿还或抵押资产可能被处置？	× × ×
3. 被评估单位产权关系是否明确？	× × ×
4. 评估单位所处行业环境是否稳定？	× × ×
5. 被评估单位内部组织机构是否稳定？内部管理和控制是否健全、有效？财务是否稳定？	× × ×
6. 被评估单位基础资料档案管理是否健全？	× × ×
7. 被评估单位主要负责人社会地位如何？	× × ×
三、来自待估资产（含负债）的风险	× × ×
1. 待估资产产权证明文件是否齐全？	× × ×
2. 有无特殊而本机构没有评估经验的资产？	× × ×
3. 有无抵押、质押、诉讼、抵债等资产的安全与完整保证程度低的资产？	× × ×
四、来自本机构及评估人员的风险	× × ×
1. 本机构是否具备承接该项目的资质要求？	× × ×
2. 承接该项目是否影响本机构的独立性？	× × ×
3. 拟承接该项目的评估师及其他本机构评估人员是否符合独立性的要求？	× × ×
4. 拟聘请的专家或工作人员是否符合独立性的要求？	× × ×
5. 评估项目组成人员是否具备承接该项目的能力？	× × ×
五、评估报告使用对项目风险的影响	× × ×
1. 评估报告是否需要公诸于公开媒体？	× × ×
2. 评估报告是否可能被其他文件、资料引用？	× × ×
3. 评估报告是否提交国有资产管理部门备案或核准？	× × ×
4. 是否存在两个或两个以上利益对立的评估报告使用人？	× × ×

主要评估风险、风险可控情况及能够采取的主要措施：

是否接受委托   是 否   洽谈人签字：

负责人的评价及批示：

              签字：   日期：

由表 1-4 可知，委托方风险主要根据委托方评估目的的明确性以及对评估时间和结果有无特殊要求等方面来判断；来自于被评估单位的风险主要依据对评估机构配合程度、产权是否明晰、经营管理环境的稳定性和持续性判断；来自于评估范围的风险，比如委估资产产权文件是否齐全，是否存在特殊类型资产等；评估报告能否公开，是否备案，使用人利益是否对立等原因可能导致的风险；来自于评估机构和评估人员的风险，主要表现为是否具备相应资质，是否符合独立性的要求，是否具备相应的承接能力。综上所述，评估项目风险影响因素非常多且复杂，很难找到合适的方法量化所有的风险因素，评估机构和执业人员不能仅依靠感性认识和经验判断，还必须结合客观事实材料，准确判断风险发生概率的大小。

三、风险评价目的

通过风险评价分析项目存在的主要风险是什么，采取哪些措施可规避风险，是否可控等，以此做出对该项目是否接受委托评估的判断。

资产评估机构应当对专业能力、独立性和业务风险进行综合分析和评价。受理资产评估业务应当满足专业能力、独立性和业务风险控制要求，否则不得受理。

第五节　业务约定书

一、业务约定书

（一）概述

业务约定书，是指评估机构与委托方签订明确评估业务的基本事项，约定评估机构和委托方权利、义务、违约责任和争议解决等内容的书面合同。接受评估业务委托之前，评估公司应当采取与委托方等相关当事方讨论，阅读基础资料，进行必要初步调查等方式，共同明确资产评估业务基本事项，对评估项目进行风险评价与与委托方达成一致意见后方可决定项目的承接。因此，在签订业务约定书前，明晰三个问题：是否签约，如何签约，如何履约。首先，风险较小或者可控是签约的基本前提；其次，合同书中约定事项避免约定不足、约定过度、约定不当；最后，根据合同书约定事项集中优势资源完成评估业务。

《合同法》规定，经当事人授权的代表可以代为签订合同，但根据《中华人民共和国资产评估法》和《中国资产评估准则》规定，业务约定书只能由法定代表人或合伙人签字，不能由委托代理人签字。业务约定书是书面合同，不能以口头合同或其他形式。

资产价值随着时间变化而变化，即便同一资产的价值量在不同时点也可能发生变化。评估是为特定经济活动服务的，是评估对象在评估基准日特定目的下的价值进行分析和估算，而且在形成评估结论过程中所选用的各种作价标准、依据应该在时点有效。所以，每次评估都必须明确一个评估基准日。业务约定书应载明评估基准日，且评估基准日应当唯一，以年月日表示。

（二）业务约定书内容

作为评估专业人员，应当掌握如何编制业务约定书内容，重点包括双方的权利义务以及相应的违约责任以及评估服务费等。根据《中国资产评估准则——业务约定书》规定业务约定书应当包括下列基本内容：评估机构和委托方的名称、住所；评估目的；评估对象和评估范围；评估基准日；评估报告使用者；评估报告提交期限和方式；评估服务费总额、支付时间和方式；评估机构和委托方的其他权利和义务；违约责任和争议解决；签约时间。

签订业务约定书时需要注意以下两个问题：

一是关于业务约定书变更问题。业务约定书主要条款发生变化，原先签订的业务约定书失效，签约各方有义务对业务约定书进行变更；如果评估范围发生变化，应分析变化程度的大小，决定是否变更业务约定书。如果是微小变化，且该变化对业务约定书的其他事项不产生影响，不需要补充协议或重新签订业务约定书。如果评估范围发生重大变化，则需要补充协议或者重新签订业务约定书。

二是合同约定保密。由于评估报告具有商业秘密的属性，按照《保密法》要求，当事人具有保密义务。因此，在合同中要约定未经委托方书面许可，评估师和评估机构不得将评估报告内容向第三方提供或者公开。未征得评估机构同意，评估报告的内容不得被摘抄、引用或者披露给公开媒体。

签订业务约定书后，评估业务的实施就具备了必要的法律基础，资产评估由此进入前期准备阶段。

（三）业务约定书范式

××项目业务约定书

项目名称：

甲方（委托方）：   乙方（受托方）：

地址：   地址：

邮编：   邮编：

电话：   电话：
传真：   传真：

第一条 总则

甲乙双方根据国家颁布的《×××合同法》《评估管理办法》《××准则》等规定，为使评估工作顺利进行，明确各方的权利和义务，特签订约定书。

第二条 评估目的

因×××事宜，委托乙方对××的××××年××月××日的股权价值（企业价值）进行评估，为上述经济行为提供参考。

第三条 评估对象及评估范围

根据此次评估目的，评估对象是×××，评估范围是×××。

第四条 评估基准日

此次评估基准日为：

第五条 评估报告的出具

（一）在甲方及被评估单位完成本约定书第七条款中的相关准备工作后乙方即开始现场勘察工作，在现场勘察结束后××个工作日之内出具书面评估报告征求意见稿。

（二）甲方及被评估单位接到乙方提交的评估报告（征求意见稿）后的××个工作日内提出意见，如逾期未提出，乙方可视为甲方及被评估单位无不同意见并出具正式报告。

（三）乙方应在收到甲方及被评估单位意见后的××个工作日内做出必要修改并出具书面正式报告。

（四）评估报告采用中文提交，评估报告一式两份。

第六条 评估报告的使用

（一）使用者明确。

（二）使用目的明确（载明的使用目的）。

第七条 甲方的权利与义务

（一）甲方有得到资产评估报告书的权利。

（二）甲方根据乙方要求积极安排或协助被评估单位做好有关工作。

（三）甲方应提供评估所需资料，保证资料的真实性、合法性、完整性，并根据需要对所提供明细表及证明资料签字盖章确认。

第八条 乙方的权利与义务

（一）遵守相关法律、法规和准则，对评估对象在评估基准日特定目的下的价值进行分析，估算并发表专业意见是乙方的责任。

（二）乙方按照约定书约定的时间出具符合约定书要求的资产评估报告书。

（三）乙方对甲方提供的文件资料妥善保存保管保密，非经甲方同意，不得擅自公开或泄露给他人。

（四）乙方对甲方不当使用评估报告造成的后果不承担责任。

（五）当评估程序所受到限制对与评估目的相对应的评估结论构成重大影响时，乙方有权终止履行业务约定书。相关限制无法排除时，乙方有权解除业务约定书。

第九条　评估收费及支付方式

（一）根据评估类别、专业人员级别、花费工时综合计算，甲方承诺向乙方支付评估费用。

（二）评估费用支付进度和方式。

签订合同一周内支付

出具资产评估报告后一周内支付

经双方协定，评估人员前往目的地的交通费用及现场食宿费由甲方及被评估单位安排。

第十条　违约责任（略）

第十一条　其他事项

甲方：　　　　　　　　　　　　　乙方：

法定代表人：　　　　　　　　　　法定代表人：

　　　年　月　日　　　　　　　　　　年　月　日

二、承诺函

一般，签订业务约定书的同时，委托方、被评估单位、评估机构要签订承诺函。委托方和被评估单位须承诺提供资料真实有效、委估资产产权明晰不存在瑕疵、不干预评估等内容。评估机构承诺按照《中国资产评估准则》客观独立公正执业，对委估对象作出专业评估结论。

（一）申报资产产权承诺书范例

关于申报评估资产产权的说明及承诺

××事务所：

本次纳入评估范围的××，均由我单位拥有、使用，不存在权属纠纷及其他对其占有使用收益和处置的限制。请贵公司根据我单位申报和说明将其纳入评估范围。我单位承诺：本次评估所服务的经济行为完成后，相关资产一旦发生权属纠纷，我们将根据本次评估所对应经济行为的当事方要求予以解决，不会因此影响本次评估所服务的经济行为实现后被评估对象的接受方对相关资产占有，使用收益和处置权利的行使。我单位愿为此承担相关法律及经济合同规定的责任。

产权持有单位：盖章
法定代表人：签字盖章

（二）委托方和被评估单位承诺书范例

委托方及产权持有单位承诺函

××事务所：

××拟向××企业增资扩股，需对所涉及的×××资产在评估基准日的市场价值进行评估，我单位承诺如下，并承担相应的法律责任：

资产评估经济行为符合国家规定；

纳入评估范围的资产权属明确，出具的权属证明文件合法有效；

所提供的评估有关资料真实、准确、完整，有关重大事项提示充分；

不干预评估工作。

委托方及产权持有单位：盖章
法定代表人：签字盖章

（三）评估机构承诺书范例

××事务所及资产评估师承诺函

委托方全称：

受贵单位（公司）委托，我们对贵单位（公司）拟实施×××行为（事宜）所涉及的×××（资产—单项资产或者资产组合、企业、股东全部权益、股东部分权益），以××××年××月××日为基准日进行了评估，形成了资产评估报告。在本报告中披露的假设条件成立的前提下，我们承诺如下：

1. 具备相应的执业资格。
2. 评估对象和评估范围与评估业务约定书的约定一致。
3. 对评估对象及其所涉及的资产进行了必要的核实。
4. 根据资产评估准则和相关评估规范选用了评估方法。
5. 充分考虑了影响评估价值的因素。
6. 评估结论合理。
7. 评估工作未受到干预并独立进行。

资产评估师：签字盖章
法定代表人：签字盖章

第六节　评估计划

一、概述

签订业务约定书后，下一步是制订评估计划。评估计划是指评估机构和人员执行评估业务，拟定评估思路和实施方案。评估计划应涵盖现场调查，收集评估资料，确定估算方法等基本评估程序的具体评估步骤，并确信制定和实施的具体步骤是合理有效，能够支持形成的评估结论。

二、评估计划内容和影响因素

制订评估计划主要是围绕人员分工、时间进度、费用预算等内容进行安排。制订评估计划时考虑的因素有评估对象和评估范围、评估业务规模、提交评估报告时间、委托方和被评估单位的配合程度。

对于具有评估范围广、作业点多、价值量庞大、核算单位多等特点的庞大复杂项目，需要动用大量的人力、物力、财力；需要协调各行业的专业人员，比如：评估人员、工程造价师、设备工程师、会计师、律师、技术总监等。在执行过程中，不可预见的因素很多，因此，需要制定较为详细的评估计划，尽最大可能考虑到不确定的因素和风险并加以防范。

三、评估计划调整和审核

（一）评估计划调整

（1）评估工作本身遇到了障碍，评估未能按照原计划完成。

（2）评估业务内容发生了变化需要调整评估计划（评估对象或范围调整，基准日调整等）。

（二）评估计划审核

（1）根据《评估机构业务质量控制指南》规定，项目负责人负责评估计划的制订和组织实施。

（2）评估计划审核内容：评估目的，评估对象和范围是否恰当；评估基准日选取是否恰当；评估价值类型的选取是否与评估目的、评估对象相吻合；重点的评估范围确定是否恰当；主要评估程序的执行环节的确定是否恰当；主要评估方法选取是否恰当；评估人员选派与分工是否恰当；时间预算费用是否合理；对评估风险估价是否恰当，控制手段是否合理等。

在实务中，通常评估计划制订的内容和形式如表1-5所示。

表1-5 评估项目工作计划表

项目名称			
评估项目背景概况			
评估目的			
评估基准日			
评估对象及范围			
评估价值类型			
评估方法			
		责任人	时间安排
综合进度	前期准备		
	现场勘察		
	收集评估资料		
	评定估算		
	编制和提交评估报告		
	内部审核		
	工作底稿归档		
	现场调查内容	评估方法	评估人员
人员安排	流动资产及负债		
	长期投资		
	房屋及建筑物		
	机器设备		
	在建工程		
	土地使用权		
	其他无形资产		

费用预算

项目	劳务费	差旅费	外勤费	加班费	招待费	其他	合计
金额							

批准人		日期	
计划调整情况			
批准人		日期	

编制人：　　　　　　　　　　　　　　　　　　　　　　　时间：

第二章　现场调查

第一节　概述

执行企业价值评估业务，应当对被评估企业进行现场调查，获取评估业务需要的资料，资料范围包括委估企业所在行业环境资料和委估企业环境资料。一般情况下，行业环境分析的基础资料可通过官方发布的统计年鉴和协会以及专业网站获取。

委估企业资料主要是通过高管访谈和现场勘查等形式了解企业的历史、发展、经营现状、经营条件、营业收支等，经济行为涉及的具体资料，评估对象所涉及评估范围包括的各单项资产的资料。现场调查手段通常包括询问、访谈、核对、监盘、勘察等。资产评估专业人员可以根据重要性原则采用逐项或者抽样的方式进行现场调查。

一、资料清单

在实务中，一般评估公司根据委托方或委估单位提供的资产申报明细表制定评估用资料清单，由委托方或者被评估单位按此清单提供评估资料，如表 2 - 1 所示。

表 2 - 1　被评估单位提供评估用资料清单

序号	资料名称	需要提供（日期）	已提供（日期）	提供人签字	备注
一	企业基本情况				
1	委托方企业法人营业执照				
2	被评估单位企业法人营业执照、税务登记证				

续表

序号	资料名称	需要提供（日期）	已提供（日期）	提供人签字	备注
3	被评估单位国有资产产权登记证				
4	被评估单位的公司合同章程协议验资报告				
5	被评估单位股东构成及持有股份以及对于公司决策影响				
6	被评估单位发生的实际和计划中的股权变动事宜、股权数量变动形式（赠与、内部变动）、转让价格及价格确定方式				
7	被评估单位下属机构的简况和框架图				
8	被评估单位各类资质证书、采矿许可证、进出口许可证、专营许可证				
9	被评估资产中抵押、担保的合同、协议				
10	被评估资产中融资、租赁凭证及合同				
二	针对本次评估项目的具体资料				
1	与评估目的对应的经济行为文件及上级批准文件，股东大会、董事会决议或合作协议等				
2	董事会决议和批准文件				
3	资产重组方案、土地处置方案				
4	关于进行资产评估有关事项说明				
5	委托方及被评估单位有关资产评估的承诺函				
6	被评估单位各类资产及负债的清查评估申报表				
7	委托方以外的其他评估报告使用者的说明，包括使用者名称及在本次经济行为中所处的地位				
三	被评估单位提供的各单项资产评估所需资料				
（一）	流动资产及负债的资料清单				
1	评估基准日银行存款对账单及银行存款余额调节表				
2	存款存单复印件				
3	大额应收、应付票据复印件（注明利率）				
4	大额应收及预付、应付及预收购销合同复印件				
5	有关债权中坏账（破产死亡）核销证明文件				
6	有关债权债务的询证函（询证函样本由本公司提供）				
7	存货盘点情况说明（盘盈、盘亏、报废要重点说明）				

序号	资料名称	需要提供 （日期）	已提供 （日期）	提供人 签字	备注
8	应收股利、利息合同复印件				
9	应收补贴款证明文件				
10	有价证券复印件及托管有价证券证明文件				
11	企业长期、短期借款合同及付息情况说明				
12	短期、长期抵押、担保合同复印件				
13	主要购货发票、销货发票及相关转账单复印件				
14	待处理流动资产净损失情况说明				
15	部分有代表性的存货出、入库单				
16	待摊费用、长期待摊费用的原始入账凭证				
17	评估基准提税金申报及税单复印件				
18	应付利润的相关文件复印件				
19	预提费用的计提依据				
20	产品生产量及销售报表复印件				
21	有否诉讼、封存的流动资产事项				
（二）	房屋建筑物的资料清单				
1	房屋权属证明及能说明权属关系的证明材料原件及复印件				
2	开工许可证、竣工验收证明				
3	房屋购买合同协议及付款凭证				
4	基本建设项目工程竣工决算书及工程验收报告				
5	主要房屋建筑物的竣工结算书				
6	主要房屋建筑物的概（预）算书				
7	当地现行的建筑材料价格，调价系数，调价文件				
8	当地现行的概（预）算指标或定额，取费文件				
9	目前当地工业与民用建筑物的市场交易价				
10	厂区室外管网图（上下水、煤气、暖气、蒸汽、电缆、电线、通信等）				
11	厂区道路图				
12	房屋建筑物的维修改造情况说明（维修改造次数，年月投入金额）				
13	租出或租入房屋租赁合同及协议				
14	主要房屋建筑物的图纸及技术资料				

续表

序号	资料名称	需要提供（日期）	已提供（日期）	提供人签字	备注
15	主要房屋建筑物的近期照片				
16	待报废房屋的详细情况说明				
17	周边房屋交易案例				
18	工业场地总平面图				
19	有腐蚀性建筑物情况说明				
20	建筑物账面价值组成说明（原始构建价值、清产核资入账、前次评估后入账价）				
21	当地政府近期收取基础设施配套费的有关文件、规定				
22	当地建设工程前期费用的收取项目和收费标准				
23	权证或证明文件名称不符的应要求企业权证单位出具有效证明				
24	提供是否诉讼、抵押、担保、封存的事宜				
（三）	机器设备及车辆的资料清单				
1	企业生产工艺流程图及相关技术文件说明				
2	企业设备情况说明（包括使用情况、维修制度、执行情况）				
3	企业设备检修、大修、技术改造等记录				
4	大型设备、进口设备技术资料、产品说明书等				
5	进口设备的合同、报关单、装箱单等				
6	大型设备、重要设备的购货发票或订货合同				
7	电梯、行车、压力容器、锅炉等设备检验资料				
8	企业所在行业设备的安装定额、取费文件				
9	当地现行的设备安装指标或定额，取费文件				
10	当地现行的设备安装材料价格、调价系数				
11	设备安装预决算资料				
12	主要设备及进口设备近期照片				
13	车辆行驶证原件及复印件				
14	设备、车辆维护保养情况说明				
15	设备及车辆运行维修大修事故记录				
16	待报废及其设备、车辆详细情况说明				

续表

序号	资料名称	需要提供（日期）	已提供（日期）	提供人签字	备注
17	机器设备账面价值组成说明（原始购置价、清产核资入账价、前次评估入账）				
18	租出、租入设备合同及协议				
19	融资租赁设备的融资租赁合同、付款凭证等资料				
20	设备运行的单位能耗、单位煤耗统计表等经济技术指标				
21	提供是否诉讼、抵押、担保、封存的事宜				

二、现场调查内容与方式

（一）现场调查内容

现场调查时评估人员全面、客观了解评估对象，核实委托方和产权持有单位提供资料可靠性的尽职调查工作，也是资产评估程序和操作的必经环节。

现场调查目的主要根据评估目的、评估对象获得需要评估的资产清单，并且核实评估对象的存在性与完整性，了解评估对象使用现状。对评估对象法律权属资料的查验等，应涵盖了解所有评估对象各种信息工作。常见评估对象法律权属资料具体内容如下，控股型股权、债权的权属资料：章程，合作协议，工商营业执照，股票，债券，借款合同等；设备车辆船舶的权属资料：合同，发票，车辆行驶证，船舶所有权证明等；房屋的权属资料：房产证或房地产证；土地使用权：国有土地使用证，集体土地所有权或房产证等；矿业权的权属资料：探矿许可证，采矿许可证等；知识产权的权属资料：购买专利技术合同，协议，发明证书，专利证书，联营合作开发协议，技术购买协议，商标工商注册登记证等；存货的权属资料：发票，生产成本记录等；在建工程的权属资料：《建设工程规划许可证》《建设用地规划许可证》《建设工程开工许可证》；银行存款的证明资料：银行对账单等。

（二）调查方式

（1）询问。

在进行访谈前，要提前做好功课，心中有数不慌张。对评估对象基本情况进行调查分析，在了解资产概况、产权和使用情况的前提下，设计访谈提纲，询问被评估对象管理人员、观察其管理控制情况，了解企业经营模式（产品、收入、成本、费用等），知悉企业的核算体系、业务和管理模式、核心技术及研发力量以及未来发展规划，获得评估业务和评估对象必要信息等（杨志明，2015）。在设计访谈大纲时视角要宽泛，给访谈对象更大的发挥空间，切忌照着流程图一个一个地去求证，这样很难发现有价值的信息；及时引导和调整谈话方向、控制节奏，避免被对方带得偏离主题；及时记录，在后续提问中对此进行深入挖掘，对同一个问题可以从不同角度向不同的对象确认；访谈人员自身具备扎实的专业素养和丰富的行业经验，这是提高访谈效果的根本保障。

（2）函证。

函证内容一般与应收账款（应付账款）的多项认定是相关的（如存在权利与义务等）。函证对象一般是与委估企业有经济业务往来的合作单位。银行函证是独立评估的核心程序之一，是评估机构直接向银行业金融机构发出询证函，银行业金融机构针对所收到的询证函查询、核对相关信息并直接提供书面回函的过程。资产评估师根据业务需要选择适当的银行询证函格式，并严格按照要求操作、填写。在银行业金融机构回函的基础上，评估师要审慎考虑实施函证获取的评估证据是否充分、适当、可靠。另外，函证对象、金额、数量应由评估人员确定，函证的回函地址应为评估机构的单位地址。

（3）监盘。

在现场勘察过程中，实施监盘的对象主要有现金、有价证券、存货、固定资产等。在监盘过程中，并不是单纯地拿着盘点表，对照着盘点表去找实物，监盘的过程中有两种方式（同样适用于存货）：一种是从盘点表到实物，即看看登记在账上的东西是不是现实中都有；另一种是从实物到账上进行比对。

1）现金监盘：数量、币种、有无白条抵库、未达账项等。

2）存货监盘：监盘前要取得最近一次的仓库清单，首先检查清单中是否包含了产品名称、识别编号、规格型号、存储地点、数量、单价、金额等必要信息；然后将存货清单的金额与账上记载的存货金额进行核对，若差异较大，就要寻找原因。在抽取盘点商品清单时，对于有多个仓库或者存储地点的，要通过存货清单的记录，判断重点抽查哪些仓库。通过存货清单的记录判断哪些产品更重要，这些重要产品要重点抽查。监盘中要注意数量盘点、质量盘点（是否存在减值迹象）、盘点范围（是否存在委纳入盘点范围的同类存货，核实原因）、观察内控（存货摆放、出入库管理记录单是否翔实等）、准确记录（记录数量以及差异和问题，分析原因）、适当拍照（监盘过程提供证据）。

3）固定资产监盘：数量、地点、产权确定（检查固定资产的购置合同及发票等，是否存在抵押、诉讼等，关注权属）、用途、使用状态、计提折旧情况、维护保养等内容。

（4）勘察。

对有形资产品质、使用状况的勘察，重点关注物理属性和技术属性。比如评估在建工程，要对照竣工图核查实际施工数量、施工工艺、施工工序是否与设计相符，照变更签证单，核查实际施工现场情况是否与变更签证单相符，核查变更工程量增减情况，核查隐蔽工程的验收资料、材料进场验收记录、材料检测验收记录、投标书工程量、施工图进行对比，结合现场询问了解进度和各单位工程费用等内容。不同评估对象，勘察的侧重点不一样。因此，围绕委估对象的性能、功能以及相关的物理属性和技术属性有重点地和针对性地勘察。

（5）检查。

检查内容主要是委估企业的章程、制度、会计凭证、财务报表、生产经营资料、长期股权投资协议、各种规划、各种业务合同等。

三、现场调查地点

现场勘察应当在评估对象或评估业务涉及的主要资产所在地进行。由于评估对象和评估业务特殊性，无法在评估对象或评估业务涉及的主要资产所在地进行现场调查的情况主要有：①评估长期投资时尤其是不占控股权的长期投资，被投资单位不配合不能进现场或提供有关资料。②分支机构在境外。③关系国家安全保密需要等。

因客观环境限制无法现场勘察，有必要进行总体判断是否继续执行或终止评估业务：一是所受限制是否对评估结论或评估目的所对应的经济行为构成重大影响；二是能否采用必要措施弥补不能实施调查程序带来的缺失。不能以工作量或工作的难易程度作为确定调查内容的标准（杨志明，2015）。对评估人员决定继续执行的调查受限项目，评估人员应在报告中如实披露受限事项，评估师为此所做的努力以及该事项对评估结论的影响。

四、主要资产现场勘察

根据重要性原则确定现场调查重点及勘察盘点数量，在评估实务中，存货的评估费时费力，通常采取抽查评估的方式，抽查数量占40%以上，账面价值占总值的60%以上。

由于受到客观条件限制，无法实施资产勘察一般是指养殖的水产、分期收款发出的商品、特殊容器盛放的气体和液体、轮船在海上航行未停泊在国内、地下管网、资产在危险地带、军工国防等涉及国家规定秘密的企业生产资料等实物资产以及法院查封资产以及其他受限类资产等。在无法取得有效期内的国家质检部门的检测鉴定报告，也无法实施资产勘察的情形下，决定继续执行或终止评估业务时应当重点考虑以下因素：一是所受限制是否对评估结论或评估目的所对应经济行为构成重大影响；二是能否采取替代程序弥补缺失现场调查带来的负面影响。

第二节 现场核实

接受评估委托后，评估人员首先向被评估单位提供了评估明细表、填表说明、资料清单等电子文档，要求被评估单位进行资产申报和资料准备；然后成立以现场项目负责人为主的核实小组，根据制订的现场核实计划，结合选择评估方法所涉及的工作量分小组进行现场核实。一般来说，收益法为一个小组；成本法工作量比较庞大，可按照申报表中的内容分小组进行，固定类资产评估为一组、流动资产评估为一组、负债类为一组。在实务中，第一阶段对评估申报明细表进行初步审核，了解委托评估资产概况，审查各类资产清查评估明细表，检查是否存在填写不全，错填，漏填等现象；第二阶段依据资产评估明细表，对申报的资产进行现场核实盘点工作。对申报表中与实际不符项目经被评估单位确认后进行修改完善，做到"账""表""实"相符；第三阶段编写核实情况说明。

一、现场核实内容

（一）流动资产核实情况
主要对企业的实物性流动资产（主要指存货）、非实物性流动资产进行核实。

1. 实物性流动资产的核实
实物性流动资产主要为存货，包括原材料、包装物、产成品等。

评估人员首先向企业调查存货的核算方法，通过抽查会计凭证对存货账面值的构成内容进行核实，然后依据资产评估准则的要求，会同企业仓库管理人员，结合库房、销售部门提供的仓库保管账目、销售记录及申报明细表进行详细核实进行抽盘，并根据评估基准日至盘点日的出入库情况进行调整，推算评估基准日存货实有数量。在盘点的同时对库房环境、实物码放及标识状况、存货的残次冷背等有关情况进行观察和记录。

2. 非实物性流动资产的核实
主要通过核对企业财务账的总账、各科目明细账、会计凭证，对非实物性流动资产进行了核实，并重点对现金进行盘点、对银行存款和往来款进行函证、对应收款项进行账龄分析。

（二）长期股权投资核实情况
向被评估单位收集相关的投资协议、股权转让文件以及被投资单位的企业法人营业执照、公司章程、验资报告、评估基准日财务报表等资料；调查企业对长期股权投资的核算方法；与评估申报表进行核对，核实其账面价值、投资比例是否相符；对拥有控制权的长期股权投资，参照企业整体评估进行全面的资产核实。

（三）设备核实情况

根据被评估单位提供的评估明细表，对设备进行抽查核实，对于漏填和填报不实的部分，要求企业财务、设备部门共同核对、填齐改正。根据被评估单位提供的评估明细表，对设备进行抽查核实，对于漏填和填报不实的部分，在征求企业有关部门管理人员的意见的前提下进行相应调整；核实现场核设备名称、规格型号、生产厂家及数量是否与申报表一致；通过与设备管理人员和操作人员的广泛交流，了解设备的工作条件、现有情况以及维护保养情况，了解设备的历史变更和运行状况并填制设备状况调查表；调查了解是否有进账的盘盈设备和已核销及报废的电子设备等，调查了解企业设备账面的构成是否合理，有无账面记录异常现象，为分析评估增减值做好基础工作；设备产权主要通过查阅购置合同、发票、车辆行驶证等进行核查，对权属存在瑕疵的，给予高度关注，进一步通过询问的方式了解产权权属，并要求委托方和相关当事人出具"说明"和"承诺函"。通过以上内容的核实、核验，了解设备的物理特征、技术特征、经济特征和权属特征。

（四）房屋、建筑物核实情况

根据被评估单位提供的建筑物评估项目及申报表，对房屋的坐落位置、建筑面积、建成年月进行核对；核实房屋建筑物的层数、层高、檐高、跨度、柱距；勘察结构类型、装饰及给排水、供电、照明、采暖通风等设备配备情况和房屋使用情况；查阅主要建筑物的预算书、决算书以及施工图纸等；对于无房屋所有权证的房屋建筑面积，根据竣工结算资料确定。

（五）在建工程核实情况

对于在建工程，评估人员主要了解在建工程的具体内容、开工日期、结算方式、实际完工程度和工程量、实际支付款项等，并到在建工程现场对工程的实际状况进行勘察。

（六）无形资产核实情况

根据企业申报的无形资产类别，查阅无形资产的形成过程；查阅相关知识产权网站，收集权力证书、权力申请书等有关资料进行核实；如果无形资产是购置的，要查阅购置合同、购置发票等进行核实，了解原始入账价值及包含内容；了解无形资产的摊销政策。

（七）递延所得税资产核实情况

根据评估申报表所列项目内容，针对各项递延所得税资产形成的具体原因，检查相关资料，并核查账面余额的正确性。

（八）负债核实情况

负债科目包括应付账款、应付职工薪酬、应交税费、其他应付款。在清查核实中，首先对各类负债的内容、成因、发生日期、相关合同等进行调查了解，重点了解各类负债是否为企业评估基准日实际承担的债务；对大额负债进行函证，对未收到回函的负债和其他未进行函证的负债实行替代程序，主要是核对各科目总账、明细账、会计凭证是否一致，便于为增减值提供依据。

（九）损益类财务指标核实情况

（1）对于收入的核实，了解申报数据的准确性、收入变化趋势以及产品价格的变化趋势和引起价格变化的主要因素等。

（2）成本及费用的核实和了解，根据历史数据和预测表、了解主营成本的构成项目，并区分固定成本和变动成本项目进行核实。主要了解企业各项期间费用划分的原则、固定性费用发生的规律、依据和文件、变动性费用发生的依存基础和发生规律。

（3）了解税收政策、计提依据及是否有优惠政策等。

（十）业务和经营调查

评估人员主要通过收集分析企业历史经营情况和未来经营规划以及与管理层访谈对企业的经营业务进行调查，收集了解的主要内容如下：①了解企业历史年度权益资本的构成、权益资本的变化，分析权益资本变化的原因。②了解企业历史年度各区域销售额及其变化，分析销售收入变化的原因。③了解企业历史年度成本的构成及其变化。④了解企业主要其他业务收入的构成，分析其对企业利润的贡献情况。⑤了解企业历史年度利润情况，分析利润变化的主要原因。⑥收集了解企业各项销售指标、财务指标，分析各项指标变动原因。⑦了解企业未来年度的经营计划、投资计划等。⑧了解企业的税收及其他优惠政策。⑨收集被评估单位行业有关资料，了解行业现状、区域市场状况及未来发展趋势。⑩了解企业的溢余资产（负债）和非经营性资产（负债）的内容及其资产状况。

二、影响资产核实的事项及处理方法

（1）一般包括资产性能的限制、存放地点的限制、诉讼保全的限制、技术性能的局限、涉及商业秘密和国家秘密以及评估基准日时正在进行的大修理、改扩建情况等。

（2）对于不能采用现场调查方式直接核实的资产，应当说明原因、涉及范围及处理方法。

实务中，通常采用的处理方法有：

第一，因存放地点的限制，未能对矿井下的实物资产进行直接核实，这些实物资产包括矿建构筑物××项，机器设备××台（套），对这类资产，主要通过对企业资产管理的调查、资产形成时的原始凭证、设计图纸、采掘平面布置图、井巷工程对通风及排水等方面的要求以及向××固定资产管理人员调查了解来判断该类资产的现状。

第二，在评估核实期间，有××辆车在外地作业，评估人员没有见到实物，为此，评估人员查阅了车辆购置发票、入账凭证等财务资料，获取了车辆行驶证复印件，并向车辆使用人电话询问了解车辆现状。

第三，申报评估的房屋中有××项没有办理房屋产权证，被评估单位出具了这部分房屋产权的承诺函，承诺产权归其所有评估人员索取了工程建设的批准文件、工程预决算、房屋产权监理处出具的产权替代证明，以核实房屋的建设合法性、权属和建筑面积。

第四，申报的评估明细表中有×幢房屋和×项构筑物已于评估基准日前拆除；被评估单位未提供相关的固定资产拆除、报废手续。

第五，被评估单位已取得委估土地使用权证，但未向评估人员提供相关出让合同。对此，被评估单位对出具承诺其已完全支付土地出证金，企业不存在与此宗土地相关的任何潜在债务。

第六，非实物资产影响核实事项××××××××××。

除上述事项外，评估人员未发现其他影响资产核实的事项。

三、核实结论

现场核实完毕要出具核实结论，主要包括资产核实结论；资产核实结果是否与账面记录存在差异及其程度；权属资料不完善等权属不清晰的资产；企业申报的账外资产的核实结论。

在实务中，可按照核实对象属性分类说明核实结论。

（1）现场核实相符的表述。例如：根据核实结果，非实物资产，核实评估明细表和账面记录一致，申报明细表与实际情况吻合；实物资产的核实情况与核实评估明细表相互对应，账实、账表相符。

（2）现场核实不符的表述。例如：根据核实结果，评估人员发现纳入评估范围内的资产及负债存在以下瑕疵：

1）一些资产实物核实盘点结果与被评估单位账面记录存在差异，具体如下：

①委估资产中共有××幢房屋和×××项构筑物已于评估基准日前拆除，账面价值××元；××项设备已丢失，××设备已出售，账面价值××元；被评估单位未及时进行固定资产报废、拆除、报损的账务处理。

②本次核实共盘盈固定资产××项，其中，建筑物××项、设备××项，盘盈原因为××。

2）一些资产缺少相关机关颁发的权属证明，具体有：

①房屋建（构）筑物中共有×××项，建筑面积共××××平方米，账面价值××元，被评估单位因×××原因尚未办理房屋所有权证；

②土地使用权核实评估明细表序号××的土地，面积×××平方米，账面价值××元，被评估单位因×××原因尚未办理权证。

除上述资产外，纳入评估范围内的其他资产及负债账账、账表、账实相符，实物资产均可继续正常使用，且产权清晰，未发现产权纠纷问题。

第三章　企业价值评估中的环境分析

第一节　宏观环境分析

根据《资产评估准则——企业价值评估》规定，执行企业价值评估业务，应当结合评估业务的具体情况，分析影响被评估单位经营活动的宏观、区域经济因素。宏观环境分析的目的是对影响所有委估企业生产经营管理活动的宏观环境进行调查、分析、预测其发展趋势，识别宏观环境给企业带来的机遇和挑战，确保评估结论的合理性。这些宏观环境包括政治因素、经济因素、社会因素、技术因素，简称 PEST 模型。

一、模型起源

PEST 模型是由美国学者 Johnson G. 与 Scholes K. 提出的，其中，P、E、S、T 四个字母分别代表政治（Politics）、经济（Economy）、社会（Society）、技术（Technology），如图 3 - 1 所示。

通过 PEST 分析，有助于企业决策者或战略咨询顾问检阅其外部宏观环境，制定公司战略规划、市场规划、产品经营发展、研究报告等。

二、模型内容

（一）政治（Politics）

政治环境包括一个国家或地区的社会制度，执政党的性质，政府的方针、政策、法律法规等。这些因素制约、影响企业的经营行为，是企业较长期的投资行为。不同的国家有着不同的社会性质，不同的社会制度对组织活动有着不同的限制和要求。

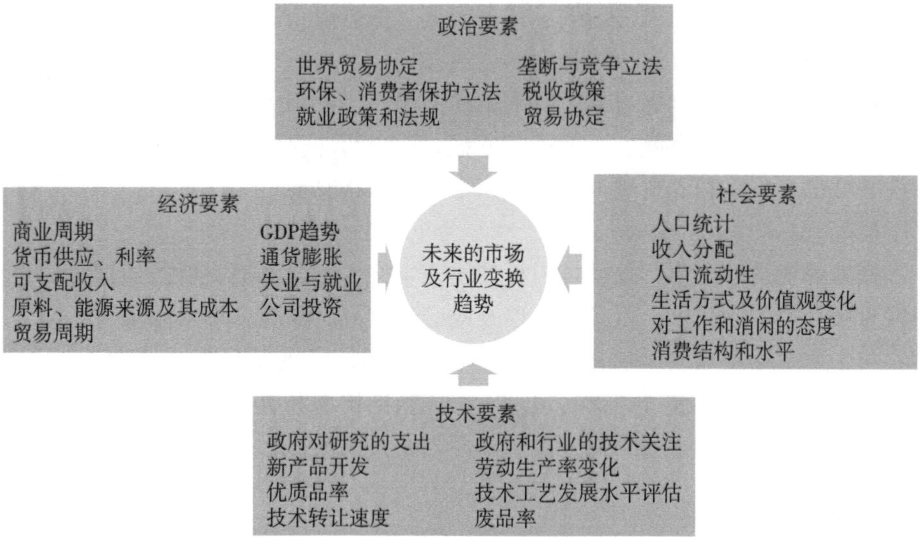

政治要素

世界贸易协定　　　　垄断与竞争立法
环保、消费者保护立法　税收政策
就业政策和法规　　　　贸易协定

经济要素

商业周期　　　　　　GDP趋势
货币供应、利率　　　通货膨胀
可支配收入　　　　　失业与就业
原料、能源来源及其成本　公司投资
贸易周期

未来的市场及行业变换趋势

社会要素

人口统计
收入分配
人口流动性
生活方式及价值观变化
对工作和消闲的态度
消费结构和水平

技术要素

政府对研究的支出　　政府和行业的技术关注
新产品开发　　　　　劳动生产率变化
优质品率　　　　　　技术工艺发展水平评估
技术转让速度　　　　废品率

图 3-1　PEST 模型

即使社会制度不变的某一个国家，在不同时期，由于执政党的不同，领导者的更替，其政府制定政策方针的特点、政策倾向等对企业经营活动的影响也不同。因此，作为评估机构和评估师，接收评估业务时要分析与企业生产发展相关的政治制度、政策及法规等。政治分析内容包括执政党性质、政治体制、经济体制、政府的管制、税法的改变、各种政治行动、委员会、专利数量、环境保护法、产业政策、投资政策、国防开支水平、政府补贴水平、反垄断法规、与重要大国关系地区关系、对政府进行抗议活动的数量、严重性及地点、民众参与政治行为、政局稳定状况、各政治利益集团。法律分析的内容主要包括企业经营涉及的法律法规、行使司法职能的机关及其指定的各种政策，包括工商部门、税务机关、物价部门、技术管理部门、专利机关、环保部门等。

（二）经济（Economy）

经济环境主要由社会经济结构、经济发展水平、宏观经济政策、经济运行状况等方面构成。具体分析内容主要包括产业结构和各产业发展情况、收入分配情况以及税收政策、消费与投资、GDP 及人均 GDP、就业情况及刺激就业政策、价格稳定（CPI）、经济运行指标、经济景气调查分析指标以及促进经济增长的各类政策等。通过这些指标能够反映国民经济发展水平和发展速度，进而预判企业未来发展的整体环境。

（三）社会（Society）

社会文化环境包括一个国家或地区的居民教育程度和文化水平、生活方式、消费趋势、宗教信仰、风俗习惯、审美观点、价值观念等。主要分析内容包括人口规模和人口结构、社会保障计划、生活方式、平均可支配收入、对政府的信任度、对工作的态度、购买习惯、对道德的关切、储蓄倾向、种族平等状况、平均教育状况、对退休的态度、对能源的节约、社会活动项目、社会责任、对职业的态度、城市、城镇和农村的人口变化、宗教信仰状况等。

（四）技术（Technology）

技术环境是指企业所处环境中科技政策、科技实力水平、科技体制等。这些因素直接影响市场需求、市场竞争以及政府的政策。因此，技术环境分析除了要考察与企业所处领域的活动直接相关的技术手段的发展变化外，还应及时了解：①国家对科技开发的投资和支持重点。②该领域技术发展动态和研究开发费用总额。③技术转移和技术商品化速度。④专利及其保护情况等。

第二节　行业环境分析

一、概述

行业分析是介于宏观经济与微观经济分析之间的中观层次的分析，主要是解释行业本身所处的发展阶段及其在国民经济中的地位，分析影响行业发展的各种因素以及判断对行业的影响力度，预测并引导行业的未来发展趋势，为分析被评估企业竞争力提供基础。

（一）行业与产业的关系

行业是国民经济活动中生产同类产品或具有相同工艺过程或提供同类劳动服务的经济活动划分。比如服装行业、汽车行业、饮食行业、律师业等。

产业是按照规模经济和范围经济要求集成起来的行业群体。由多个相对独立但业务性质相同的行业组成。比如第一产业、第二产业、第三产业。根据产业和行业的定义，可以判断出产业包括行业。

（二）行业分类

1. 标准行业分类

为了便于汇总各国的统计资料进行对比，联合国经济和社会事务统计局曾制定了一个《全部经济活动国际标准行业分类》（*International Standard Industrial Classification Fall Economic Activities*）（以下简称《国际标准行业分类》），建议各国采用。它把国民经济划分为 10 个门类，对每个门类再划分大类、中类、小类。

2. 国民经济行业分类

《国民经济行业分类》国家标准于 1984 年首次发布，分别于 1994 年和 2002 年进行修订，2011 年第三次修订，2017 年第四次修订。该标准（GB/T 4754—2017）由国家统计局起草，国家质量监督检验检疫总局、国家标准化管理委员会批准发布，并将于 2017 年 10 月 1 日实施。

3. 中国上市企业行业分类

中国证监会制定并发布的应用于中国境内证券交易所挂牌交易的上市公司为基本分类单位。

4. 行业发展与国民经济周期变化关系分类

根据行业发展与国民经济周期性变化关系可分为：成长型行业、周期型行业、防御型行业、成长周期型行业。

二、行业环境分析内容

（一）行业经济特性

行业经济特性主要考虑的因素：市场区域范围及规模大小、市场成熟程度、市场增长速度、行业总体盈利水平、行业中企业数量规模、购买者及分销渠道、技术变革速度等。通过分析行业主要经济变量，可以对行业整体情况进行刻画。

（二）行业市场结构

行业市场结构是指一个行业内部买方和卖方的数量及其规模分布、产品差异程度和资本进入难易度的综合状态。因此，在根据企业数量、产品差异、价格影响能力、进入难易等分析市场竞争或垄断程度的基础上，划分为完全竞争行业、完全垄断行业、垄断竞争行业、寡头垄断行业。

（三）行业景气分析

行业景气分析是通过行业景气指数对行业总体运行状况的分析，预测未来一个时期行业经济发展趋势。景气指数是通过行业统计指标进行数学处理，描述行业发展、变动的指标，既有总量指标，也有比率指标，不同行业有不同的景气指标。

（四）行业生命周期

根据行业生命周期理论（Industry Life Cycle），行业的生命周期指行业从出现到完全退出社会经济活动所经历的时间。行业的生命发展周期主要包括四个发展阶段：介绍期、成长期、成熟期、衰退期，如图 3-2 所示。

1. 行业生命周期阶段特征

在通常情况下，每个行业都会经历一个由成长到衰退的发展演变过程。识别行业所处生命周期阶段的主要指标有：市场增长率、需求增长率、产品品种、资本投入、收益、竞争者数量、进入壁垒及退出壁垒、风险、技术变革、用户购买行为等。

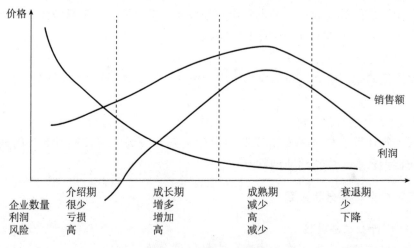

图 3-2　行业生命周期

（1）介绍期。

这一时期的产品设计或提供尚未成熟，市场认知度、认可度较低，市场需求不明确，销售收入较低，产品的研发费用较高，行业利润率较低，财务上盈利极少甚至出现亏损。因此，本阶段面临加大的经营风险、市场风险和财务风险。

（2）成长期。

经过介绍期阶段后，随着行业技术进步、成本降低、市场扩大，高风险低收益的状况逐渐改善。因此，在成长阶段，随着市场开发和消费者对产品认可度提高，需求增长，收入水平逐渐提高，财务状况改善，技术渐趋定型，对资本更有吸引力，产品品种及竞争者数量逐渐增多。因此，本阶段的行业风险可能来源于资本进入导致行业内竞争更为激烈进而发生并购重组风险。

（3）成熟期。

经过成长期资本进入和市场激烈竞争，本阶段生产技术、工艺水平逐渐成熟，消费者对产品比较熟悉，市场需求比较稳定，市场竞争有序，各方风险较低，行业增长速度放缓。

（4）衰退期。

这一时期的新产品和替代产品出现，行业市场需求萎缩，行业生产能力会出现过剩现象，资本开始出现转移，竞争者数目减少，行业内企业面临衰退或转型生存。

从衰退的原因来看，可能有四种类型的衰退，它们分别是：资源型衰退，即由于生产所依赖的资源的枯竭所导致的衰退；效率型衰退，即由于效率低下的比较劣势而引起的行业衰退；弹性减低型衰退，即因需求—收入弹性较低而引起的衰退；聚集过度型衰退，即因经济过度聚集的弊端所引起的行业衰退。

2. 生命周期各阶段定量化判断

根据中南财经政法大学 MBA 学院张世如等（2016）对行业生命周期与企业价值相关性的研究，行业生命周期的判断有两种方法，分别是相对价值法和内在价值法。相对价值法是采用市盈率、市净率等价值比率指标进行初步判断，内在价值法主要依据资产负债率、贝塔值 β 判断。

（1）市盈率。

市盈率较为关键的驱动因素在于其增长率，处于不同行业生命阶段的增长有着最基本的差异。一般而言，处于成长期的行业，投资者预期看好，行业市盈率应在较高的水平；处于成熟阶段的行业，收入增长减缓，发展比较稳定，整体市盈率保持平稳且有所下降；衰退阶段的行业，由于收入增长停滞或降低，其行业市盈率也应该下降至低水平。

如表 3 - 1 所示，市盈率分布基本符合理论。处于成长期行业的市盈率较高，行业市盈率均值在 50～90；而处于成熟期的行业，行业市盈率水平普遍较低，行业市盈率均值在 10～50；而仅有的两个处于衰退期的行业，如纺织服装和煤炭并非如理论一致，处在最低的水平。因此，我们可以通过锁定某一行业，分析市盈率时序数据进行判断是否有明显变化，可有助于我们粗略判断其生命周期阶段。

表 3 - 1　同行业生命阶段的行业市盈率表

行业阶段	行业	市盈率	
		市盈率行业均值（整体法）	市盈率行业中值
成长阶段	医疗保健	65.09	55.37
	生物科技	71.43	61.57
	互联网	90.36	66.31
	软件	75.75	72.09
	文化传媒	53.73	54.30
成熟阶段	家用电器	19.57	31.08
	电脑硬件	51.68	58.63
	家居用品	52.76	51.53
	电工电网	49.16	54.82
	汽车	14.98	27.25

行业阶段	行业	市盈率	
		市盈率行业均值（整体法）	市盈率行业中值
衰退阶段	纺织服装	34.33	31.62
	煤炭	39.63	-6.43

资料来源：张世如，杨于娆. 行业生命周期与企业价值相关性研究 [J]. 中国资产评估, 2016 (01)：26-33.

（2）市销率。

市销率较为关键的驱动因素是销售净利率。销售净利率在不同行业间的差异更为明显，这也是企业价值评估过程中行业分析层面应该关注的。一般而言，处于介绍期的销售净利率比较低，随着产品认知和宣传推广，销售增长，在成长期销售净利率会有所上升，步入成熟期和衰退期时，由于竞争者介入和替代品出现、消费偏好转移等诸多因素影响，导致行业销售净利率会降低。对应的市销率在行业不同生命周期阶段也应该会相似变化。

如表3-2所示，不同行业生命阶段，企业市销率具有明显的差异。在12个行业中，无论从平均值还是中位数，成长期行业的市销率都比较高；成熟期行业的市销率的均值和中位数次之；衰退期行业的市销率均值和中位数处于较低水平。总体上看，基本和理论相符。因此，我们可以通过锁定某一行业，分析市销率时序数据进行判断是否有明显变化，可有助于我们粗略判断其生命周期阶段。

表3-2 不同行业生命阶段的行业市销率表

行业阶段	行业	市销率	
		行业均值（整体法）	行业中值
成长阶段	医疗保健	7.66	9.77
	生物科技	14.48	14.17
	互联网	8.14	13.03
	软件	8.57	11.58
	文化传媒	6.92	8.36
成熟阶段	家用电器	1.29	2.84
	电脑硬件	1.76	6.02
	家居用品	4.15	4.02
	电工电网	3.12	4.44
	汽车	0.75	1.06

续表

行业阶段	行业	市销率	
		行业均值（整体法）	行业中值
衰退阶段	纺织服装	2.57	3.51
	煤炭	1.31	1.32

资料来源：张世如，杨于娆. 行业生命周期与企业价值相关性研究 [J]. 中国资产评估，2016 (01)：26 – 33.

（3）市净率。

市净率较为关键的驱动因素是股东权益收益率。根据杜邦体系，股东权益收益率取决于权益乘数和资产净利率。由此可见，市净率看似最简单的一个比率，却是指标涉及企业整体的财务情况。

由表 3 – 3 可知，成长期阶段行业的市净率普遍比较高，成熟期和衰退期的行业市净率均值相对比较低，成熟期行业市净率均值在 2 ~ 5。因此，我们可以通过锁定某一行业，分析市净率时序数据进行判断是否有明显变化，可有助于我们粗略判断其生命周期阶段。

表 3 – 3　不同行业生命阶段的行业市净率表

行业阶段	行业	市净率	
		行业均值（整体法）	行业中值
成长阶段	医疗保健	7.52	5.98
	生物科技	8.26	6.61
	互联网	10.68	8.48
	软件	7.28	6.28
	文化传媒	5.02	5.58
成熟阶段	家用电器	3.58	3.64
	电脑硬件	4.85	5.65
	家居用品	4.82	4.04
	电工电网	4.15	4.16
	汽车	2.14	2.59
衰退阶段	纺织服装	3.51	3.90
	煤炭	1.25	1.33

资料来源：张世如，杨于娆. 行业生命周期与企业价值相关性研究 [J]. 中国资产评估，2016 (01)：26 – 33.

（4）资产负债率。

根据 2014 年各行业资产负债率和生命周期阶段的判断看（见图 3 - 3），成长期行业的整体资产负债率水平相对较低而成熟期和衰退期的行业整体资产负债率普遍较高，该研究的 12 个行业中，衰退期行业的资产负债率大于 45% 。反观之，可以通过资产负债率指标粗略判断行业生命周期阶段。当然个别行业本身特点决定了资产负债率较高。因此，我们可以通过锁定某一行业，分析资产负债率时序数据进行判断是否有明显变化，可有助于我们粗略判断其生命周期阶段。

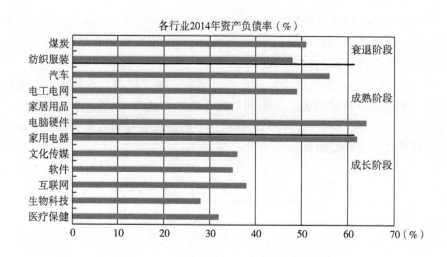

图 3 - 3 2014 年各行业资产负债率

资料来源：张世如，杨于婋．行业生命周期与企业价值相关性研究［J］．中国资产评估，2016（01）：26 - 33.

（5）β 值。

行业 β 值衡量的是行业风险，行业收益率相对于整体市场收益率的敏感程度。根据剔除了财务杠杆的行业 β 值以行业内各企业的总股本进行加权计算结果，成长期行业的相对于市场的波动性相对高于成熟期行业，而衰退期行业的风险也相对比较高。反观之，我们可以通过锁定某一行业，分析该行业 β 值时序数据进行判断是否有明显变化，可有助于我们粗略判断其生命周期阶段，如图3 - 4所示。

3. 生命周期阶段定性判断

（1）介绍期定性判断。

起步期企业规模可能很小，关于该行业的企业如何发展充斥着各种不确定性，产品类型、特点、性能和目标市场不断发展变化。市场中充满各种新发明的产品或服务，管理层采取战略支持产品上市。产品设计尚未成熟，行业产品的开发相对缓慢，利润率较低，甚至为负。

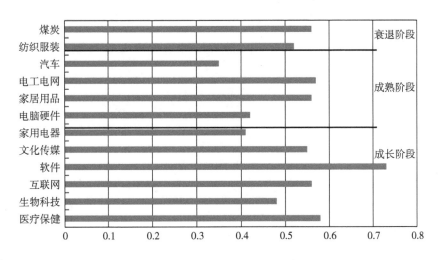

图 3-4　各行业剔除杆财务杠杆的 β 值

（2）成长期定性判断。

成长期该行业已经形成并快速发展，大多数企业因高增长率而在行业中继续存在。管理层需确保充分扩大产量达到目标市场份额。需大量资金达到高增长率和扩产计划，现金短缺。利用专利或者降低成本来设置进入壁垒（内在规模经济），阻止竞争者进入行业。

（3）成熟期定性判断。

成熟期增长率降到较正常水平，相对稳定，各年销售量变动和利润增长幅度较小，替代品出现，竞争更加激烈。一些企业因投资回报率不满意而退出行业，一小部分企业主导行业。

（4）衰退期定性判断。

衰退期行业生产力过剩，技术被模仿后出现的替代品充斥市场，市场增长率严重下降，产品品种减少，行业活动水平随各公司从该行业退出而下降，该行业可能不复存在或被并入另一行业。

三、行业环境分析方法——波特五力模型

（一）模型起源

五力分析模型是迈克尔·波特（Michael Porter）于 20 世纪 80 年代初提出。

根据波特观点，行业中存在着决定竞争规模和程度的五种力量，这五种力量综合起来影响着产业的吸引力以及现有企业的竞争战略决策。五种力量分别为同行业内现有竞争者的竞争能力、潜在竞争者进入的能力、替代品的替代能力、供应商的讨价还价能力，如图3-5所示。

图3-5　波特五力模型

（二）分析对象

波特五力模型将大量不同的因素汇集在一个简便的模型中，以此分析一个行业中企业的竞争格局。通过对行业横向和纵向的竞争环境分析，可以有效分析行业竞争程度。五种力量模型确定了竞争的五种主要来源，即供应商和购买者的讨价还价能力，潜在进入者的威胁，替代品的威胁以及来自在同一行业的企业间的竞争。

竞争战略从一定意义上讲是源于企业对决定产业吸引力竞争规律的深刻理解。任何行业，无论是国内的还是国际的，无论是生产产品的还是提供服务的，竞争规律都将体现在这五种竞争的作用力上。因此，波特五力模型是行业竞争环境分析的主要工具之一。

（三）模型内容

1. 上游供应商

上游供应商是指委估企业上游产品的提供者，主要通过提高上游产品价格来影响行业中现有企业的盈利能力与产品竞争力。供方力量的强弱主要取决于所提供给买主的是什么投入要素，当供方所提供的投入要素其价值构成了买主产品总成本的较大比例、对买主产品生产过程非常重要或者严重影响买主产品的质量时，供方对于买主的潜在讨价还价力量就大大增强。一般来说，上游供应商意图能否达成取决于以下几个因素：①上游产品市场上供应商的集中程度。②委估企业上游产品是否存在替代品。③上游供应商对委估企业依赖性以及委估企业对供应商的依赖性。

2. 下游购买者

下游购买者主要通过压低委估企业及其所在行业的产品价格，来影响行业中现有企业的盈利能力。其购买者议价能力影响主要有以下原因：①下游购买方集中程度。②委估企业提供的产品是否存在替代品。③委估企业与下游购买方相互依赖性。④购买者有能力实现后向一体化，而卖主不可能前向一体化，类似于客大欺主。

3. 潜在进入者

潜在进入者在给委估企业所在行业带来新的产能、新资源的同时，也希望其产品能够在现有市场中赢得一席之地，这就有可能会与现有企业发生原材料与市场份额的竞争，最终导致行业中现有企业盈利水平降低，严重的话还有可能危及这些企业的生存。潜在进入者威胁的严重程度取决于以下因素：①现有企业是否实现规模经济效应。②现有企业提供产品差异程度。③进入行业的资本门槛。④政策限制。

4. 替代品

替代品是指具有相同或者相似功能的产品，其中一种产品价格上升会引起另一种产品需求增加。尤其是两个处于相同行业中的企业，可能会由于所生产的产品是互为替代品，从而在它们之间产生相互竞争行为。替代品以及替代品生产企业能否带来威胁主要依赖以下几个因素：①可替代程度。②替代品价格优势是否存在。③替代品对于其生产企业的重要性。

5. 同业竞争者

大部分行业中的企业，为了争夺更多市场份额增加利润，往往与同行业其他企业产生竞争与对抗现象。现有企业之间的竞争常常表现在价格、产品品质、广告、产品介绍、售后服务等方面。其竞争强度主要受以下因素影响：①行业内现有竞争者规模。②行业成长速度。③固定成本水平以及产能释放情况等。

总之，波特五力模型对于行业环境的分析从一定意义上来说隶属于外部环境分析方法中的微观分析，据此可对一个行业竞争激烈程度以及获利潜力进行分析。

（四）局限性

关于五力分析模型的实践运用一直存在许多争论。较为一致的看法是，该模型更多的是一种理论思考工具，而非实际操作的战略工具。该模型的理论是建立在以下三个假定基础之上的：

第一，制定战略者需要了解整个行业的信息，显然现实中是难以做到的。

第二，同行业之间只有竞争关系，没有合作关系。但现实中企业之间存在多种合作关系，不一定是你死我活的竞争关系。

第三，行业的规模是固定的，因此，只有通过夺取对手的份额来占有更大的资源和市场。但现实中企业之间往往不是通过吃掉对手，而是与对手共同做大行业的"蛋糕"来获取更大的资源和市场。同时，市场可以通过不断地开发和创新来增大容量。

四、行业环境分析——景气指数

(一) 行业景气指数

行业景气分析主要通过行业景气指数的变动规律进行分析，找出行业所处周期性波动的状态，分析总体运行状况。行业景气指数又称为景气度，它是通过行业统计数据分析和定量方法加工处理，编制出综合反映行业经济状况的一组指数。景气指数以 100 为临界值，范围为 0～200，即景气指数高于 100，表明经济状态趋于上升或改善，处于景气状态；景气指数低于 100，表明经济状况处于下降或恶化，处于不景气状态。一般而言，在行业景气分析基础上，结合宏观经济波动、宏观经济周期等因素，可为委估企业未来收益预测提供支持资料。

(二) 行业景气指标选择

行业景气指标以及具体分析可参照国务院发展研究中心行业景气监测平台发布的分析报告，该监测分析覆盖 48 个行业，嵌套多个模型和独立数据算法，是目前国内覆盖行业领域最广，实现行业间联动和网络化分析的景气指标体系。具体可分为行业总景气指数、分行业景气指数、先行行业指数、同步行业指数、滞后行业指数、行业扩散指数、物量总指数等。

第三节　企业内部环境分析

随着经济、科技等诸多方面的迅速发展，特别是世界经济全球化、一体化过程的加快，全球信息网络的建立和消费需求的多样化，企业所处的环境更为开放和动荡。这种变化几乎对所有企业都产生了深刻影响。正因为如此，环境分析成为一种日益重要的企业职能。

企业内部环境分析主要是围绕企业业务分析、企业战略分析、企业财务分析和企业生命周期分析进行。企业业务分析主要分析盈利模式、市场需求、竞争能力。企业战略分析主要分析企业公司层战略、业务层战略、职能层战略。企业财务分析主要分析企业负债能力、运营效率、盈利能力。企业生命周期分析主要分析企业生命周期内容、企业生命周期各阶段特点、企业生命周期的判断。

一、企业业务分析

（一）分析内容

1. 盈利模式

企业盈利模式分析主要着眼于企业的利润源、利润点、利润屏障、利润家。

2. 市场需求

企业市场需求分析对象是消费者，因此，分析内容主要针对消费者偏好、消费者预期、消费者收入以及影响需求的产品价格。

3. 竞争能力

企业竞争能力主要分析目标企业是否具备成本优势、技术优势、品质优势。

（二）企业业务分析方法——波士顿矩阵

1. 模型起源

波士顿矩阵（BCG Matrix）又称市场增长率—相对市场份额矩阵、波士顿咨询集团法、四象限分析法、产品系列结构管理法等。波士顿矩阵是由美国大型商业咨询公司——波士顿咨询集团（Boston Consulting Group）在20世纪70年代初开发和首创的一种规划企业产品组合的方法。

2. 分析对象

波士顿矩阵研究企业经营的全部产品或业务组合，主要是解决如何使企业的产品品种及其结构适合市场需求的变化、如何将企业有限的资源有效地分配到合理的产品结构中去，寻求企业业务的优化组合，以保证企业收益。

3. 模型内容

波士顿矩阵认为决定产品结构的基本因素是市场引力和企业实力。市场引力主要通过综合指标销售额增长率衡量，企业实力主要通过市场占有率衡量。销售增长率与市场占有率既相互影响，两者同步发展才能提高企业竞争力。市场引力过大，企业实力未能及时跟上，企业无法抓住机遇。相反，企业实力大于市场引力，没有良好的市场前景，企业也无法获得收益。以上两个因素相互作用，会出现四种不同性质的产品类型，形成不同的产品发展前景：第一，销售增长率和市场占有率"双高"的产品群（明星类产品）；第二，销售增长率和市场占有率"双低"的产品群（瘦狗类产品）；第三，销售增长率高、市场占有率低的产品群（问题类产品）；第四，销售增长率低、市场占有率高的产品群（现金牛类产品），如图3-6所示。

在图3-6中，纵轴表示企业销售增长率，横轴表示市场占有率。按照BCG布鲁斯观点，一般以行业的平均增长率作为高低分界点，市长占有率为20%作为分界点。因此，根据经验，销售增长率10%和20%的市场占有率作为区分高低的标准，将坐标图划分为四个象限，依次为"问题（?）""明星（★）""现金牛（¥）""瘦狗（×）"。企业可将产品按各自的销售增长率和市场占有率的大小归入不同象限，通过产品所处不同象限的划分，使企业采取不同决策，实现产品及资源分配结构的良性循环。BCG 矩阵区分出 4 种业务组合。

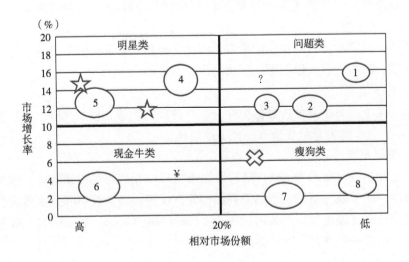

图 3-6　企业业务坐标

（1）明星类业务（Stars），指高增长、高市场份额。

这个领域中的产品具有高增长率并且占有支配地位的市场份额，称为明星类业务或明星产品，是高速增长市场中的领导者。但是，这并不意味着明星类业务一定可以给企业带来源源不断的现金流，因为市场还在高速成长，企业必须扩大投资，以长远利益为目标，加强竞争地位，将明星业务发展为现金牛类业务。

（2）问题类业务（Question Marks），指高增长、低市场份额。

问题类业务是指处于高增长率、低市场占有率象限内的产品。高增长率意味着市场前景好，存在市场机会，但占有的市场份额很小，这类业务处于最差的现金流状态。说明这往往是一个公司的新业务或者处于引进期的产品。问题类业务关乎企业未来发展，因此，一方面分析该类业务与企业长期发展目标是否吻合，是否具备长期优势，能否增强企业核心竞争力；另一方面再决定对该类业务进行扩大投资还是收缩投资。

（3）现金牛类业务（Cash Cows），指低增长、高市场份额。

现金牛类产品又称为厚利产品，是处于低增长率、高市场份额的产品。这个领域中的产品多数已进入成熟期，销售量大，产生大量现金流，但未来的增长前景是有限的。因此，企业无须增大投资来扩展市场规模，可采用稳定战略维持现状。

（4）瘦狗类业务（Dogs），指低增长、低市场份额。

瘦狗类产品也称为衰退类产品，即处于低增长率、低市场份额领域中的产品。这类业务常常是微利保本甚至是亏损的，因此，对这类业务果断的转型收缩战略或转移战略，通过出售或清算方式把资源转移到更有利的领域。

BCG 矩阵把一个复杂的企业行为用两个重要的衡量指标来分为四种类型，通过直观简单分析，在识别企业业务类型基础上进而优化业务最终使业务组合达到最佳经营成效。

4. 波士顿矩阵应用

第一，评价各项业务的前景判断各个业务市场增长率。

第二，评价各项业务的竞争地位，通过市场调研等方式确定各类业务的相对市场份额。

第三，根据市场增长率和市场份额在坐标图中标明各项业务。

第四，确定纵坐标"市场增长率"和"相对市场份额"的标准，从而划分为四个象限。

5. 局限性

波士顿矩阵法的应用帮助管理人员了解企业业务类型，及时调整业务组合，制定有效的投资战略决策。但是，这种方法也存在一定的局限性，很难同时顾及两项或多项业务的平衡。因此，在使用波士顿矩阵法时要尽量占有更多资料，审慎分析，避免因方法的缺陷而造成决策的失误。

（三）企业业务分析法——产品生命周期分析

1. 产品生命周期

产品生命周期理论是美国哈佛大学教授雷蒙德·弗农（Raymond Vernon）于 1966 年在其《产品周期中的国际投资与国际贸易》一文中首次提出的。产品生命周期（Productlifecycle）（以下简称 PLC），是产品的市场寿命，即一种新产品从开始进入市场到被市场淘汰的整个过程，也就是要经历一个介绍（引入）、成长、成熟、衰退的阶段。

2. 周期阶段

典型的产品生命周期一般可以分成四个阶段，即介绍期（或引入期）、成长期、成熟期和衰退期（见图 3 – 7）。

（1）介绍期（引入期）。

指产品从设计投产直到投入市场进入测试阶段。新产品投入市场初期，顾客对产品几乎不了解，销售量几乎为零。生产者为了提高产品认知度，投入大量的宣传费用。由于该阶段新产品、新技术受销售和技术限制，产品生产规模小，无法实现规模效应，生产成本费用较高，企业处于保本甚至亏损状态。

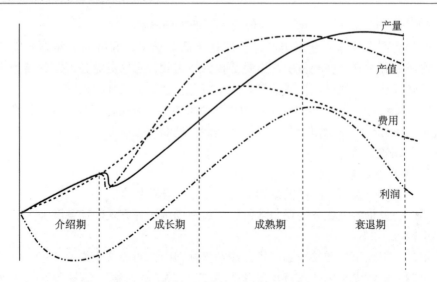

图 3 - 7　产品生命周期

（2）成长期。

成长期是指产品通过宣传、推广等策略，产品需求量和销售额迅速上升。生产成本下降，利润快速增长。与此同时，竞争者将纷纷进入市场参与竞争，使同类产品市场供给量增加，价格随之下降，企业利润增长速度逐步减慢。

（3）成熟期。

成熟期指产品经过成长期之后，随着生产供给增加，实现规模经济，但由于市场需求放缓，销售增长速度缓慢直至转而下降，由于竞争的加剧，导致同类产品生产企业之间不得不加大在产品质量、花色、规格、包装服务等方面加大投入，在一定程度上增加了成本，利润出现下降趋势。

（4）衰退期。

衰退期是指产品进入了淘汰阶段。随着替代品出现以及消费习惯的改变等原因，产品不能适应市场需求，销售量和利润持续下降，企业由于无利可图而陆续停止生产，该类产品的生命周期也就陆续结束，以致最后完全撤出市场。

产品生命周期是一个很重要的概念，它和企业制定产品策略以及营销策略有着直接的联系。从企业价值评估角度来讲，产品生命周期也是评估人员分析判断企业未来营利能力的重要工具。

3. 生命周期各阶段特征

根据企业的销售额、利润、市场、竞争者等因素的特征可粗略判断产品处于哪个阶段，借此判断市场空间、竞争优势以及未来盈利前景，如表 3 - 4 所示。

表3-4 产品生命周期各阶段特征

阶段		介绍期	成长期	成熟期	衰退期
特征	销售额	低	快速增长	缓慢增长	衰退
	利润	易变动	顶峰	下降	低或无
	现金流量	负数	适度	高	低
	顾客	创新使用者	大多数人	大多数人	落后者
	竞争者	稀少	渐多	最多	渐少

二、企业战略分析

（一）战略类型

1. 公司层战略

（1）稳定型战略。

稳定型战略也叫作防御型或维持型发展战略。根据内外环境约束，在战略计划期内保持目前状态水平，稳步缓慢地增长。

（2）发展型战略。

发展型战略也叫作增长型或进攻型或扩张型战略。是快速增长的战略，市场占有率的增加，同时获得超额收益率，竞争手段是非价格竞争（如新产品、主动出击、管理模式）。

（3）紧缩型战略。

紧缩型战略也叫作消极的发展战略或者收缩战略。放弃部分业务比如规模缩小或者裁员，是短期为了避开环境的威胁而采取的战略措施。

2. 业务层战略（竞争战略）

（1）成本领先战略。

成本领先战略是低成本战略，通过内部成本控制或者规模经济获得比竞争者较低的成本，从而获得竞争力。

（2）差异化战略。

差异化战略主要通过产品差别化（性能、耐用、可靠、式样、设计）、服务差别化（安装、维护、咨询、培训等）、渠道差别化（设计、策略、管理、创新）、形象差别化（名称、颜色、标识、环境、活动）等获得竞争优势。

（3）集中战略。

集中战略也叫作聚焦战略，将经营活动放在某个目标市场或者特定市场占有较大的市场份额，一般资源有限的企业可采用这样的战略，但是风险较大。

3. 职能层战略

职能层战略是指企业各职能部门根据公司层战略和业务战略制定的职能部门

战略，具体包括研发战略、生产战略、营销战略、人力资源战略、财务战略。

（二）企业战略制定工具——SWOT 分析

1. 模型起源

SWOT 分析法（也称 TOWS 分析法、道斯矩阵）即态势分析法，20 世纪 80 年代初由美国旧金山大学的管理学教授韦里克提出，在现在的战略规划报告里，SWOT 分析应该是一个众所周知的工具。SWOT 分析内容包括优势（Strengths）、劣势（Weaknesses）、机会（Opportunities）和威胁（Threats），如表 3-5 所示。

表 3-5　SWOT 分析

内部分析　　外部分析	优势 S 列出优势	劣势 W 列出劣势
机会 Q 列出机会	S—O 战略 发现机会 利用优势	W—O 战略 克服劣势 利用机会
威胁 T 列出威胁	S—T 战略 利用优势 回避威胁	W—T 战略 减少劣势 回避威胁

2. 分析对象

SWOT 分析法经常被用于企业战略制定、竞争对手分析等。SWOT 分析实际上是将对企业内外部条件各方面内容进行综合分析，充分发挥自身优势、利用外部机会，避免威胁的基础上制定符合企业实际发展的营销战略。

3. 模型内容

机会与威胁分析主要内容包括行业政策、客户、竞争者、替代品、市场壁垒等。优势与劣势分析内容主要包括企业财务状况、技术、规模经济、品质、成本、资产设备、管理制度、创新、市场推广等。首先客观分析企业内外部环境，列出企业自身所有的优势和劣势以及外部环境面临的机会和威胁，建立交叉模型。S—O 战略是充分发挥自身优势积极寻找和利用外部机会。一般而言，S—O 战略适用于主动扩张的成长型企业，前提是企业须有较为雄厚的资源优势以及外部机会；W—O 战略是比较分析并克服自身劣势，寻求发展机遇。企业在发展过程中必然存在一定的劣势，实施该战略能够帮助企业劣势问题，从而为企业后续发展创造更好的外部环境；S—T 战略是分析和精准判断威胁因素和威胁程度，发挥自身优势降低或规避外部威胁的负面影响。企业长期的发展和积累，能够形成相对较强的内部资源优势。但是，在外部环境不佳存在各种威胁的背景下，企业需要充分发挥优势确保能够在外部威胁下生存和发展。因此，S—T战略也称为保守型战略，多适用于具有一定优势的传统企业；W—T战略也称为防御型战略，是企业外部发展环境严峻，自身发展存在劣势的内忧外患背景下，解决自身劣势和外部威胁是重中之重。因此，企业的核心在于制定预案，防御竞争者利用外部威胁乘虚而入。

4. 局限性

SWOT分析法较为直观简单，被广泛应用于不同领域。SWOT方法是定性分析方法，在实际使用中带有主观性，从而分析结论带有一定的偏差。

三、企业财务分析

企业财务分析应从评估的角度识别财务报表。一方面，了解财务报表编制基础、会计政策等内容。另一方面，分析表内各科目钩稽关系、报表间的钩稽关系，通过一些比率的计算分析判断财务报表真实性以及对企业价值评估的效用（胡玉明，2012）。

（一）财务效益状况

财务效益状况是经营者经营业绩和管理效能的集中表现。在不同的所有制企业中，反映企业财务效益的指标形式也不同。与投资有关的盈利能力分析即对两个基本指标即总资产报酬率、扣除非经常性损益净资产收益率指标进行分析与评价；与销售有关的盈利分析主要利用损益表资料进行利润率分析，包括营业利润率、盈利现金保障倍数、股本收益率三个指标。各项指标因所属行业特点不同、企业规模不同略有差异。根据中联资产评估集团出具的《中国上市公司业绩评价报告》，研究结果表明，2019年食品饮料、农林牧渔、电气设备、采掘等行业财务效益明显改善，这与2019年稳定资产的居民消费水平、"一带一路"和"六稳"等有直接关系；有色金属、汽车、化工、钢铁、通信等有一定程度降低。企业规模在50亿~100亿元和10亿元以下的规模上市企业财务效益有所提高，对应的100亿元以上和10亿~50亿元规模企业财务效益不同程度下降。

（二）资产质量状况

评价资产质量状况的指标包括两个基本指标（总资产周转率和流动资产周转率）和两个修正指标（存货周转率和应收账款周转率）。各项指标因所属行业特点不同、企业规模不同略有差异。根据中联资产评估集团出具的《中国上市公司业绩评价报告》，研究结果表明，2019年资产质量状况表现最突出的是农林牧渔业；其次是交通运输、采掘、化工、钢铁、有色金属等高于全部上市公司平均水平；建筑装饰、通信、传媒、纺织、电子、商业贸易等行业资产质量与全部上市公司平均水平接近；电气设备、机械设备、国防军工等资产质量低于上市公司平均水平；资产质量最差的是房地产行业，原因是国家出台限购限贷限售叠加土拍收紧的政策，大量房屋搁置，成交率下降，存货周转变缓，资金紧张致使资产质量明显偏低。企业规模在 10 亿元以上的资产质量基本都有不同幅度上升。

（三）偿债风险状况

偿债能力分析是反映上市公司偿债能力的指标。偿债能力分析前提需要确定分析的基础，即是建立在清算基础还是在持续经营的基础来判断偿债能力。如果是以持续经营为基础的偿债能力分析，就不能单纯地使用静态指标，即某一时点的偿债能力，而是要关注动态指标，分析科学判断企业的偿债能力。因此，公司偿债能力的好坏也取决于公司获利能力的高低，偿债能力指标必须与获利能力、现金流量指标相结合。通常来说，衡量偿债风险状况的指标包括两个基本指标（资产负债率、获利倍数）和三个修正指标（现金流动负债比率、速冻比率、带息负债比率）。各项指标因所属行业特点不同、企业规模不同略有差异。根据中联资产评估集团出具的《中国上市公司业绩评价报告》，研究结果表明，农林牧渔、国防军工、公用事业、传媒等行业在偿债风险能力方面有较大程度改善，采掘、建筑材料、商业贸易等行业偿债风险上升明显。企业规模在 10 亿元以下规模企业偿债能力显著提高，其他各规模企业偿债能力显著下降。

（四）发展能力状况

发展能力是企业能否持续稳定经营的一个重要方面。评价企业发展能力状况的指标包括两个基本指标（营业收入增长率和资本扩张率）和四个修正指标（累计保留盈余率、三年营业收入增长率、总资产增长率和营业利润增长率）（中国上市公司业绩评价课题组，2020）。各项指标因所属行业特点不同、企业规模不同略有差异。根据中联资产评估集团出具的《中国上市公司业绩评价报告》，研究结果表明，农林牧渔、建筑装饰、纺织服装、公用事业等行业有发展能力提高，钢铁、化工、通信等受政策变动和经济环境波动影响，发展能力较弱。从各规模企业发展能力看，100 亿元以上企业发展能力高于全部上市公司平均水平，小规模企业发展能力虽然提升较快，但总体发展能力处于较低水平。

（五）市场表现状况

衡量企业市场表现状况的指标包括市场投资回报率和股价波动率。各项指标因所属行业特点不同、企业规模不同略有差异。根据中联资产评估集团出具的《中国上市公司业绩评价报告》，研究结果表明，2019 年电子行业、有色金属、建筑材料、食品饮料等行业市场表现保持高位且比较稳定，通信、休闲服务、交通运输、纺织服装等市场表现明显下降。从企业规模看，除了 100 亿元以上规模企业投资回报率低于上市公司平均水平，其余各规模企业投资回报率均接近或高于上市公司平均水平。

四、企业生命周期分析

（一）企业生命周期内容

1989 年，Adizes 提出企业生命周期理论。企业生命周期是企业的发展与成长的动态轨迹，包括介绍（引入）、成长、成熟、衰退四个阶段。企业在生命周期中（介绍（引入）、成长、成熟、衰退）每一阶段中的经营方式、发展战略、竞争状况以及承担风险各不相同，受很多因素影响。比如消费者偏好、兴趣、产品技术、替代品、竞争者以及宏观的社会、经济、人口等因素。

（二）企业生命周期各阶段特点

（1）介绍期（引入期）。

处于介绍期的企业自身技术积累基础薄弱，技术研发处于摸索阶段，产品品种单一，市场对企业产品的需求较低，产品尚不具备知名度产品销量处于较低水平，无法形成规模经济，收益有限。需要大量的资金投入以支持产品的研发，企业日常经营等开支，筹资渠道单一，容易出现资金紧张。

（2）成长期。

处于成长期的企业，产品的销量逐步增加，生产规模与市场份额迅速扩大，留存收益较小同时需要大量资金满足自身发展，自有资金无法满足企业生产，必须向外部资金筹措，财务风险大大增加。

（3）成熟期。

成熟期的企业在行业内具有一定的知名度，有较强的筹资能力，资金较宽裕，拥有一定的技术和人才储备，各方面处于稳定状态，产品生产量及需求量达到稳定状态。此时，企业现有产品的市场需求趋于饱和，自由现金流比较充沛，对外筹资大大降低，财务风险随之降低。

（4）衰退期。

处于衰退期的企业，市场占有率和市场份额萎缩，技术创新能力下降，存货积压，企业资金周转困难，企业的经营前景不被外界看好，企业的筹资能力也变差，销售收入和自由现金流减少，甚至出现亏损，企业财务状况恶化。

（三）企业生命周期的判断

目前，对于企业生命周期阶段划分主要有两类方法，一类是根据企业的财务指标和非财务指标综合判断生命周期阶段。运用企业年龄、营业收入增长率、留存收益率、资本支出率等指标判断企业生命周期阶段，如表 3 - 6 所示。另一类是通过企业现金流的组合信息判断，Dickinson 结合投资、运营、筹资阶段现金流入和流出判断生命周期阶段，如表 3 - 7 所示。由于第二种方法反映了企业受益增长和风险状况，具有可操作性和稳健性（曹裕等，2010）。

表 3 - 6　企业生命周期划分

识别变量	生命周期阶段	介绍期	成长期	稳定期	成熟期
	样本数	791	1767	1554	883
企业年龄	均值	5.1669	10.0792	14.7651	21.5017
	标准差	1.5831	1.3762	1.3729	4.1243
营业收入增长率	均值	0.2115	0.1885	0.1772	0.1712
	标准差	0.2941	0.6457	0.4684	0.3202
留存收益率	均值	0.1839	0.1773	0.1816	0.2
	标准差	0.1034	0.1663	0.2187	0.1209
资本支出率	均值	0.1298	0.1128	0.0941	0.0892
	标准差	0.1088	0.1406	0.0853	0.0863

资料来源：朱卫东，田雨菲，张福伟，胡雪，戴潇雅. 企业生命周期视角下政府补助与中小企业价值创造关系研究——基于凝聚式层次聚类和粗糙集的规律挖掘 [J/OL]. 中国管理科学：H3 [2021 - 03 - 27]. https：//doi. org/10. 16381/j. cnki. issn1003 - 207x. 2020. 1397.

表 3 - 7　企业生命周期阶段划分标准

各阶段现金流净额	介绍期	成长期	成熟期	淘汰期	淘汰期	淘汰期	衰退期	衰退期
经营现金流净额	-	+	+	-	+	+	-	-
投资现金流净额	-	-	-	-	+	+	+	+
筹资现金流净额	+	+	-	-	+	-	+	-

资料来源：周文泳，周小敏，姚俊兰. 政府补贴、生命周期和科技服务企业价值 [J]. 同济大学学报（自然科学版），2019，47（06）：888 - 896.

第四章　评估方法

第一节　收益法

一、评估原理

理论基础：预期效用论，即预期企业能够给投资者带来收益（风险），投资价值的评估要用反映风险程度的资本化率（折现率）加以资本化或折现。因此，一项资产的价值等于该资产未来所产生的全部现金流的现值总和。运用收益法得出的评估结论是被评估单位100%的权益价值。

二、收益法适用性分析

评估方法适用性分析是采用收益法评估企业价值的前提。结合评估目的和评估对象以及收集到的资料综合考虑该方法的适用性。适用性分析结果制成表格，统一收在操作类工作底稿中，如表4-1所示。

表4-1　企业价值评估收益法适用性分析

产权持有单位：　　　　　　　　　　　　　　　　　　　　评估基准日：

项目名称	
评估目的	
评估对象	
价值类型	
适用性分析	

评估人员：　　　　　　　　　　　　　　　　　　　　复核人：

三、收益法评估思路

(一) 基本公式

$$V = \sum_{t=1}^{n} \frac{CF_t}{(1+r)^t} \tag{4-1}$$

其中，V 为企业价值；r 为折现率；n 为收益延续期；CF_t 为 t 时刻现金流（股票在某一时点现金流是股利；债券则是利息和本金；投资项目则是税后净现金流）。

(二) 收益流形式不同的折现模型

企业收益形式上有股息、企业现金流、股权现金流、利润等。一般不采用利润，原因在于企业价值的基础是现金流，不是利润，当现金流与利润不一致时，企业价值的变化与现金流的变化更为一致，与利润的变化关系不大。现金流是实际收支金额，不容易被操纵，会计利润受到会计政策和会计估计的影响较大。在价值评估分析中，现金流动状况比会计上利润指标更重要。一个企业在一定期间能否持续经营下去，不是取决于该期间是否盈利，而是取决于有无现金流用于各种支付。因此，收益法折现中的收益参数基本上采用净现金流指标。

1. 股利折现模型

投资者购买股票后，能够得到两种形式的现金流即股票持有期内的股息和持有期末卖出股票的收益。持有期末卖出的收益即预期价格也是由未来股息决定，因此，股票价值就是无限期股息的折现值。

$$V_0 = \frac{D_1}{1+r} + \frac{D_2}{(1+r)^2} + \cdots = \sum_{t=1}^{\infty} \frac{D_t}{(1+r)^t} \tag{4-2}$$

其中，V_0 为评估基准日的股票评估值；D_t 为 t 期上市公司派发的股息；r 为折现率。

2. 股权现金流折现模型

股权现金流（FCFE）是股东所能支配的净现金流，是支付完所有的利息和债务本金和用于维持现有资产和增加新资产的资本支出以及维持营运资本支出后的剩余现金流。将评估基准日后各期股权现金流按照股权资本成本折现后累加所得到的最终值是股东权益价值，即企业为股东所创造的财富。

股权现金流（FCFE）＝净利润＋折旧和摊销－资本支出－营运资本增加－归还本金＋新债发行

$$V_0 = \frac{FCFE_1}{1+r} + \frac{FCFE_2}{(1+r)^2} + \frac{FCFE_3}{(1+r)^3} + \cdots = \sum_{t=1}^{n} \frac{FCFE_t}{(1+r)^t} \tag{4-3}$$

其中，$FCFE_t$ 为未来各期股权现金流；r 为股权资本成本；n 为未来收益持续期限。

3. 企业现金流折现模型

企业现金流（FCFF）是流向公司各种利益要求人的净现金流的总和。相关利益要求人有优先股股东、普通股股东、债权人。我国公司制企业基本没有优先股股东，因此，利益要求人主要是普通股股东和债权人。企业现金流折现模型是将评估基准日后的各期企业净现金流按照加权平均资本成本折现后，累加所得到的最终值作为企业所有资产供给者创造的整体价值。

企业现金流（FCFF）＝EBIT×（1 − 所得税税率）＋折旧 − 资本支出 − 营运资本增加

$$V_0 = \frac{FCFF_1}{1+r} + \frac{FCFF_2}{(1+r)^2} + \frac{FCFF_3}{(1+r)^3} + \cdots = \sum_{t=1}^{n} \frac{FCFF_t}{(1+r)^t} \qquad (4-4)$$

其中，$FCFF_t$ 为未来各期股权现金流；r 为加权平均资本成本；n 为未来收益持续期限。

4. 经济利润折现模型

经济利润（另称经济增加值）是 1890 年马歇尔提出来的概念，不同于会计利润，是企业经济收入减去经济成本后的差额。经济增加值（Economic Value Added，EVA）简单的定义是指在扣除资本成本之后剩余的利润，也就是经济学家称为"剩余收入"（Residual Income）、"经济利润"（Economic Profit）或"经济租金"（Economic Rent）的概念。从某种角度来看，EVA 是剩余收益的新版本，在计算过程中，需要对财务报表的会计信息进行必要调整以消除会计失真，这也是 EVA 与剩余收益指标的重要区别。因此，EVA 来源于剩余收益但又具有自身的创新（张先治、池国华，2017）。EVA 指标的逻辑前提是，一个企业只有完成了价值创造过程才是真正意义上的为投资者带来了财富，因此，价值创造才是评估企业经营活动的正确指标。企业所有资本，其来源无论是股权资本，还是债务资本，都是有成本的，也就是说无论股权投资还是债权投资，都有其成本，只有企业创造的利润超过所有成本，包括股权和债务成本后的结余才是真正的价值创造，这就是 EVA 值，不同于会计利润，而是从税后净利润中经过一定的调整后再扣除所有的资本成本之后的经济利润值。它可以帮助投资者了解目标公司的过去和现在是否创造了真正的价值，实现了对投资者高于资本成本的超额回报，如果 EVA 为正，说明公司在当期真正为股东创造了价值；EVA 为负，则表明公司减少了股东价值。值得注意的是，当期会计净利润的上升未必就会使 EVA 上升，有时反而会下降，这就说明经营者在表面上创造了当期会计利润的同时，实质上减少了股东的价值。

经济收入既包括正常经营业务收入也包括自己存量资产的升值；经济成本包

括会计核算的实际支付成本，还包括股东投入资本的机会成本。

经济利润折现模型是将评估基准日后的各期净利润按照加权平均资本成本折现后累加所得到的最终值是企业整体价值。

经济利润 = 期初投入资本总额 × 投入资本报酬率 − 期初投入资本总额 × WACC
= 期初投入资本总额 × （投入资本报酬率 − WACC）

经济利润（EVA）也可按照以下思路确定：调整后的营业利润（NOPAT）减去该企业投入资本总额的机会成本后实务余额。

$$EVA = NOPAT - TC \times WACC \tag{4-5}$$

其中，NOPAT 为税后净营业利润，TC 为总资本，WACC 为加权平均资本成本。

NOPAT 反映的是企业正常业务利润，代表着企业持续的生产经营能力，非正常业如营业外收支不具有持续性，故而不能反映企业真实的价值创造能力，因此，NOPAT 中要剔除非正常业务利润。在实务中，计算 EVA 时主要调整的内容主要有：通常的调整内容包括研究与开发费用、递延所得税、商誉、教育和培训费用、财务费用、会计准备及营业外收支等。

TC 反映的是资本投入总额，资本总额不仅包括债务资本，核心的特点是包含了企业的股权资本。债务资本中不包含商业信用性质的负债，如应付账款、其他应付款、应付票据等。我国股权资本主要包括财务报表中所有者权益各项目，同时包括少数股东者权益。

企业整体价值 = 期初投入资本 + 各期经济利润折现值累加和

（三）预测期不同的折现模型

1. 零增长折现模型

假定长时期内，企业没有增长，即未来各期收益流不变的情况下的企业估值问题，适合零增长企业的价值评估。

$$V_0 = \frac{CF_1}{1+r} + \frac{CF_2}{(1+r)^2} + \cdots = \sum_{t=1}^{\infty} \frac{CF_t}{(1+r)^t} = \frac{CF}{r}, CF_1 = CF_2 = \cdots = CF_t$$

$$\tag{4-6}$$

其中，V_0 为评估基准日企业价值；CF_t 为 t 期企业现金流/股权现金流；r 为折现率。

2. 戈登（Gordon）增长折现模型

假定长期内，企业以某一稳定的增长率保持增长，即未来各期收益流按照固定增长率保持增长，适合处于稳定增长企业的价值评估。戈登增长模型把股票价值与它在下一时期的期望股息、股权成本和期望增长率联系在一起。模型中期望的增长率必须等于或小于公司经营所在经济体的增长率（阿斯沃斯·达摩达兰，

2014）。

$$V_0 = \frac{CF_1}{1+r} + \frac{CF_2}{(1+r)^2} + \cdots$$

$$= \frac{CF_1}{1+r} + \frac{CF_1(1+g)}{(1+r)^2} + \frac{CF_1(1+g)^2}{(1+r)^2} + \cdots$$

$$= \frac{CF_1}{r-g} \tag{4-7}$$

其中，g 为现金流的稳定增长率，其他符号同上。

3. 双阶段折现模型

假定收益流增长呈阶段性，第一阶段以超常增长率增长模型，第二阶段永续低稳定增长模型。即收益流在未来某一时点由高速稳定增长转换为低稳定增长。适合于高速增长阶段过后所有高速增长的原因全部消失的企业价值评估。

$$V_0 = \sum_{t=1}^{n} \frac{CF_t}{(1+r)^t} + \frac{P_n}{(1+r)^n} \tag{4-8}$$

$$V_n = \frac{CF_{n+1}}{r_n - g_n}, \quad CF_t = CF_{t-1}(1+g) \tag{4-9}$$

$$V_0 = \sum_{t=1}^{n} \frac{CF_0(1+g)^t}{(1+r)^t} + \frac{\dfrac{CF_{n+1}}{r_n - g_n}}{(1+r)^n} \tag{4-10}$$

$$V_0 = \frac{CF_0(1+g)\left[1 - \dfrac{(1+g)^n}{(1+r)^n}\right]}{r-g} + \frac{CF_{n+1}}{(r_n - g_n)(1+r)^n} \tag{4-11}$$

其中，CF_t 为第 t 年净现金流；r 为投资期望收益率（股权资本成本）；P_n 为第 n 年末价值；g 为前 n 年超常增长率；g_n 为 n 年后的永续增长率。

4. H 阶段折现模型

Fuller 和 Hisa 1984 年创立 H 模型。假设企业收益增长率在开始时最高为 g_a，最终稳定增长率为 g 时稳定下来；股利支付率不受增长率变动的影响保持不变。适用于目前快速增长，随着公司规模扩张和竞争加剧，业务差异优势逐渐减小企业的价值评估。

$$V_0 = \sum_{t=1}^{H} \frac{CF_t}{(1+r)^t} + \frac{CF_{H+1}}{(r-g)(1+r)^H} \tag{4-12}$$

其中，H 为企业进入稳态的时点，其他符号同上。

5. 三阶段折现模型

假定企业经历了稳定高增长阶段、由高速增长向低速增长的过渡阶段和低稳定增长阶段。相比来说，该假定下的三阶段模型具有较强灵活性，适合于当前超常增长，并会维持一段时间，然后经营优势减少，增长率逐渐降低直到达到稳定增长阶段的企业，同样也适用于股息分配政策等方面发生变化的企业价值评估。

以生物医药行业为例，生物医药行业为代表的高成长性公司具有"高成长、高收益、高风险"特征，与传统行业可稳定预测的现金流量模式十分不同，其研发战略和其他特殊经营模式带来的现金流可能呈现爆发式增长，在一段时间后随竞争加剧逐渐呈现下降趋势，最后达到市场均衡状态，其产品生命周期随专利保护到期而结束。自产品投入市场开始，总体呈现出"三阶段"特征。基于历史数据、市场环境和相关假设，根据不同研发产品上市后在不同阶段的现金流进行预测，为价值评估提供数据支持。一般来说，处于研发阶段的市场预估效果很好的产品可按"三阶段"模型进行评估。

$$V_0 = \sum_{t=1}^{n_1} \frac{CF_0(1+g_a)^t}{(1+r)^t} + \sum_{t=n_1+1}^{n} \frac{CF_t}{(1+r)^t} + \frac{CF_n \times (1+g)}{(r-g)(1+r)^n} \qquad (4-13)$$

其中，符号同上。

企业整体价值（B）、股东全部权益价值（E）、付息债务价值（D）、少数股东权益价值（M）、经营资产价值（P）、非合并范围内长期股权投资价值（I）、溢余资产价值（K）、非经营资产价值（F）、非经营负债价值（G）之间的关系：

E = B − D − M

B = P + I + K + F + G

四、评估步骤及参数确定

（一）财务报表编制基础、会计政策调整

需要对同一企业不同历史年度之间的财务报表编制基础进行调查了解，如果财务报表编制基础存在差异，则需要根据同一编制基础调整财务报表。要求不同历史年度之间企业财务报表编制基础相同，主要是为了使不同时期的财务报表具有可比性。如果不同年度之间企业财务报表编制基础存在差异，则这些差异可能会影响当期损益并相应地反映到企业收益中，使不同年度之间财务报表所体现的企业收益的变化情况并不能完全反映企业实际经营状况的发展走势。

1. 计提的各项减值准备

根据我国《企业会计准则》的规定，公司要为将来可能发生的损失预先提取减值准备金，减值准备金余额抵减对应的资产项目，余额的变化计入当期费用冲减利润。其目的也是出于稳健性原则，使公司的不良资产得以适时披露，避免公众过高估计公司利润而进行不当投资。作为投资者披露的信息，这种处理方法是非常必要的。但对公司的管理而言，这些减值准备金并不是公司当期资产的实际减少，减值准备金额的变化也不是当期费用的现金支出。提取减值准备金的做法一方面低估了公司实际投入经营的资本总额；另一方面低估了公司的现金利润，因此不利于反映公司的真实现金盈利能力；同时，公司管理人员还有可能利用这些减值操纵账面利润。

一般而言，企业可能存在发生减值的资产还包括：除贷款的其他金融资产，如持有至到期投资、可供出售金融资产等，还有存放同业、买入返售资产、其他应收款、固定资产、无形资产等。

具体调整方法为：在计算 NOPAT 时，将计提的资产减值准备冲回，按照实际损失的发生额计入相应的会计期间，将资产减值准备年末余额加入 TC 中。

2. 递延所得税的处理与调整

从经济观点来看，企业应该从当前利润中扣除的唯一税款就是当期实际缴纳的税款，而不是将来可能或不可能缴纳的递延所得税费用。因此，在计算 EVA 时，应将递延所得税费用加到本年的税后净营业利润中，如果是递延所得税收益则应从税后净营业利润中减去。同时，将递延所得税负债余额加入到资本总额中，递延所得税资产余额从资本总额中扣除。通过调整后的现金流量，更准确地反映企业的经营状况。

调整方法：从资产负债表中取递延所得税负债的增加额加到税后净利润中，并将递延所得税资产的增加额从税后净利润中剔除。

3. 营业外收支的处理与调整

营业外收入和支出反映公司在生产经营活动以外的其他活动中取得的各项收支，这与公司的生产经营活动及投资活动没有直接关系，它们的特征是具有偶发性和边缘性，并不反映经营者的正常经营业绩或经营决策。

企业价值评估应主要关注其主营业务的经营情况，对于不影响公司长期价值变化的所有营业外的收支、与营业无关的收支及非经常性发生的收支，需要在核算收益和税后净营业利润中予以剔除。但是考虑到任何一项营业外收支又都是股东所必须承担的损失或收益，因而还需要对其进行资本化处理，使其与公司的未来收益或损失相匹配。因此，应将当年发生的营业外收支净额扣除所得税后从税后净利润中剔除，并将以前年度累计发生的营业外收支的税后值计入资本占用中。

调整方法：计算出当期营业外收支的税后值，然后把它从税后利润中扣减，并将当期发生的营业外收支与以前年度累计发生的营业外收支合并，均作资本化来处理。

4. 财务费用的调整

企业为筹集经营资金所借入负息债务而发生的成本表现为利息费用。由于资本成本的计算包括债务部分的成本，在计算税后净经营利润时，发生的利息费用等融资费用不应计入期间费用，否则将导致资本成本和费用的重复计算。而作为财务费用减项的利息收入、汇兑收益不属于经营收益，不应计入税前经营利润。因此，在计算税后净营业利润时，整个财务费用科目不应作为期间费用进行扣除。

调整方法：从利润表中提取当期财务费用值，将财务费用的税后值加到税后净利润中去。

5. 长期性费用支出的处理与调整

按照新会计准则的规定，企业发生的一次性支出但受益期限较长的费用计入当期损益，这些费用包括开办费、固定资产大修理费用等。这些费用是对公司当前和长期发展有贡献，其发挥效应的期限不只是这些支出发生的会计当期，按照会计准则规定全部计入当期损益并不合理，而且容易影响管理者对此类费用投入的积极性，不利于公司的长期发展。因此，会计调整就要将这类费用资本化，并按一定收益期限进行摊销。

研究开发费用的调整方法：将研究阶段发生的费用和开发阶段不符合条件计入当期损益的费用金额进行资本化处理，将当年费用化的研发费用的税后值加到税后净利润中，并将会计准则下累计费用化的研发费用按照一定的受益期限进行摊销，按照累计摊销额的税后值从税后利润中予以剔除。

一次性支出但受益期较长的费用的调整方法：一方面把当期超出摊销标准的部分在扣除所得税后加回到企业当期的税后净营业利润中；另一方面把当期及前期没有摊销的部分加到投资资本总额中。

6. 存货成本核算

存货成本核算主要包括先进先出法（是指以先购入的存货应先发出，存货实物流动假设为前提，对发出存货进行计价的一种方法）、后进先出法（假定后入库的存货先发出，据此计算发出存货成本的方法）、移动平均法（最近的实际数据值来预测未来一期或几期内公司产品的需求量、公司产能等）、加权平均法（利用过去若干个按照时间顺序排列起来的同一变量的观测值并以时间顺序变量出现的次数为权数，计算出观测值的加权算术平均数，以这一数字作为预测未来期间该变量预测值的一种趋势预测法）及个别计价法（指对发出的存货分别认定其单位成本和发出存货成本的方法）等多种方式，核算方法选择在企业间的差异普遍存在。对于特定的企业，采用后进先出法与先进先出法，企业的利润情况可能会有很大不同。如果该差异会影响到企业价值比率的可比性水平，则需要对存货成本核算的方法进行统一调整，计算调整后的净利润等盈利指标。

7. 收入确认

收入确认主要包括确认的时点和金额两个方面。确认时点可能涉及商品销售的售前、售中和售后确认，同时也会涉及劳务收入的完工百分比或者涉及商品销售完成合同率确认。确认金额可能涉及商品销售的总额法或净额法。我国会计准则虽然对收入确认条件进行了规定，但仍给企业留下了较大的自由选择空间。不同的企业会计人员在不同的情境下可能会产生判断的差异，运用不同的收入确认方法。对于建筑行业这类有项目完成阶段的行业来说，收入确认上的差异尤为明显，因此，评估专业人员应当对被评估企业与可比对象的收入确认原则进行统一。

8. 折旧差异

固定资产的折旧可以采用平均年限法（是按固定资产的使用年限平均地提折旧的方法），也可采用工作量法（指以固定资产能提供的工作量为单位来计算折旧额的方法）、双倍余额递减法（不考虑固定资产预计残值，将每期固定资产期初账面净值乘以一个固定不变的百分率，计算折旧额的加速折旧的方法）及年数总和法（固定资产原值减去预计残值后的净额乘以折旧率，计算折旧额的加速折旧的方法）等，可能造成各企业之间折旧方法的差异。通常情况下，评估专业人员很难获取足够的信息来对此类差异进行调整，一旦折旧方法对企业绩产生较大影响，评估专业人员就应当考虑选用折旧方法影响性较小的价值比率。

9. 税收差异

可比对象与被评估企业之间在税收水平上可能也会有较大差异，有些企业可能因为某方面的特殊原因而享受到税收优惠（如西部大开发等），税负水平较低甚至免税，而另一类企业只能按照正常水平纳税。评估专业人员应当通过相应的调整对税收差异的影响加以消除。

10. 其他问题

除上述方面外，差异调整可能还涉及股份支付、期权激励等成本费用、计提坏账准备政策以及其他特殊事项的调整。评估专业人员应通过阅读审计报告附注及企业公开信息披露等方式尽可能详细了解可比对象和被评估企业的主要会计政策差异，并进行必要的调整。

（二）调整非经营性资产负债和溢余资产，非经常性收入支出等项目

1. 经营性资产和非经营性资产区别

根据资产的经营属性，可以将企业的资产区分为经营性资产和非经营性资产。经营性资产对企业盈利能力的形成过程产生直接贡献或间接贡献。非经营性资产对企业盈利能力的形成过程不产生直接贡献或间接贡献。在评估实务中，检验某项资产是否属于非经营性资产，可运用模拟抽离法即在企业盈利能力的形成过程中，将某项资产模拟抽离该企业，分析抽离行为是否会影响企业的盈利能力，若抽离该资产对企业盈利能力的形成不产生任何影响，则该项资产属于非经

营性资产，否则为经营性资产。

在采用收益法评估企业价值过程中，经营性资产和非经营性资产的划分和判断，应紧扣企业预期收益口径，凡是在企业预期收益口径中已经包含其影响或贡献的资产，均应界定为经营性资产；凡是对企业预期收益不产生任何直接影响或间接影响的资产，应界定为非经营性资产（中国资产评估协会，2019）。

2. 经营性负债和非经营性负债区别

根据负债的经营属性，可以将企业的负债区分为经营性负债和非经营性负债。在企业盈利能力的形成过程中，已考虑了某项负债的偿还义务对企业盈利能力的影响，则该项负债为经营性负债，否则为非经营性负债。

3. 必备资产和溢余资产区别

必备资产是形成企业盈利能力所必需的资产，溢余资产通常指溢余的经营性资产，只是相对于预测的收益规模是多余的，在当前和未来一段时期处于闲置状态的那部分。如果某项资产的全部在现时及未来预计均处于闲置状态，则该项资产应界定为非经营性资产。因此，为准确测算企业经营性资产、经营性负债所产生的收益情况，一方面需要将非经营性资产、负债和溢余资产从资产负债表中调出，另一方面需将非经营性资产、负债和溢余资产相关的收入和支出从利润表中调出（丘开浪，2013）。

在实务中，较为常见的非经营性资产负债多指交易性金融资产、其他应收款、长期股权投资、递延所得税资产、递延所得税负债等；较为常见的溢余资产主要为溢余货币资金、溢余的土地使用权、溢余的厂房等，用成本法评估主要包括长期股权投资、其他应收款中与主营业务无关的款项等。非经营性负债是指与企业经营活动无直接关系的负债，主要包括应付股利、其他应付款中与主营业务无关的负债。根据本次评估对象的特点和资产状况，长期股权投资采用收益法确定评估值，其他资产、负债采用资产基础法确定评估值。

一般而言，在评估实践中，将非经营性资产负债、溢余资产等均分离出来单独评估，最后与经营性资产价值加总，非经营性资产和负债通常包括的内容如表4-2所示。

4. 非经常性收入和支出

非经常性收入和支出的发生具有偶然性，一般不具有持续性且无法预测，并不能代表企业正常的盈利能力，因此，对企业历史财务状况进行分析比较时，需要将非经常性收入和支出从利润表中调出。需要注意的是，其他业务收入和支出并不一定是非经常性收入和支出。按照企业所从事日常活动的重要性，可将收入分为主营业务收入、其他业务收入等，企业的其他业务收入可进一步区分为经常性收入和偶然性收入，只有偶然性的其他业务收入才属于非经常性收入。

表4-2 被评估企业非经营性资产、负债测算　　　　单位：万元

序号	具体项目	原因及评估方法	评估价值
一	非经营性资产		
1	长期股权投资	收益法	
2	其他应收款	资金拆借，成本法	
3	其他流动资产	理财产品，成本法	
4	在建工程	成本法	
5	递延所得税	应收款项评估减值，成本法	
二	非经营性负债		
1	应交税费	个人所得税，成本法	
2	其他应收款	资金拆借、成本法	
3	应付股利	成本法	
三	非经营性资产、负债净值		

（三）预测收益流

1. 营业总收入预测

要了解一家企业的营业总收入，首先要关注该企业营业收入的构成。通过对其主营业务收入各组成部分未来发展趋势的预测，从而估计得出更准确的营业总收入增长率。

由于企业绝大部分的财务数据都同营业总收入息息相关，故而在对未来5年的营业总收入进行预测之后，根据各会计科目的历史数据计算出企业主营业务成本、销售费用、管理费用等各指标占历年营业总收入的比重。在排除个别特殊年份对比例的影响之后，通过回归预测分析、估计取整等方法，可以得出未来5年内各指标占营业总收入的比重。

2. 收益流增长率

增长率确定有以下几种观点：①通常来说，在永续增长期内的营业收入增长率保持在与宏观经济增长率水平相当的情况。根据我国的 GDP 增速来估计企业的永续增长率。②有两种常用的方法可以计算平均增长率：一种是算术平均（Arithmetic Average）法，另一种是几何平均（Geometric Average）法。用 V_t 表示第 t 期变量的值，则该变量的算术平均增长率（AAG）和几何平均增长率（GAG）可以分别通过以下两个公式计算。

$$AAG = \frac{V_1 \div V_0 + V_2 \div V_1 + V_3 \div V_2 + \cdots + V_n \div V_{n-1}}{n} - 1 \qquad (4-14)$$

$$GAG = \left(\frac{V_1}{V_0} \times \frac{V_2}{V_1} \times \frac{V_3}{V_2} \times \cdots \times \frac{V_n}{V_{n-1}}\right)^{\left(\frac{1}{n}\right)} - 1 = \left(\frac{V_n}{V_0}\right)^{\left(\frac{1}{n}\right)} - 1 \qquad (4-15)$$

3. 资本性支出

当期固定资产净值与上期固定资产净值的差确定资本性支出。

4. 净营运资本变动

当期营运资金净值与上期营运资金净值的差确定净营运资本变动，

当期营运资金净值（NOWC）＝经营流动资产－经营流动负债

＝（经营资金＋应收账款＋预付账款＋存货＋
其他流动资产）－（应付账款＋其他应付
账款）

其中，经营资金是指企业在经营活动中对现金的需求，并非企业全部的货币资金。一般来讲，企业并不会透露它们经营需要多少现金。为了估计经营资金数量，可参照同时期大部分同行国内公司。大部分公司最少的现金余额略低于销售额的15%，因此经营资金按照营业收入的15%来计算。

5. 收益期确定和划分

考虑到企业在收益期的不同阶段其经营状况和收益水平会不断变化，呈现不同的阶段性特点，不论企业的收益期是有限期还是无限期，通常需要将企业收益期划分为预测期和永续期。预测期也被称为明确的预测期，是指从评估基准日到企业达到稳定状态的收益期限。在预测期，企业的投资回报率、财务杠杆水平及企业面临的风险大小与行业或市场平均水平存在差异，企业各项收益指标尚不稳定，有必要对企业收益逐年进行预测。永续期是指从企业达到稳定状态开始直至企业收益结束日的期间。

在评估实务中，评估人员应在分析企业的经营状况、财务状况的基础上，考虑企业的生命周期、投资计划等对投资回报率、经营风险水平、资本性支出、营运资金的影响，合理确定预测期，预测期限应该足够长，以消化企业经营发展的不确定或非典型因素。企业收益的不稳定时期有多长，预测期就应当有多长。评估实务中较多地采用5年的预测期，但这一做法并非是一个固定的模式，有些企业的预测期可能比5年更长，甚至超过10年，而有些企业的预测期可能短于5年。对处于周期性行业的企业说，预测期通常与净现金流最到达整个业务周期的期望平均净现金流量时所需要的年度数量或者期间数量一致。若企业已进入平稳期，预测期可淡化周期性的影响，但对尚处于波动期的企业，通常需要适当延长预测期，使预测期结束时企业的经营状况能达到稳定状态。此外，应注意的是，企业从预测期过渡至永续期通常是一个平滑或平稳的过程，若预测期最后一年的收入或收益增长率还很高，而永续期的收入或收益却按零增长考虑，若无足够的理由（如产能受到限制、企业规模扩大存在瓶颈等）支持这样的判断，则预测期与永续期的划分就存在不合理之处。

企业达到稳定状态，通常应同时具备以下五项特征：一是企业收入成本的结构较为稳定且基本接近行业平均水平；二是企业的资本结构逐渐接近行业平均水平或企业目标资本结构水平；三是企业除为维持现有生产能力而进行更新改造的资本性支出以外，不再有新增投资活动；四是企业的投资收益水平逐渐接近行业平均水平或市场平均水平；五是企业的风险水平逐渐接近行业平均水平或市场平均水平。

尽管预测期时间长度的选择非常重要，但从本质上看，预测期时间长度的选择并不影响企业的价值，只影响企业价值在预测期和永续期的分布。

一般来说，高于行业正常水平的增长率会在 3～10 年之内恢复到正常水平，因此，选择预测企业的增长期限为 5 年，之后我们预计企业进入一个平稳的永续增长期。对于采用 BOT 模式建设和运营的企业，其收益年限通常是有限年限，一般可以通过 BOT 协议查询。

6. EVA 的确定

（1）NOPAT（税后净经营利润）。

根据有关 EVA 计算的理论分析，NOPAT 是由正常投资带来的，既包括评估单位的经营业务利润，也包括对外投资收益。NOPAT 是基于现金制计算的利润，各种资产准备和摊销费用并未实际发生现金流出，不应在利润中扣除，应加回 EVA 当中。非经常损益项目所引起的损益，应做暂时搁置处理，不纳入 EVA 计算。利润表中的营业外支出项目就属于非经常项目，应在计算 EVA 时将其去除，以消除影响。因此，NOPAT 会计调整调的目的是使 NOPAT 不受权责发生制、财务资本构成的影响，对于 NOPAT 调整主要考虑的内容是当年计提的各项资产减值准备、营业外收入、营业外支出、当期递延所得税负债的增加以及当期递延所得税资产的增加。

NOPAT = 税后净利润 + 减值准备金余额的当期变化数 + 递延所得税负债的增加 − 递延所得税资产的增加 − （营业外收入 − 营业外支出）×（1 − 所得税率）+ 财务费用 ×（1 − 所得税）+ 研发项目的投入 − 研发项目本年摊销 − 补贴收入 + 本期商誉的摊销。

（2）TC。

在企业价值评估中，经济增加值法下的投资资本总额是指股东以及债权人投入企业生产经营的全部资金，包括债务资本和权益资本。

TC = 权益资本 = 股东权益 + 年末资产减值准备余额 + 年末递延所得税负债余额 − 年末递延所得税资产余额 − （累计的营业外收入 − 累计的营业外支出）×

（1－所得税率）－无息流动负债＋研发项目的投入－研发项目本年摊销－在建工程。

（四）折现率

1. WACC

$$r = WACC = R_e \times \frac{E}{D+E} + R_d \times \frac{D}{D+E} \times (1-T) \tag{4-16}$$

其中，WACC 为加权平均资本成本；R_e 为股本成本，是股东期望的收益率；R_d 为债务成本；E 为公司股本的市场价值，确定思路按照 CAPM 模型确定；D 为公司债务的市场价值；D＋E 为企业的市场价值；T 为企业税率。

R_d 的确定思路有以下两种观点：①一般可以选择央行长期贷款利率。②采用中国人民银行公布的短期贷款利率和中长期贷款利率作为税前单位债务资本成本率，并根据央行每年调息情况加权平均。由此得到的短期贷款利率和中长期贷款利率。计算债务平均成本率：Kd = KdlWdl + KdsWds，式中，Kd 为债务资本成本；Kdl、Kds 为长、短期平均贷款利率；Wdl、Wds 为长、短期债务占的权重，由此可得，债务资本成本：Ki = Kd × （1－T）。

2. 权益资本成本

权益资本成本主要包括普通股成本和保留盈余成本，有多种确定方法，一般采用资本资产定价模型（CAPM）确定。资本资产定价模型是由美国学者夏普（William Sharpe）、林特尔（John Lintner）、特里诺（Jack Treynor）和莫辛（Jan-Mossin）等结合投资组合理论以及资本市场理论，对证券市场中股票预期收益率与风险的关系进行度量的模型。根据该理论，证券投资风险分为系统性风险和非系统性风险，系统性风险是指市场中无法规避的风险，如利率、战争、自然灾害等；非系统性风险又称为特殊风险，是企业自身的风险，投资者可以通过分散投资加以规避。

权益资本成本的计算公式如下：

$$r_e = r_f + \beta \times (r_m - r_f) + \varepsilon \tag{4-17}$$

其中，r_e 为无风险市场利率，其确定思路有以下几种观点：第一，采用一年期定期存款利率。第二，一般用长期国债利率（5 年或 10 年），通常认为长期国债利率还包含了未来可能的通货膨胀的风险溢价，它高估了真实的无风险收益率；因此，有学者建议采用第三种思即。第三，采用一年期整存整取存款利率作为无风险收益率更为合适。即采用评估基准日所在年份的一年期整存整取利率平均数为无风险利率。

r_f 为股票市场平均风险收益率，其确定思路有以下几种观点：第一，一般认为，股票指数的波动能够反映市场整体的波动情况，指数的长期平均收益率可以反映市场期望的平均报酬率。通过对上证综合指数自 1992 年 5 月 21 日全面开放股价、实行自由竞价交易后至今评估基准日期间的指数平均收益率进行测算，得出市场期望报酬率的近似。第二，取证券市场评估基准日前十年平均报酬率作为市场报酬率，通过 Wind 证券资讯终端系统，查询证券市场基准日前十年的上证、深证平均收益率，取两者平均报酬率。

$r_m - r_f$ 为风险溢价，其确定思路有以下几种观点：第一，股价指数多年来的平均上涨率。第二，采用历史年份所有股票基金的平均报酬率。第三，采用 GDP 增长率作为市场风险溢价。第四，根据美国市场风险溢价的基础上调整得到风险溢价，理由是：中国股市的成熟程度远远低于发达国家。因此，直接利用中国股市的历史数据测算市场风险溢价并不能够准确反映市场未来的收益率及风险，用来作为折现率的输入参数去对未来现金流进行折现也是不合理的。美国作为发达国家的代表，在国际资本市场中常被作为基准国对其他国家的收益及风险进行衡量，所以选择通过美国的市场风险溢价调整得到中国的市场风险溢价是相对合理的。中国市场风险溢价 = 美国股票市场风险溢价 + 中国股票市场违约贴息 = 美国股票市场风险溢价 + 中国违约补偿额 ×（σ 股票/σ 国债）；国家违约补偿额是根据国家债务评级机构 Moody 公司的数据来测算 Moody 公司对我国的债务评级为 A1，转换为国家违约补偿额为 0.7%；（σ 股票/σ 国债）取新兴市场国家股票的波动平均是债券市场的 1.5 倍，则 R_{pm} = 平均收益差 + 0.7% × 1.5。第五，风险溢价用 SPSS 软件得到道琼斯统计量的均值和标准差以及深指或上指统计量的均值和标准差。根据纽约大学教授阿斯沃思·达摩达兰提出的世界各国金融市场风险补偿表，美国市场平均风险溢价为 5.5%，因此，可根据下面公式确定风险溢价：

$$\text{中国资本市场的风险溢价} = 5.5\% \times \left(\frac{\text{深指/上指统计量的标准差}}{\text{深指/上指统计量的均值}} - \frac{\text{道琼斯统计量的标准差}}{\text{道琼斯统计量的均值}} \right)$$

$$(4-18)$$

另外，在计算风险溢价时，还要考虑是否存在海外并购，如果中国企业并购国外企业，根据风险—收益匹配原则，一般根据现金流来源选择相应国家的市场风险溢价。

β 为个别股票的系统风险，β 系数是用以度量一项资产非系统风险的指针，是用来衡量风险和必要报酬之间的关系，体现了特定资产的价格对整体经济波动的敏感性。若 β > 1，则该项投资的价格波动大于市场价格波动水平；若 β = 1，则该项投资价格波动与市场价格波动水平相当；若 β < 1，则该项投资价格波动水平小于市场价格波动水平。确定思路有以下两种观点：第一，根据相关文献的计算方法，β 系数根据同时期上市企业股票收益率与同时期股票指数收益率进行一元线性回归计算得出。上市企业股票每日收益率 =（每日收盘价 - 上一日收盘价）÷ 上一日收盘价，股票指数每日收益率 =（每日收盘指数 - 上一日收盘指数）÷ 上一日收盘指数。因此设定回归方程为：y = a + bx，其中，y 表示某一股

票的收益率，x 表示市场收益率（市场指数），方程的斜率 b 就是该股票的 β 系数。

第二，可参照同类上市企业 β 值确定：$\beta_e = \beta_u \times \left[1 + (1-t) \times \dfrac{D}{E} \right]$，其中，$\beta_u$ 为可

比公司的预期无杠杆市场风险系数，其计算公式为：$\beta_u = \dfrac{\beta_t}{1 + (1-t)\dfrac{D_i}{E_i}}$，其中，$D_i$、

E_i 分别为可比公司的付息债务与权益资本；β_t 为可比公司股票（资产）的预期市场平均风险系数；$\beta_t = 34\% K + 66\% \beta_x$，上式系用历史 β 系数占2/3、市场 β 系数（假设为1）占1/3 的平均方式，对基于历史数据的原始 β 系数进行调整。这种调整也称为平滑调整，其基于这样的假设：随着时间的推移，β 系数将向1的市场整体 β 系数接近。其中，K 为定时期股票市场的平均风险值，通常假设 K = 1；β_x 为可比公司股票（资产）的历史市场平均风险系数。具体参数可查询 Wind 数据库：根据 Wind 咨询查询的上证、深证 A 股股票类似被评估单位经营范围、上市交易十年以上的上市企业 β 值计算确定平均风险系数 β_g，并折算为预期市场平均系数 β_t，筛选了数家上市企业距评估基准日最近的会计年度财务报表，根据负债/权益比率还原为无杠杆 β 系数，取其平均数得到 β_u。查询 Wind 咨询公布的与评估对象同行业的上市公司股票的带息债务（D）、股权价值（E）和所得税（T），将可比公司股票（资产）的风险系数 β 系数调整为无杠杆 β 系数。代入上述计算评估对象权益资本的预期市场风险系数公式，计算评估对象权益资本的预期市场风险系数 β（有财务杠杆预期市场风险系数）。

ε 为企业特定风险调整系数，其确定思路有以下几种：第一，通常可以结合对被评估单位和参考企业的财务数据分析、经营状况等从以下方面考虑：①公司规模。②公司所处经营阶段。③历史经营状况。④公司的信用、流动性及市场风险。⑤主要业务品种所处发展阶段。⑥经营网点、业务品种的分布。⑦公司内部管理及控制机制。⑧管理层的经验和经历。⑨对主要客户的依赖程度。结合企业的规模、成立时间及外来经营情况，结合特有风险调整系数。第二，根据国内外相关机构及专家研究分析，公司超额收益率与公司规模和盈利能力存在一定的关系，将公司超额收益率作为被解释变量，将公司规模、资产报酬率作为解释变量进行回归，可以得到结果方程：$R_s = 3.73\% - 0.717\% \times \text{in}(S) - 0.267\% \times \text{ROA}$，其中，$R_s$ 为公司超额收益率；$\text{in}(S)$ 为公司总资产账面值的自然对数；ROA 为总资产报酬率。根据以上结论，将评估对象的总资产账面价值、息税前利润以及按此计算的被评估企业的总资产报酬率，分别代入上述回归方程即可计算得出超额收益率。在这种方法中，以被评估企业的超额收益率作为参考，考虑到评估对象与上市公司、其他同行的区别以及自身特点等因素，再考虑一定的市场风险调整系数，并确定这个市场风险调整系数。最终以被评估企业的超额收益率加上市场

风险调整系数，作为企业特定的风险调整系数 r_u。第三，企业特定风险调整系数 ε 一般为小规模企业特定风险调整系数 R_s。借鉴北京岳华德威资产评估有限公司赵强（2019）参考美国研究公司规模超额收益的 Grsbowski – King 研究，对超额收益率与净资产建立如下回归方程：$R_s = 3.139\% - 0.2485\% \times N_B$（$R^2 = 90.89\%$），其中，$N_B$（净资产账面值）取评估基准日审计确认的净资产。

（五）评定估算与评估结论分析

将确定好的参数纳入到已选定的折现模型中，进行评定估算，得出初步的评估结论（见表4-3）。一般来讲，采用某一方法评估结束，并不意味着是最终的评估结论。需要对不同评估方法下的评估结论进行分析，在此基础上确定最终的评估结论。最终的评估结论可以是某一方法的估值，也可以是某两种方法的均值或加权均值。评估结论分析制成表格收放在操作类工作底稿中。

表4-3 初步评估结论分析表

产权持有单位：	评估基准日：
项目名称	
评估目的	
评估对象	
价值类型	
成本法评估情况及结果	
收益法评估情况及结果	
市场法评估情况及结果	
综合分析	

评估人员： 复核人：

第二节 市场法

一、评估原理

（1）市场替代原则。即一个正常的投资者为一项资产支付的价格不会高于市场上具有相同用途的替代品的价格。即类似资产应该有类似的交易价格。如果类似资产的交易价格存在较大差异，则市场上存在套利机会，套利行为使价格差异减小直至消失。

（2）评估思路。企业作为一种特殊商品，类似企业应该有类似价值，且有类似交易价格。将类似企业交易价格作为委估企业价值评估值的基础，通过可以量化的差异进行调整，即可作为委估企业估值。运用市场法得出的评估结论是被评估单位100%的权益价值，按照经济行为对象的提供持股比例进行折算。

二、具体方法

市场法常用的两种具体方法是上市公司比较法和交易案例比较法。

（一）上市公司比较法

上市公司比较法是指获取并分析可比上市公司的经营和财务数据，计算适用的价值比率，在与被评估企业比较分析的基础上，确定评估对象价值的具体方法。首先，选择与被评估单位处于同一行业的并且股票交易活跃的上市公司作为可比公司，然后通过交易股价计算可比上市公司的市场价值。其次，再选择可比上市公司的一个或几个盈利类或资产类参数，如 EBI、EBITDA、NOIAT 或总资产、净资产等作为"分析参数"。最后，计算可比上市公司市场价值与所选择参数之间的比例关系——比率乘数（Multiples），将上述价值乘数应用到被评估单位的相应的分析参数中从而得到委估企业的市场价值。

（二）交易案例比较法

交易案例比较法是指获取并分析可比企业的买卖、收购及合并案例资料，计算适当的价值比率，在与被评估企业比较分析的基础上，确定评估对象价值的具体方法。

两个方法差异主要体现两方面：一是可比企业来源不同，一个来源于产权交易市场，另一个来源于证券市场；二是难易程度不同，上市企业比较法的数据资料获取比较容易，产权交易市场的数据资料获取比较困难，对评估专业人员的数据筛选能力和实践经验要求比较高。

三、市场法适用性分析

评估方法适用性分析是采用市场法评估企业价值的前提。结合评估目的和评估对象以及收集到的资料综合考虑该方法的适用性。适用性分析结果制成表格（见表4-4），统一收放在操作类工作底稿中。

表4-4 企业价值评估市场法适用性分析表

产权持有单位：　　　　　　　　　　　　　　　　　　　评估基准日：

项目名称	
评估目的	
评估对象	
价值类型	
适用性分析	

评估人员：　　　　　　　　　　　　　　　　　　　　　　复核人：

四、市场法评估思路

（一）基本公式

$$\frac{V_1}{X_1} = \frac{V_2}{X_2} \Rightarrow V_1 = \frac{V_2}{X_2} \times X_1 \qquad\qquad (4-19)$$

其中，V_1 为被评估企业价值；V_2 为可比企业价值；X_1 为被评估企业与企业价值密切相关的可比指标；X_2 为可比企业与企业价值密切相关的可比指标，与 X_1 属于同一种指标。

（二）评估步骤及参数确定

1. 选择可比企业

在上市公司中选取与其在营运上和财务上"相似"或"相近"的上市公司作为对比公司，一般选择 3～5 家。选取对比公司的标准一般包括：

（1）行业相同。

评估专业人员可以根据中国证券监督管理委员会划分的行业分类或其他证券公司划分的行业分类进行搜索，再进行细分，寻找最为相似的可比对象。

（2）业务结构相同或相近。

业务结构的可比性标准是指可比对象应当与被评估企业在主要业务收入、利润的结构上相似，并且已稳定经营一段时间。可比对象与被评估企业同属于一个行业，但是业务结构上存在较大差异或者在不同产品或服务的构成方面存在差异将导致可比性变弱。

（3）经营模式相近。

经营模式的可比性标准是指同行业的企业即使从事同一业务，其中，也会存在多种经营模式，而不同的经营模式可能导致业务指标上的巨大差异和经营风险的差异。

（4）企业经营规模相近。

企业规模大小可以按照其销售收入、资产总额、从业人员数量或产能等指标来判断，不同行业的划分标准略有不同。大规模企业具有更加深化的管理、更多的产品线和市场、地域分布更广等特点。而特大型企业多实行跨行业发展，不太可能处于单一行业。如果在规模上存在重大差异，则被评估企业与可比对象间可能还会存在业务结构、资产配置情况等方面的差异，影响可比性。

（5）资产配置和使用相似。

资产配置和使用情况的可比性标准是指在选择可比对象时应当关注企业的资源配置是否合理以及资源是否有效使用。如何合理配置资源，使现有资源得到充分利用，对企业是否具有竞争力与发展潜力是至关重要的。资源越多，企业的发展不一定越好。资源如果不能得到合理的配置和充分使用，多余的资源就是浪费，发挥不了积极作用，反而会增长企业成本。

（6）评估基准日近期股票交易活跃、平稳，没有非正常的价格波动。

（7）企业所处经营阶段相似。

企业的经营阶段大致可分为初创、成长、成熟及衰退四个阶段。不同阶段的发展速度是不同的，未来不确定性及风险不同、成长性也不同。

（8）成长性相近。

成长性是指公司实现可持续成长的能力，处于同一经营阶段的企业，其成长性也可能有较大差异。成长性的可比性标准是指，对于高成长性的公司，其市场占有率、总资产增长率、主营业务收入增长率、主营业务利润增长率和利润率指标均呈持续增长。在衰退阶段，各项指标呈现下降趋势。因此，在选择可比对象时，评估人员尽量选择与被评估企业有相同的预期成长性的企业。

（9）风险相似。

经营风险是指在企业经营的过程中，由于市场需求的变化、生产要素供给条件的变化以及同类企业间竞争给企业的未来收益带来的不确定性影响。影响经营风险的差异，应慎重确定，尽量选择经营风险相似企业。可比对象应当在财务风险度上尽可能相似，在进行比较应对可比对象和被评估企业的财务报表进行调整，使它们基于相似的编制基础。例如，应当消除经常性项目以及存货核算方式的影响。同时，对于利润率、周转率、投资回报率等财务业绩指标的差异也应当进行分析比较、加以考虑。另外，被评估企业与可比对象在资本结构方面的可比性也很重要。一个有较高财务杠杆与没有财务杠杆的公司在财务风险上差异很大。

评估专业人员在选择可比对象时，应注意筛选标准的统一性、筛选对象的全面性。在选择可比对象时应根据上述一个或几个可比因素制定统一的筛选标准。所筛选出来的可比对象就越相似，数量也越少。因此，刚开始时可以把标准放宽些，然后逐渐提高标准，以保证筛选出的可比对象的确具有可比性，并且还具有一定的数量。一旦标准确定后，应尽可能从所有满足标准的待选公司中进行筛选，否则会存在样本不完整、结果不客观的可能。筛选的手段可以多种多样，既可以通过表格形式，也可以通过正态分布图进行操作。

2. 分析比较委估和可比企业的主要财务指标

在这个环节，我们要做两方面工作：一是对被评估企业和可比上市公司的财务报表应进行必要的分析和调整，以合理反映企业的财务状况和盈利能力。根据评估业务的具体情况，分析和调整事项通常包括财务报表编制基础、非经常性收入和支出、非经营性资产、负债和溢余资产及其相关的收入和支出。二是对委估企业和可比企业的股本、经营性每股净资产、扣除非经常损益后的每股收益、收入净利率、净资产收益率、总资产报酬率等指标进行对比分析。

3. 确定价值比率

价值比率是指将可比公司权益价值或企业整体价值（也称"全投资口径企业价值"）除以可比公司的盈利指标、资产指标、收入指标以及其他特定指标得出的比率。相应地，根据分子所对应的价值范畴，价值比率可区分为权益价值比率和企业整体价值比率，权益价值比率也可称为股权投资口径价值比率，企业整体价值比率也可称为全投资口径价值比率。如果委估企业及各可比企业在资本结构方面相差不大，资产负债率都很低，主要资本投入为股权资本，因此，采用股权投资口径价值比率（也称为权益价值比率），反之采用企业整体价值比率。

权益价值比率中常用的价值比率为市盈率、市净率、市现率、市盈率与增长比率（PEG）、市销率等。企业整体价值比率主要指以企业整体价值作为分子的价值比率，主要包括 EV/EBIT、EV/EBITDA、EV/S 销售收入等，如表 4 – 5 所示。

表 4 – 5　常用的价值比率

价值比率分类	权益价值比率	企业整体价值比率
盈利价值比率	P/E PEG P/FCFE	EV/EBITDA EV/EBIT EV/FCFF
资产价值比率	P/B Tobin Q	EV/TBVIC
收入价值比率	P/S	EV/S
其他特定价值比率		EV/制造业年产量 EV/医院的床位数 EV/发电厂的发电量 EV/广播电视网络的用户数 EV/矿山的可采储量等

对于盈利容易发生显著变动的周期性行业，如航空、资源和钢铁等行业，各类以盈利为基础的比值比率均不太适用；而基于资产账面价值或重置价值的比率、基于营业收入的比率等，因其受周期性影响相对较小，可以结合行业情况进一步选择。但在能够相对准确地预测行业周期的前提下，也可采取周期平均的方法，使 P/E、EV/EBITDA 等盈利类指标重新具有适用性，使评估结果接近企业

的内在价值。

对于盈利相对稳定、周期性较弱的成熟行业，投资者注重的往往是利润和现金流的增长，因此，选择盈利比率相对较为合适。

对于新兴行业，其近期的盈利预测可能较低、甚至为负，无法真实体现公司价值，因此，可以采用 PEG 等增长指标，弥补 P/E 等对企业动态成长性评估的不足。此外，相对于利润，投资者对新兴行业通常更为注重收入及相关经营数据（如用户规模、网站点击数等），因此，EV/S 和其他特定比率在新兴行业也应用较广（中国资产评估协会，2019），如表 4-6 所示。

表 4-6　各行业常用价值比率

行业		通常选用比率
金融业	银行	P/B、P/E
	保险	财险：P/B
		寿险：P/EV
	证券	经纪：P/E、营业部数量、交易活跃账户数量
		自营：P/B
	基金	P/AUM（管理资产规模）
采掘业		EV/Reserve、EV/Resource、EV/Annual Capability
房地产业		P/NAV（净资产价值）、P/FCFE
制造业	钢铁行业	P/B、EV/钢产量
	消费品制造业	P/E
	机械制造业	P/E
	生物制药业	PEG
基础设施业		EV/EBITDA、P/B
贸易业		批发：P/E
		零售：EV/S
信息技术业		处于初创阶段：EV/S、P/B
		处于成长阶段：P/E、PEC
		处于成熟阶段：P/E

具体计算思路主要有以下几点：第一，计算可比交易案例价值比率基础上，直接用可比企业 PE 平均值或中位数作为委估企业 PE 的估计值。第二，采用控制重要变量的方法，将影响 PE 的重要变量 g 对各家可比公司市盈率进行回归，再通过得到的回归方程计算委估企业 PE 的估计值。

4. 调整价格乘数

常用的价值比率调整方法有两种，综合能力分析法和盈利基础价值比率调整法。综合能力分析法是对比委估企业和可比企业间的盈利、运营、偿债、成长能力等多方面的差异，为避免主观判断，借鉴《企业绩效评价实施细则》以及《中国上市企业绩效评价指标体系》等相关指标和规定，对委估单位和可比企业在综合实力方面的差异进行修正；盈利基础价值比率调整法是将收益资本化模型进行转化得到盈利价值比率，然后考虑委估单位和可比企业在经营风险方面、发展阶段等对价值比率风险和价值比率预期进行调整。通过并购组委审核并公告的并购事件筛选发现，综合能力分析法的应用率比较高，在于该方法涵盖了企业生产、经营、销售、管理等诸多方面，从多维度和多方面综合考察更能反映企业的真实实力。

（1）财务绩效调整。

财务绩效调整主要通过分析被评估企业与可比对象在盈利能力、运营能力等方面的差异进行调整，用的财务指标如下：

盈利能力：销售净利率、营业利润率、主营业务净利率、总资产报酬率、净资产收益率、资本金利润率、主营业务收入、EBIT、EBITDA。

运营能力：总资产周转率、流动资产周转率、总资产、净资产。

偿债能力：资产负债率、速动比率、流动比率、风险控制能力（净资本各项风险资本准备之和，评估对象为证券公司）。

成长能力：营业收入增长率、资本扩张率、股东权益增长率。

评估专业人员可将可比对象被评估企业各项服务指标进行比较，按已定标准计算相分，并结合各指标权重，计算出各总分值、将该分值被评企业进行对比，可得出各可比对象的调整系数，最终可得出被评估企业的企业价值。

（2）规模及其他风险因素差异调整。

企业规模偏小可能会包含一系列风险因素，包括管理缺乏深度、产品缺少多样性、业务缺少区域或全球化、融资渠道有限、研发能力与市场资源有限等。另外，企业过高的负债也会增加企业的经营风险及财务风险，因此需要对被评估企业及可比对象在风险上的差异进行调整。在风险方面的差异可以反映在被评估企业与可比计数对象的折现率 r 上，因此，可以采用可比对象和被评估企业的相关数据估算折现率来进行必要的调整。

（3）成长性差异调整。

被评估企业与可比对象可能处于企业发展的不同时期，进入相对永续期的企业未来发展相对较为平缓，处于发展初期的企业可能会有一段发展相对较快的时期，因此，也需要调整预期增长率的差异，一般采用增长率 g 来表示。

风险及成长性调整公式如下：

$$\frac{\text{Value}_s}{\text{NCF}_S} = \frac{1}{r_s - g_s} \Rightarrow \frac{\text{NCF}_s}{\text{Value}_s} = \frac{1}{M_s} = r_s - g_s = r_s + r_G - r_G - g_G + g_G - g_s$$

$$= r_G - g_G + (r_s - r_G) + (g_G - g_s) = \frac{1}{M_s} + (r_s - r_G) + (g_G - g_s) \qquad (4-20)$$

可得，$M_s = \dfrac{1}{\dfrac{1}{M_s} + (r_s - r_G) + (g_G - g_s)}$。

其中，$(r_s - r_G)$即为可比对象与被评估企业由于风险因素不同引起折现率不需要进行的风险因素调整；$(g_G - g_s)$是可比对象与被评估企业由于预期增长率差异要进行的成长性调整。

（4）其他风险因素。

企业其他方面的风险因素包括对单一供应商及客户的过度依赖、竞争力脆弱、收入波动，高比例固定成本、过度依赖新产品、高财务杠杆等。这些调整目前尚未有实证研究成果，因此只能进行定性分析。

另外，在采用交易案例时，还应当注意交易条款、交易方式、交易时间等方面的因素调整。

5. 溢价和折价的调整

（1）控股权与非控股权折溢价调整。

上市公司比较法中选取的可比对象为上市企业，对应的交易价格是证券市场上流通股的交易价格，其代表小股东权益，对上市公司不具有控制权。因此，当评估具有控制权的股东权益时，需要对上市公司比较法评估出的价值进行控制权溢价调整。通常有以下几种做法：第一，控股权收购公司与非控股收购公司市盈率差异作为控股权溢价。参考中国证监会上市公司和中评协合作开展的课题研究报告《上市公司并购重组市场法评估研究》的做法，即以并购交易中控制权交易的市盈率与股权转让比例低于49%的交易案例的市盈率相比，作为控制权溢价；国内 China Venture 公司推出的 CVSource 数据信息系统，收集了股权比例超过50%的控股权交易案例和股权交易比例低于49%的案例，比较两类股权交易案例市盈率差异，作为体现控制权溢价或缺少控制权折扣。第二，借鉴 Mergerstat 与 Shannon Partt 的研究成果，控制权和少数股权交易价格的差异模型、大宗股权转让的控制权溢价模型三种方法，控制权溢价率一般为15%～30%。第三，选取中国公司收购境外上市公司交易案例基于收购前一个月的市值计算控制权溢价的中位数或平均数作为控制权溢价的参数。

（2）流动性的折溢价调整。

国内关于流动性折溢价调整的估算方式分为法人股交易价值方式、股权分置改革对价方式、新股发行定价方式和非上市企业与上市企业间市盈率相结合方式、非上市公司并购市盈率与上市公司市盈率比较等，根据对近几年收集的并购重组时间分析发现，改用股权分置改革进行折溢价调整比价少，基本采用新股溢价方式和上市企业与非上市企业市盈率比较的方式确定流动性折溢价调整比值（赵强，2019）。从总体看，前三种方法流动性折扣的取值范围是 25% ~ 30%，如表 4 – 7 所示。

表 4 – 7　流动性折扣确定方法　　　　　　　　单位：%

流动性折扣确定方法	取值
新股发行定价估算法	25% ~ 30%
股权分置改革方式	28%
新股发行定价、非上市与上市企业市盈率对比相结合方式	30%

资料来源：赵强．股权流动性溢价与缺少流动性折扣研究［R］. 北京中同华资产评估有限公司，2019.

采用非上市公司并购市盈率与上市公司市盈率比较估算流动性折扣率分行业的统计结果，如表 4 – 8 所示。

表 4 – 8　各行业流动性折扣率比较　　　　　　　　单位：%

行业名称	非上市公司并购		上市公司		缺少流通折扣率
	样本点数量	市盈率平均值	样本点数量	市盈率平均值	
采掘业	9	20.18	29	41.90	51.8
传播与文化产业	17	34.85	14	48.8	28.6
电力、煤气及水的生产和供应业	19	18.47	55	25.48	27.5
电子	19	23.81	135	45.92	48.2
房地产业	21	13.53	61	27.99	51.6
纺织、服装、皮毛	8	23.25	28	37.75	38.4
机械、设备、仪表	90	25.95	135	45.10	42.5
建筑业	15	18.92	40	27.50	31.2
交通运输、仓储业	12	16.06	42	30.64	47.6
金融、保险业	50	19.68	31	29.00	32.1
金属、非金属	28	23.81	74	41.68	42.9
农、林、牧、渔业	8	37.04	9	55.01	32.7
批发和零售贸易	54	17.25	59	36.78	53.1

续表

行业名称	非上市公司并购		上市公司		缺少流通折扣率
	样本点数量	市盈率平均值	样本点数量	市盈率平均值	
社会服务业	60	27.03	36	43.18	37.4
石油、化学、塑胶、塑料	28	18.34	99	38.89	52.8
食品、饮料	8	18.33	45	42.16	56.5
信息技术业	89	34.85	47	61.18	43.0
医药、生物制品	30	28.53	73	42.16	32.3
造纸、印刷	6	17.48	10	35.89	51.3
合计/平均值	571	23.02	1022	39.84	42.2

资料来源：赵强. 股权流动性溢价与缺少流动性折扣研究 [R]. 北京中同华资产评估有限公司，2019.

根据市盈率差异计算的流动性折扣率平均为42.2%，其中，电力、煤气及水的生产和供应业流动性折扣率低于30%，采掘业、房地产业、批发零售、食品饮料行业流动性折扣率高于50%。

国外关于流动性折溢价调整的思路主要有限制性股票交易价格究途径（Restricted Stock Studies）；IPO前交易价格研究途径（Pre – IPO Studies）。

1）限制性股票交易价格究途径（Restricted Stock Studies）。

该类研究途径的思路是通过研究存在转让限制的股票的交易价与同一公司转让没有限制的股票的交易价之间的差异来定量估算缺少流通性折扣。在美国的上市公司中，存在一种转让受到限制性股票，这些股票通常有一定的限制期，在限制期内不能进入股票市场交易，或者需要经过特别批准才能进场交易，但这些股票可以进行场外交易。

可以看出利用20世纪90年代前限制期为2年的限制股交易价格研究缺少流通折扣率大约在30%，利用90年代后的数据研究的结论则在20%左右，这个差异主要是由于限制股的限制期由2年变为1年的原因，如表4-9所示。

表4-9　限制股研究　　　　　　　　　　　　　　　单位：%

序号	研究名称	覆盖年份	折扣率平均值
1	SEC Overall Average	1966 ~ 1969	25.8
2	SEC Non – reporting OTC Companies	1966 ~ 1969	32.6
3	Gelman	1968 ~ 1970	33
4	Trout	1968 ~ 1972	33.5

续表

序号	研究名称	覆盖年份	折扣率平均值
5	Moroney	—	35.6
6	Maher	1969~1973	35.4
7	Standard Research Consultants	1978~1982	45
8	Willamette Management Associates	1981~1984	31.2
9	Silber Study	1981~1988	33.8
10	FMV Study	1979~1992	23
11	FMV Restricted Stock Study	1980~2001	22.1
12	Management Planning, Inc.	1980~1995	27.7
13	Bruce Johnson	1991~1995	20
14	Columbia Financial Advisors	1996~1997	21
15	Columbia Financial Advisors	1997~1998	13

资料来源：赵强. 股权流动性溢价与缺少流动性折扣研究［R］. 北京中同华资产评估有限公司，2019.

2）IPO 前交易价格研究途径（Pre – IPO Studies）。

该类研究的思路是通过公司 IPO 前股权交易价格与后续上市后股票交易价格对比来研究缺少流通折扣率。根据美国证券市场的相关规定，公司在进行 IPO 时需要向美国证监会（SEC）报告公司前两年发生的所有股权交易情况，因此，IPO 前研究一般是根据公司 IPO 前两年内发生的股权交易价格与 IPO 后上市后的交易价格差异来定量估算缺少流通折扣率。

IPO 前交易价格研究主要是 Robert W. Baird 和 Company 的研究，该研究包含了 1980 年到 2000 年超过 40 个 PO 项目以及 543 项满足条件的 IPO 前交易案例的数据，研究结果表明 1980～2000 年缺少流通折扣率的中位值和平均值分别为 47% 和 46%，如表 4 – 10 所示。

表 4 – 10 IPO 前流动性折扣　　　　　　　　单位：%

研究涵盖年份	IPO 项目数量	符合条件的交易案例数量	折扣率平均值	折扣率中位值
1997~2000	1847	266	50	52
1995~1997	732	84	43	41
1994~1995	318	45	45	47
1991~1993	443	49	45	43
1990~1992	266	30	34	33

续表

研究涵盖年份	IPO 项目数量	符合条件的交易案例数量	折扣率平均值	折扣率中位值
1989~1990	157	17	46	40
1987~1989	98	21	43	43
1985~1986	1330	19	43	43
1980~1981	97	12	59	68
1980~2000	4088	543	46	47

资料来源：赵强. 股权流动性溢价与缺少流动性折扣研究［R］. 北京中同华资产评估有限公司，2019.

另一个研究是 Valuation Advisor 研究，该研究收集并编辑了大约 3200 个 IPO 前交易的案例，并建立一个 IPO 前研究缺少流通折扣率的数据库。这个研究包括的数据主要是公司 IPO 前两年内普通股、可转换债券、优先股以及股票期权等的交易价格。1990~2008 年的交易汇总表如表 4-11 所示。

表 4-11   IPO 前缺少流动性折扣率   单位：%

IPO 前交易时间	1~90 天（%）	91~180 天（%）	181~270 天（%）	271~365 天（%）	1~2 年
1999 年折扣率中值	30.8	53.9	75	76.9	82
2000 年折扣率中值	28.7	45.1	61.5	68.9	76
2001 年折扣率中值	14.7	33.2	33.4	52.1	51.6
2002 年折扣率中值	6.2	17.3	21.9	39.5	55
2003 年折扣率中值	28.8	22.3	38.4	39.7	61.4
2004 年折扣率中值	16.7	22.7	40	56.3	57.9
2005 年折扣率中值	14.8	26.1	41.7	46.1	45.5
2006 年折扣率中值	20.7	20.8	40.2	46.9	57.2
2007 年折扣率中值	11.1	29.4	36.3	47.5	53.1
2008 年折扣率中值	20.3	19.2	45.8	40.4	49.3

资料来源：赵强. 股权流动性溢价与缺少流动性折扣研究［R］. 北京中同华资产评估有限公司，2019.

目前，美国一些评估分析人员相信 PO 前研究缺少流通折扣率与限制股交易研究相比，对于上市公司，可以提供更为可靠的缺少流通折扣率的数据。原因是 IPO 前的公司股权与实际评估中的非上市公司的股权交易情况更为接近，因此按 IPO 前研究得出的缺少流通折扣率更为适合实际评估中的非上市公司的情况。

6. 确定评估结论以及评估结论分析

将调整后的价格乘数应用于被评估企业，得到初步评估结果。选择其中一个价值评估结果或通过对各评估结果加权平均后乘以相应的折溢价调整系数作为最终评估结论。

采用某一方法评估结束，并不意味着最终的评估结论。需要对不同评估方法下的评估结论进行分析基础上确定最终的评估结论（见表 4 - 12）。最终的评估结论可以是某一方法的估值，也可以是某两种方法的均值或加权均值。评估结论分析制成表格收放在操作类工作底稿中。

表 4 - 12　初步评估结论分析表

产权持有单位：	评估基准日：
项目名称	
评估目的	
评估对象	
价值类型	
成本法评估情况及结果	
收益法评估情况及结果	
市场法评估情况及结果	
综合分析	

评估人员：　　　　　　　　　　　　　　　　　　复核人：

第三节　资产基础法

一、评估思路和步骤

（一）评估基础

资产基础法的理论基础是成本价值论，以被评估企业评估基准目的资产负债表为基础，通过表内及表外可识别的各项资产、各项负债的现行公允价值代替历史成本，以资产扣减负债后的净额确定评估对象价值的方法。资产基础法适用于无形资产比较少，开发建设初期的企业或者可能进入清算状态的企业。

（二）评估思路

美国评估师协会（American Society of Appraisers）定义的资产基础法是"采用一种方法或多种评估方法，根据企业资产扣除负债后的价值确定企业所有者权益的常用的评估方式"。因此，采用资产基础法评估企业价值，即合理评估企业各项资产价值和负债价值基础上确定评估对象价值。运用资产基础法得出的评估结论是被评估单位 100%的权益价值，按照经济行为对象的持股比例进行折算。

股东全部权益价值＝表内外各项资产价值－表内外各项负债价值

（三）评估步骤及参数确定

1. 确定评估范围

主要包括被评估对象资产负债表内、表外的各项资产和负债。在使用资产基础法对企业价值进行评估时，对评估对象的资产负债表内资产和负债的真实性进行判断。如果评估基准日的企业报表符合评估目的的专项独立审计，评估专业人员要查阅审计报告及其附注。如果不同，评估专业人员要判断该类审计报告对于采用资产基础法评估资产负债项目的依据是否充分。

2. 现场调查，资料收集整理和核查验证

主要包括对企业申报的清单对各类单项资产进行清查。对于质量较大的资产和负债项目，要按照该类清单，对资产进行现场清查。比如，对于大型机器设备、专业车辆、各项房屋建筑要逐项核验，同时要记录、分析该项资产的使用状况。对于占比较大的存货，要查看存货保管和使用清单。对于技术类无形资产，重点是成本全部或者大部已摊销的专利或技术，要核对该项无形资产的法律状况、开发应用情况。对于企业自有技术，评估专业人员要核对该项资产的研发过程、保密情况、价值存在依据市场同类状况。

3. 评估各项资产和负债

分别对资产负债表内和表外的各项资产和负债进行评估，评估方法可根据具体资产的现状、特点、数据资料等选择合适的方法分别进行评估，评估后计算代数和。

4. 评估结论的确定和分析

主要取决于评估专业人员的判断，而不是单纯数学方法处理的结果。如果单一的评估方法不能得到结果，需要采用加权平均各种评估方法结果的方式得到。例如，在国外的评估机构经常采用乐观、最可能、悲观三种情况。根据评估的目的，选择上四分位数、下四分位数、中位数选择区间或选择单一评估结果。

（四）资产基础法局限性

资产基础法的理论基础是成本价值论，对于投资者而言，更关注的是投资的未来收益，未来收益与成本实际并没有必然联系，这是资产基础法评估最大的缺陷。因此，在实务中，采用资产基础法的结论与实际成交的情况存在很大差异。尤其是无法准确计量但能够产生较大预期收益的资产，进行企业价值评估时不适合采用成本法（余明轩，2015）；并购业务，企业追求协同效应或进行投资价值评估时，不适合采用成本法。

二、资产基础法适用性分析

评估方法适用性分析是采用资产基础法评估企业价值的前提。结合评估目的和评估对象以及收集到的资料综合考虑该方法的适用性。适用性分析结果制成表格，统一收放在操作类工作底稿中，如表4－13所示。

表4－13 企业价值评估成本法适用性分析表

产权持有单位：
评估基准日：

项目名称	
评估目的	
评估对象	
价值类型	
适用性分析	

评估人员： 复核人：

三、资产负债各科目评估

（一）货币资金——库存现金评估步骤

（1）获取现金申报表，与明细账、总账、报表进行核对。评估人员根据币种核对现金日记账与总账、报表、评估明细表余额是否相符，如果不符，明示原因。

（2）盘点、编制现金作业分析表签字，如表4－14所示。盘点时，要和被评估单位财务人员一起对现金进行现场盘点，盘点完成后参加人员签字。对现金盘点表进行复核。根据盘点金额和基准日至盘点日的账务记录倒推出评估基准日的金额，账实相符。

表4－14 库存现金盘点表

面额	外币（ ）		人民币		盘点结果		
	张	金额	数量	金额	平衡法调节	外币	人民币
1000					清查日盘点现金余额		
500					＋基准日至清查日支出未记账		

续表

面额	外币（　）		人民币		盘点结果		
	张	金额	数量	金额	平衡法调节	外币	人民币
50					−基准日至清查日收入未记账		
20					+基准日至清查日支出已记账		
10					−基准日至清查日收入已记账		
5					平衡法调整后账面值（1）		
1					评估基准日账面值（2）		
实点合计					长款金额（2）−（1）		
					短款金额（1）−（2）		
即期汇率					评估价值		
					原因分析		
人民币					库存现金保管地点		
					出纳签字		
					主管签字		
					评估监盘人员签字		

清查日期：　　　　　　　　　　　评估人员：　　　　　　　　复核人：

（3）如有非记账本位币账户时，外汇汇率按照基准日汇率折算。

（4）核实其他需要说明的事项。

（5）如有评估增减值，分析评估增减值原因。

（二）货币资金——银行存款评估步骤

（1）获取银行存款申报表，与日记账、总账、报表进行核对。

（2）查阅相关会计记录及对账单，并对期末余额进行函证；检查评估基准日银行对账单和会计人员编制的银行存款余额调节表，根据回函情况确认是否存在未达账项以及是否正常并做好相关记录。

（3）评估时对银行基本账户、余额较大、零余额、透支的存款账户，必要时函证银行评估基准日余额，分析函证情况。

（4）关注一年以上的定期存款或限定用途的存款，评估时关注存款利息收入。

（5）对于外币账户，需查询评估基准日汇率进行核算。

（6）核实其他需要说明的事项。

（7）如有评估增减值，分析评估增减值原因。

银行询证函

中国工商银行××分行：

　　××公司聘请××事务所对本公司财务报表进行审计，按照中国注册会计师审计准则要求，应当询证本公司于贵行相关信息。下列信息出自本公司记录，如与贵行记录相符，请在本函下端"信息证明无误"处签章证明。如有不符，请在"信息不符"处列明不符项目及具体内容；如存在与本公司有关的未列入本函的其他重要信息，也请在"信息不符"处列出金额及详细资料。回函请寄××事务所。

　　回寄地址：

　　电话：

　　联系人：

　　银行存款

　　银行借款

（三）应收账款评估步骤

（1）获取应收账款申报表，与明细账、总账、报表进行核对，是否相符。

（2）查阅相关款项的入账凭证，对协议或合同的执行情况进行核查，了解形成依据、客户资信、历史年度应收款项的回收情况等，以便对其可回收相关做出判断，做好相应清查核实记录，如表4-15所示。

表4-15 应收账款清查评估明细表

被评估单位：　　　　　　　　评估基准日：　　　　　　　　金额：

序号	户名（结算对象）	业务内容	发生日期	账龄（年）	账面价值	预计损失 原因	预计损失 金额	预计损失 证明	转待处理资产损失	评估价值	备注
1											
2											
3											
4											
5											
6											
7											
8											
9											
10											

续表

序号	户名 (结算对象)	业务 内容	发生 日期	账龄 (年)	账面 价值	预计损失			转待处理 资产损失	评估 价值	备注
						原因	金额	证明			
11											
12											
13											
14											
15											
16											
17											
18											

（3）对应收款项实施账龄分析以及其他分析程序，如坏账，在坏账分析表中列示。

（4）选择重点明细项目（大额，有特殊情况，有疑问的），填写《往来函证单》实施函证等程序步骤，了解应收款项的存在性。对没有回函的款项实施替代程序，比如取得期后收回的款项的有关凭证或业务发生时的有关凭证，对关联单位应收款项进行相互核对，核实账、表、实金额相符，判断应收款项的可收回性。

（5）分析判断企业应收款项的坏账及预计坏账损失，收集相关证据。一般采用坏账比例法、账龄分析法估算预计坏账损失额。

（6）有无非记账本位币账户，如有，应查询评估基准日汇率进行折算，评估值按照本位币确定。

（7）对有确凿依据为坏账的款项，查明具体原因并取证，可评估为0。

（8）核实其他需要说明的事项。

（9）如有评估增减值，分析评估增减值原因。

（四）预付账款评估步骤

（1）获取预付账款申报表，与明细账、总账、报表进行核对。

（2）了解分析预付款项用途，收集大额款项发生的合同协议等重要资料，并抽查有关会计凭证，做好相应清查记录。

（3）对预付款项进行账龄分析程序，对长期未结算的款项查明原因。评估人员现场核实日，如果该预付款的货物已经交付或服务已经提供，核实无误后，以账面值为评估值；若预付账款的货物还未交付，或服务还未提供，可通过函证，检查原始凭证，查询债务人的经营状况、资信状况、进行账龄分析程序，以该笔预付款的可收回货物获得的服务或收回的货币资金等可以形成资产和权益的金额的估计值作为评估值。

（4）选择重点明细项目（大额，有特殊情况，有疑问的），填写《往来函证单》实施函证等程序步骤，了解预付款项的存在性。无法函证的应当实施替代程序，判断预付款项的可收回性。

（5）对有可能坏账的款项，查明原因，收集相关证据。

（6）有无非记账本位币账户，如有，应查询评估基准日汇率进行折算，评估值按照本位币确定。

（7）对于能够收回相应货物的预付账款应按照相应形成的资产或权利确定评估值。对于无望收回的购货款项转入其他应收款评估。

（8）抽查入库记录，查核有无重复付款或将同一笔已付清的账款在预付款、应付账款这两个科目同时挂账的情况。

（9）核实其他需要说明的事项。

（10）如有评估增减值，分析评估增减值原因。

评估清查表可参考应收账款清查表，本书就不再重复。

（五）其他应收款评估步骤

（1）获取其他应收款申报表，与明细账、总账、报表进行核对。

（2）了解分析其他应收款项用途，收集大额其他应收款发生的合同协议等资料，并抽查有关会计凭证，做好相应清查核实记录。

（3）对其他应收款项实施账龄分析以及其他分析程序，如坏账，在坏账分析表中列示。

（4）选择重点明细项目（大额，有特殊情况，有疑问的），填写《往来函证单》实施函证等程序步骤，了解其他应收款项的存在性。判断其他应收款项的可收回性。

（5）分析判断企业其他应收款项的坏账及预计坏账损失，收集相关证据。

（6）有无非记账本位币账户，如有，应查询评估基准日汇率进行折算，评估值按照本位币确定。

（7）对有充分证据表明全额损失的其他应收款，评估为0；对可能有部分不能回收或有回收风险的其他应收款，采用其他应收款账龄分析法确定预计回收损失比例基础上估算相关应收款项的可收回金额作为评估值。

（8）核实其他需要说明的事项。

（9）如有评估增减值，分析评估增减值原因。

评估清查表可参考应收账款清查表，本书就不再重复。

（六）存货评估步骤

（1）获取存货申报表，与检查明细账、总账、报表进行核对。

（2）了解分析存货的构成、分布和企业内部控制管理制度，对存货的进、出库和保管核算制度及定期盘点制度进行核查，并抽查有关存货出入库记录，做好相应清查记录。

（3）对错账、混账、影响净资产未达账项，贷方余额等项目进行分析，并复印有关资料。

（4）获取并检查被评估单位评估基准日或最近一次存货盘点纪律，评价盘点的可信度。

（5）抽查点重点存货，填写《盘点表》。盘点结果如有差异，必要时加大盘点比例或全面盘点。存放方式特殊或存放在异地的，采取其他程序确定存货的存在性（见表 4 - 18）。

（6）对盘盈、盘亏的存货，查明原因并做记录（见表 4 - 17）。

（7）关注有无代他人保存和来料加工的存货，有无未作账务处理而置于异地的存货。

（8）对失效、变质等待核销报废的存货，应要求企业首先作出相应处理与说明。

（9）对正常外购存货，实施市场询价，计算其评估值。

（10）选择适当的存货评估方法，分别评估，然后汇总（见表 4 - 16）。

（11）对特殊行业存货，应聘请有关专家进行咨询后确定评估值。对委托加工产品与受托加工产品，委托代销商品与受托代销商品，评估值的确定应当考虑结算方式的差异性。

（12）经以上步骤，确定评估基准日至盘点日之间的出入库数量，并由此倒推计算出评估基准日存货的实有数量。

（13）如有评估增减值，分析评估增减值原因。

表 4 - 16　存货评估总表

被评估单位：　　　　　　　评估基准日：　　　　　　　金额单位：

存货名称	存货项数	账面价值	清查调整数	评估价值
一、市场途径类				
1. 物资采购				
2. 在途材料				
3. 库存商品				
4. 发出商品				
5. 周转材料				
6. 原材料				

续表

存货名称	存货项数	账面价值	清查调整数	评估价值
7. 在用低质易耗品				
二、成本途径类				
1. 产成品				
2. 在产品				
三、其他途径类存货				
1. 委托加工物资				
2. 减存货跌价准备				
存货合计				

披露及调整事项说明:

清查日期:　　　　　　　评估人员:　　　　　　　复核人:

表4-17 存货—原材料清查评估明细表

被评估单位:　　　　　　　评估基准日:　　　　　　　金额单位:

序号	名称及规格型号	计量单位	账面价值			存放地点	外埠确认数量	盘存盈亏（金额）	实际数量	评估价值	
			数量	单价	金额					单价	金额
1		批									
2		批									
3		批									
合计											

披露及调整事项说明:

清查日期:　　　　　　　评估人员:　　　　　　　复核人:

表4-18 原材料评估盘点表

被评估单位:　　　　　评估基准日:　　　　　盘点日期:　　　　　金额单位:

序号	名称及规格型号	计量单位	存放地点	申报数量	金额	实际与申报数量核对情况
1						
2						

被评估单位原材料管理人员:　　　　　　　评估人员:

（七）固定资产——房屋建筑物构筑物评估步骤

（1）获取固定资产——房屋建筑物/构筑物的评估申报表与明细账、总账、报表进行核对，账目与资产不符时，根据评估需要进行相应调整。

（2）搜集房地产权证，购房合同查阅与收集总平面布置图，施工图等建筑图纸工程决算书，土地出让合同动拆迁补偿合同等相关资料，关注其土地权属存在瑕疵及其对评估值的影响（见表4－21）。

（3）对于无房地产权证的房地产应收集规划许可证、建设许可证、企业说明等资料。

（4）权证或证明文件名称不符的，应要求企业及相关单位出具说明。

（5）了解房地产有无涉诉讼事项及抵押、担保事宜，如有，应当查明原因，并在报告中揭示。

（6）实地查勘评估对象，主要内容包括名称、坐落地点、周围环境、结构、装饰装修（装修质量和新旧程度）、设备（水电通风）、维护结构（门、窗、隔断、散水、保温、防水）等，有无拆除、报废、盘亏、盘盈、闲置建筑物，关注建筑物生产使用环境（蒸汽、酸、碱等）填写现场勘察表。现场查看时，对于重大评估项目应有现场实物照片，运用市场法测算时，还应提供比较案例的资料（见表4－20、表4－22）

（7）如存在待处理情形，应查明原因，获得企业有关说明材料及批准文件。

（8）搜集评估值确定的其他依据资料（当地定额，材料价格等文件资料）。

（9）选定评估方法（市场法、收益法、成本法）及这些方法的综合运用，说明评估值的确定过程（填写各种评估方法的评估工作底稿）。

（10）核实其他需要说明的事项。

（11）如有评估增减值，分析评估增减值原因，填写增减值分析表。

表4－19　固定资产评估汇总表

被评估单位：　　　　　　　　　　　　　　　　　　　　　　　　　　　金额单位：

项目编号	科目名称	账面价值		评估价值		增值额		增值率	
	房屋建筑物类合计	原值	净值	原值	净值	原值	净值	原值	净值
1－1－1	固定资产——房屋建筑物								
1－1－2	固定资产——构筑物								
1－1－3	固定资产——管道及沟槽								
	设备类合计								
1－2－1	固定资产——机器设备								
1－2－2	固定资产——车辆								
1－2－3	固定资产——电子设备								
	固定资产——土地								

续表

| 项目编号 | 科目名称 | 账面价值 | | 评估价值 | | 增值额 | | 增值率 | |
	房屋建筑物类合计	原值	净值	原值	净值	原值	净值	原值	净值
固定资产合计									
减：固定资产减值准备									
固定资产合计									

被评估单位填表人： 评估人员：
填表日期：

表4-20 房屋建筑物评估基本情况调查表

被评估单位（产权持有单位）全称：	
隶属单位：	
企业建成年代，主要房屋建筑物竣工日期	
主要产品（或提供服务）	
房屋建筑物总体构成情况（类型、结构、年代、面积等）	
房屋建筑物账面价值构成及财务折旧政策	
房屋建筑物拆，改，扩建情况	
房屋建筑物日常管理，维护保养制度及执行情况	
其他需要说明事项	
评估人员对房屋建筑图整体状况调查结论	
企业填报人	
评估人员	

表4-21 房屋建筑物、构筑物权属统计表

被评估单位： 评估基准日： 金额单位：

| 序号 | 索引号 | 分类（可按单位、地块等分类） | 所占用土地对应明细表序号 | 有权证房屋 | | | 无权证房屋 | | |
				账面原值	账面净值	面积	账面原值	账面净值	面积
	合计								

评估人员： 复核人：

表 4-22 房屋建筑物清查评估明细表

被评估单位：　　　　　　　　　　评估基准日：　　　　　　　　金额单位：

序号	权证编号	建筑物名称	结构	建成年月	计量单位	建筑面积	成本单价	账面原值	账面净值	详细做落地	用途
1											
2											
3											
4											
5											
6											

（八）固定资产——机器设备评估步骤

（1）获取设备申报表与明细账、总账、报表进行核对。

（2）核实固定资产设备种类、分布、数量、使用状态等，并通过设备管理人员和操作人员详细了解重要设备现状，按照固定资产类别进行数量、质量清查核实，并分别编制编写盘点表和清查表（见表4-23、表4-24、表4-26）。

（3）查验重要设备合同、购买发票、技术指标等资料，具体查阅内容根据设备类别有所区别，可参考表4-31至表4-38，有价格不明晰，可进行询价，做好询价记录（见表4-25）。

（4）对运输设备应当查阅车辆行驶证，对锅炉电梯化工等特种设备应当查阅年检记录。

（5）产权证或证明文件名称不符的，应要求企业及相关单位出具说明。

（6）查清设备有无涉及诉讼事项及抵押、担保事宜，如有则应当查明原因并在报告中列示。

（7）实地查勘评估对象时，填写设备清查核实表和重要设备作业分析表，现场查勘对于重大评估项目应拍摄现场实物照片，被评估单位不允许拍照的应要求其说明，清查结果与申报不一致的，应要求被评估单位修改申报表。

（8）对原打包入账的设备，尽可能进行分项评估，编制分项评估明细表，如表4-27、表4-34和表4-39所示，所有固定资产评估完毕进行汇总编制总表（见表4-19）。

（9）如存在待处理的额外情况，应查明原因，获得企业有关说明材料及批准文件。

（10）如存在需要修复使用的设备，应说明损坏的具体情况，并测算修复费用。

（11）收集评估值确定的询价依据及其他依据资料。

（12）选定评估方法，逐项或分列说明评估值的确定过程，比如各种参数取值依据，要有详细记录（见表4－28、表4－29和表4－30）。

（13）核实其他需要说明的事项。

（14）如有评估增减值，分析评估增减值原因。

表4－23　机器设备清查核实明细表

被评估单位：　　　　　　　　　　评估基准日：　　　　　　　　　金额单位：

名称	规格	生产厂家	计量单位	数量	购置年月	启用年月	账面原值	账面净值	安装地点

表4－24　机器设备评估盘点表

被评估单位：　　　　　　　　　　评估基准日：　　　　　　　　　金额单位：

序号	设备名称	规格型号	生产厂家	计量单位	数量	购置日期	启用日期	安装地点

表4－25　设备评估询价记录

被评估单位：　　　　　　　　　　评估基准日：　　　　　　　　　金额单位：

明细表	设备名称	购置日期	设备生产厂家（被询价单位）	电话	联系人	型号及主要参数	替代型号及参数	基础报价	折扣范围	报价条件		
										交钥匙	整套	配件

表4-26　　机器设备状况调查表

被评估单位：　　　　　　　　　　　　　　　　　　　　　　　　评估基准日：

设备基本情况	设备型号		设备名称		规格型号	
	制造厂家		出厂日期		购建日期	
	启用日期		规定使用年限		设备重量	
	大修情况					
	重大技改情况					

现场勘验情况：

技术档案是否齐全		最近一次检测时间及检测结果	
主要技术指标			
设备目前技术状态	□有缺件　□运转正常　□能耗增加　□噪音增大　□机体变形　□标牌完整　□有泄漏　□压力正常　□震动增加　□外表划伤		
使用情况	使用环境		
	运行状况	□经常超载　□额定功率运行　□轻载	
	工作状态	□正常运转　□在线备用　□待修　□在修　□闲置	
	利用率	班工作：　　小时/年　　　故障发生率：	
	现在可提供的出力及产品质量	可提供原出力的　　%，废品率：　　%	
功能先进（落后）程度			
日常维修保养状况			
鉴定意见			

被评估单位技术人员签字：　　　　　　　　　　　　　　　　　评估人员签字：

表4-27　机器设备评估明细表

序号	设备构成	技术状态描述	标准分	评定分
1	密封结构	无裂缝，过热，变形，泄漏等	30	
2	衬里	贴紧度好，承受高温	20	
3	液体分布系统	效果良好，分布均匀	25	
4	气体管	腐蚀少	15	
5	安全附件	正常	10	
合计			100	

表4-28 ××设备评估原值计算程序表

序号	项目	费率标准	计算式	金额	计价依据
1	设备含税购置价	询价			
2	设备不含税购置价	17%	$1/(1+17\%)$		
3	运杂费	根据运距设备体积确定	$1\times$费率		
4	不含税运杂费	7%	$3\times(1-7\%)$		
5	安装调试费	根据安装工程定额	$1\times10\%$		
6	基础费	3%	$1\times3\%$		
7	工艺系统设计费	3%	$(1+3+5+6)\times3\%$		
8	可行性研究费	0.2%	$(1+3+5+6)\times0.2\%$		
9	项目环评费	0.05%	$(1+3+5+6)\times0.05\%$		
10	招标代理服务费	0.08%	$(1+3+5+6)\times0.08\%$		
11	联合试运行费	1.5%	$(1+3+5+6)\times1.5\%$		
12	工程监理费	2.5%	$[(1+11)\times40\%+5]\times$费率		
13	建设单位管理费	1.2%	$(1+3+5+\cdots+12)\times1.2\%$		
14	资金成本	6%	$(1+3+5+\cdots+13)\times6\%\times1\times1/2$		
评估原值			$(2+3+4+5+\cdots+14)$		

表4-29 ××设备境内采购评估计算

被评估单位:　　　　　　　　　　评估基准日:　　　　　　　　　　金额单位:

设备名称	型号	生产厂家	启用日期	数量	安装位置	计量单位	账面原值	账面净值	合同价	价格来源	设备含税价	设备市场价(不含税)	运杂费率			安装调试费率		基础费率		安装材料	设备全价(不含税)
													费率	含税金额	不含税金额	费率	金额	费率	金额		

可行性研究费	工艺系统设计费率	联合试运转费	工程监理费	项目前期环评费	招标代理服务费	建设单位管理费	资金成本			设备重置全价	设备重置全价(取整)	成新率						评估净值
							建设工期	利率	金额			经济寿命	已用年限	尚可用年限	年限成新率	观察成新率	综合成新率	

表 4 - 30　设备前期及其他费率

名称	取费基数	费率(%)	计费依据
可行性研究费	(含税购置价 + 运杂费 + 设备安装费 + 基础费) × 费率	0.2	
环境影响咨询费	(含税购置价 + 运杂费 + 设备安装费 + 基础费) × 费率	0.05	
建设单位管理费	(含税购置价 + 运杂费 + 设备安装费 + 工艺设计费 + 可研费 + 招标服务费 + 试运转费 + 监理费) × 费率	1.2	
工艺设计费	(含税购置价 + 运杂费 + 设备安装费 + 基础费) × 费率	3	
招标代理服务费	(含税购置价 + 运杂费 + 设备安装费 + 基础费) × 费率	0.08	
工程监理费	((设备购置原价 + 联合试运转费) × 40% + 安装费) × 费率	2.5	
联合试运转费	(设备购置原价 + 运杂费 + 设备安装费 + 基础费) × 费率	1.5	

表 4 - 31　车辆清查核实表

车辆牌照号	车辆名称	厂牌型号	生产厂家	购置年月	启用年限	已行驶里程	账面原值	账面净值	车辆勘察记录

表 4 - 32　车辆评估盘点表

被评估单位：　　　　　　　评估基准日：　　　　　　　金额单位：

车辆牌号	车辆名称	车辆型号	生产厂家	计量单位	数量	购置日期	使用地点	使用状况

表 4 - 33　车辆状况调查表

被调查序号		车辆牌号		车辆名称	
生产厂家		已行驶里程		规定行驶里程	
购置日期		启用日期		规定使用年限	
大修情况					
改装情况					
耗油量		是否达到环保要求		事故次数	
使用状况					
运行状况					
鉴定意见					

表4-34 车辆评估计算表

车辆牌照号	车辆名称	启用年限	车辆购置价	评估原值				年限法成新率			工作量成新率			取二者低值	现场鉴定	修正系数	最终成新率	评估值
				不含税购置价	购置附加税	其他费用	重置原价	经济寿命	已用年限	成新率	尚可行驶里程	已行驶里程	成新率					

表4-35 电子设备清查核实表

被评估单位：　　　　　　评估基准日：　　　　　　金额单位：

设备名称	规格型号	生产厂家	计量单位	数量	购置日期	启用日期	安装位置	账面原值	账面净值	勘察记录

表4-36 电子设备评估盘点表

设备名称	规格型号	生产厂家	计量单位	数量	购置日期	启用日期	安装位置	账面价值		使用地点	勘察记录
								原值	净值		

表4-37 电脑、打印机电视数量统计(台)

部门	电视	打印机	电脑	备注

表4-38 电子设备状况调查表

设备基本情况	设备编号		设备名称		规格型号	
	主要配置					
	生产厂家					
	购置日期		启用日期		规定使用年限	
现场勘察情况						
主要部件检查						
使用情况	使用环境					
	工作状态	□正常使用　□降级使用　□待修　□闲置　□在修				
	利用率			故障率		

续表

最近修理时间		金额		内容	
最近改造时间		金额		内容	
日常维修保养情况					
功能先进(落后)					
鉴定意见					

被评估单位技术人员：　　　　　　　　　　　　　　　　　　评估人员：

表4-39　电子设备评估计算表

被评估单位：　　　　　　　　评估基准日：　　　　　　　　金额单位：

电子设备名称	型号	生产厂家	启用日期	数量	安装位置	重置全价	成新率						评估值
							经济寿命	已使用年限	尚可使用年限	年限成新率	观察鉴定修正	综合成新率	

（九）其他无形资产评估步骤

（1）获取其他无形资产申报表，与明细账、总账、报表核对，了解账面价值的构成和计价依据，摊销情况等。

（2）收集无形资产的权属证明资料，了解无形资产的种类、具体名称、技术特征、存在形式、形成过程，如果需要可提取记账凭证，核实取得的法律手续是否完备，编制盘点表（见表4-40）。

（3）调查相关法律法规、宏观经济环境、技术进步、行业状况、产品生命周期、企业经营管理、市场环境等对无形在产价值的影响。

（4）选定评估方法。

（5）调查、收集反映无形资产获利能力、收益期限、折现率等相关资料。

（6）逐项说明评估参数的确定依据。

（7）核实其他需要说明的事项。

（8）如有评估增减值，分析评估增减值原因。

（9）需要在报告中特别说明的事项。

表4-40　无形资产评估盘点表

被评估单位：　　　　　　　　评估基准日：　　　　　　　　金额单位：

序号	内容或名称	取得日期	法定年限	原始入账价值	账面价值	清查情况	评估方法	评估价值

（十）长期待摊费用评估步骤

（1）获取长期待摊费用申报表，与明细账、总账、报表进行核对。

（2）抽查原始发生凭证和每期摊销凭证，核查其原始发生额及其构成、发生日期、摊销月数、每期摊销额等是否合法、真实、准确，并编制盘点表（见表4-41）。

（3）对尚存收益与收益期进行适当分析。抽查大额待摊费用在受益期有关文件、资料确认受益期和摊销金额的正确性。

（4）有实物形态的费用项目，要了解实物资产。

（5）有无与其他资产存在价值重复的情形。

（6）有无尚存资产或权利难以准确计算的，性质特殊的费用项目，以清查核实后的展现价值作为依据。

（7）根据尚存收益期计算评估值，对于有实物形态的费用项目，可以准确计算费用，一般按照费用分摊方法进行估算评估值。计算程序可参考表4-42。

（8）核实其他需要说明的事项。

（9）如有评估增减值，分析评估增减值原因。

（10）有无需要报告中特别说明事项。

表4-41 长期待摊费用评估盘点表

被评估单位：　　　　　　　　　　评估基准日：　　　　　　　　　　金额单位：

费用内容	形成日期	原始发生额	预计摊销月数	账面价值	已摊销月数	尚存收益期	是否已体现其他资产价值中	评估价值

表4-42 长期待摊费用计算表

被评估单位：　　　　　　　　　　评估基准日：　　　　　　　　　　金额单位：

项目名称	摊销起始日	摊销期限（月）	原始入账金额	账面金额	至基准日已摊销月数	至基准日已摊销金额	至基准日应剩余额	差异
			1	2	3	4	5 = 1 - 4	6 = 2 - 5
法律顾问费								

需要说明的是，评估人员首先审核长期待摊费用报表、总账、明细账的一致性，向有关财务人员了解长期待摊费用形成原因、时间、原始发生额和内容，查阅相关合同原始凭证原始单据，对长期待摊费用进行清查核实，如果公司摊销正确，收益期与公司摊销期限基本一致，按核实后账面值确认评估值。

(十一)递延所得税资产评估步骤

(1)评估人员了解企业会计政策与税务规定抵扣政策的差异，对企业的明细账、总账、报表数、纳税申报数进行核对，核实所得税计税依据，验算应纳税所得额，核实应交所得税。

(2)检查递延所得税备查簿，核查递延所得税款发生原因、金额、预计转回期限、已转回金额。

(3)抽查原始发生凭证和每期摊销的凭证，核查其原始发生额及其构成、发生日期、每期转回金额、已转回金额等，编制清查评估明细如表4-43所示。

(4)核实其他需要说明事项。

(5)如有评估增减值，分析评估增减值原因。

表4-43　递延所得税资产清查评估明细表

被评估单位：　　　　　　　　评估基准日：　　　　　　　金额单位：

内容	发生日期	账面价值	评估价值	备注
资产减值准备				
合计				

披露及调整事项说明：

清查日期：　　　　　　　　　　　　　　　　　　　评估人员：

(十二)短期借款评估步骤

(1)获取短期借款申报表，与明细账、总账、报表进行核对。

(2)核实借款合同，协议以及借款条件、借款性质、还款期限、查明借款利率和利息支付情况，并抽查复印合同协议，确认借款真实性。

(3)抽查借款借入和还款原始凭证内容是否完整。

(4)复核已计借款利息是否正确。

(5)对未及时归还的逾期借款，应查明原因。

(6)选择金额较大的账户向借款银行函证评估基准日的余额。

(7)有无非记账本位币账户，如有应查询评估基准日汇率进行折算。

(8)经分析核实后，编制清查明细表(见表4-44)，确定评估结论。

(9)核实其他需要说明的事项。

(10)如有评估增减值，分析—评估增减值原因。

表4－44 短期借款清查评估明细表

被评估单位： 评估基准日： 金额单位：

户名	账面金额		借款利率（年利率）	借款日期	借款期限	利息支付方式	担保方式	函证	评估价值	备注
	外币	本位币								
合计										

披露及调整事项说明：

清查日期： 评估人员： 复核人：

（十三）应付账款评估步骤

（1）获取应付账款申报表，与明细账、总账、报表进行核对。

（2）了解企业应付款项内控制度与核算方式，查阅大额应付款项发生的合同，协议等重要资料，并抽查有关会计凭证，做好相应的清查记录。

（3）关注在评估基准日为处理的不相符的购货事项，及有材料入库凭证但未收到购货发票的经济业务。

（4）选择重点明细项目（大额、有特殊情况、有疑问的），填写《往来函证单》实施函证，了解应付款项的存在性，无法函证的，适当地实施替代程序，判断应付款项的真实性。

（5）对应付款项中涉及诉讼的已决、未决事项、盈利挂账以及长期未付挂账项目等，做专项调查分析记录。

（6）对无付款对象可能无须支付的账款，应查明原因，做出处理。

（7）有无非记账本位币账户，如有应查询评估基准日汇率进行核算。

（8）核实其他需要说明的事项。

（9）如有评估增减值，分析其原因。

往来款询证函

×××单位：

×××公司聘请×××事务所正在对本公司财务报表进行审计，按照中国资产评估准则的要求，应当询证本公司于贵公司往来账目等事项。下列信息出自本公司账簿记录，如与贵公司记录相符，请在本函下端"信息证明无误"处签章证明，如有不符，请在"信息不符"处列明不符项目。如存在与本公司有关的未列入本函其他项目，也请在"信息不符"处列出这项项目金额及详细资料。回函请直接寄：×××事务所。

回函地址：

电话：   传真：

联系人：

本公司与贵公司往来账项目列示如下：（单位：元）

截止日期	贵公司欠	欠贵公司	备注
			科目：应付账款

本函仅为复核账目之用，并非催款结算。若款项在上述日期之后已经付清，仍请及时函复为盼。

年　月　日

结论：

  1. 信息证明无误　　　　　　　　　2. 信息不符

    公司盖章　　　　　　　　　　　　公司盖章

    经办人：　　　　　　　　　　　　经办人：

（十四）预收账款评估步骤

（1）获取预收账款申报表，与明细账、总账、报表进行核对。

（2）选择重点明细项目、查阅订货合同、实施函证，填写《往来函证单》实施函证，了解预收款项的存在性，无法函证的，适当地实施替代程序，判断预收款项的真实性，填报清查评估明细表（见表4-45）。

（3）对款项中涉及诉讼的已决、未决事项、长期未结算挂账项目等，做专项调查分析记录。

（4）对可能无须支付的账款，应查明原因，做出处理。

（5）有无非记账本位币账户，如有应查询评估基准日汇率进行核算，评估值按照本位币确定。

（6）核实其他需要说明的事项。

（7）如有评估增减值，分析—评估增减值原因。

表4-45　预收账款清查评估明细表

被评估单位：　　　　　　　　　评估基准日：　　　　　　　金额单位：

户名	发生日期	业务内容	账面价值	函证	回函相符	评估价值	备注

（十五）应付职工薪酬评估步骤

（1）获取应付职工薪酬申报表，与明细账、总账、报表进行核对。

（2）抽查记账凭证，复核，以明确此项业务是否符合会计制度规范，编制清查评估明细表（见表4-46）。

（3）抽查应付职工薪酬的支付凭证，确定工资、职工福利、社会保险金、住房公积金、工会经费、职工教育经费、非货币性福利、辞退福利等各种薪酬的计算是否符合有关规定。

（4）核实其他需要说明的事项。

（5）如有评估增减值，分析—评估增减值原因。

表4-46 应付职工薪酬清查评估明细表

被评估单位：　　　　　　　　　评估基准日：　　　　　　　　　金额单位：

部门或内容	发生日期	账面价值	原始凭证抽查情况	评估价值	备注
应付工资					
社会保险					
合计					

披露及调整事项说明：

（十六）应交税费评估步骤

（1）获取应交税费申报表，与明细账、总账、报表进行核对。

（2）抽查记账凭证并记录，复核，以明确此项业务是否符合会计制度规定。

（3）核实应交税费的税种、税率和税目情况，了解税收政策、税收优惠政策并查阅有关政策规定。具体税种和税率可参照表4-48。

（4）查阅评估基准日纳税申报表及税单并复印取证。

（5）检查应交税费上期未交数、本期应交数、已交数和期末未交数。

（6）经过分析核实后，编制清查明细表（见表4-47），确定评估结论。

（7）核实其他需要说明的事项。

（8）如有评估增减值，分析—评估增减值原因。

（9）有无需要报告中特别说明的事项。

表4-47 应交税费清查评估明细表

被评估单位：　　　　　　　　　评估基准日：　　　　　　　　　单位：

征税机关	发生日期	种类	账面价值	税率	查阅纳税单及征免减范围及期限	评估价值	备注
省国家税务机关							

续表

征税机关	发生日期	种类	账面价值	税率	查阅纳税单及征免减范围及期限	评估价值	备注
合计							

披露及调整事项说明:

清查日期: 评估人员: 复核人:

表 4 – 48　主要税种及税率

税种	税率
增值税	17
营业税	5
城建税	7(昆明),5(版纳,芒市),1(腾冲,丽江)
教育费附加	3
印花税	0.3
地方教育费附加	2
个人所得税	3 – 25
地方所得税	25

(十七)应付利息评估步骤

(1)获取应付利息申报表,与明细账、总账、报表进行核对。

(2)了解分析应付利息的形成依据和具体过程,收集有关合同、协议的重要资料,并抽查有关会计凭证,做好相应清查核实记录。

(3)经过分析核实后,编制评估明细表(见表 4 – 49),确定评估结论。

(4)核实其他需要说明的事项。

(5)如有评估增减值,分析—评估增减值原因。

表 4 – 49　应付利息清查评估明细表

被评估单位: 评估基准日: 单位:

欠款单位	发生日期	本金	利息所属期间	利息率	账面价值	评估价值
合计						

披露及调整事项说明:

清查日期: 评估人员: 复核人:

（十八）其他应付款评估步骤

（1）获取其他应付账款申报表，与明细账、总账、报表进行核对。

（2）查阅大额应付款项发生的合同、协议等重要资料，并抽查有关会计凭证，做好相应的清查记录。

（3）选择重点明细项目，了解应付款项的存在性，无法函证的，适当地实施替代程序，判断应付款项的真实性。

（4）对无付款对象可能无需支付的账款，应查明原因，做出处理。对应付款项中涉及诉讼的已决、未决事项、盈利挂账以及长期未付挂账项目等，做专项调查分析记录，诉讼事项还应当核查有无其他或有负债与债权。

（5）经过分析核实后，确定评估结论。

（6）核实其他需要说明的事项。

（7）如有评估增减值，分析—评估增减值原因。

（8）有无需要报告中特别说明的事项。

（十九）长期借款评估步骤

（1）获取长期借款申报表，与明细账、总账、报表进行核对。

（2）核实借款合同、协议以及借款条件、借款性质、还款期限、查明借款利率和利息支付情况，并抽查复印合同协议。

（3）抽查借款借入和还款原始凭证内容是否完整，有无授权批准，并核对相关账户进出情况。

（4）复核已计借款利息是否正确，如有未计利息应作出记录，补记入账。

（5）对未及时归还的逾期借款，应查明原因。

（6）选择金额较大的账户向借款银行函证评估基准日的余额。

（7）对替其他单位借贷的款项，应查明原因。

（8）检查借款费用是否按各发生期间，分别计入不同费用的科目。

（9）有无非记账本位币账户，如有应查询评估基准日汇率进行折算。

（10）经分析、核实后，确定评估结论。

（11）核实其他需要说明的事项。

（12）如有评估增减值，分析—评估增减值原因。

以上负债类科目评估后，在评估明细表基础上，编制负债评估汇总表（见表4－50）。

表4－50　负债评估汇总表

被评估单位：　　　　　　　　　评估基准日：　　　　　　　　　单位：

内容	账面价值	评估值	增减值	增减率	评估差额分析
短期借款					

续表

内容	账面价值	评估值	增减值	增减率	评估差额分析
交易性金融负债					
应付票据					
应付账款					
预收账款					
应付职工薪酬					
应交税费					
应付利息					
应付股利					
其他应付款					
代理业务负债					
递延收益					
一年内到期非流动负债					
其他流动负债					
长期借款					
应付债券					
长期应付款					
未确认融资费用					
专项应付款					
预计负债					
递延所得税负债					
其他非流动负债					
合计					

清查日期： 评估人员： 复核人：

四、评估结论初步分析

采用某一方法评估结束，并不意味着最终的评估结论。需要对不同评估方法下的评估结论进行分析基础上确定最终的评估结论。最终的评估结论可以是某一方法的估值，也可以是某两种方法的均值或加权均值。评估结论分析制成表格收放在操作类工作底稿中（见表4-51）。

表 4 −51 初步评估结论分析表

产权持有单位： 评估基准日：

项目名称	
评估目的	
评估对象	
价值类型	
成本法评估情况及结果	
收益法评估情况及结果	
市场法评估情况及结果	
综合分析	

评估人员： 复核人：

第五章 基于上市为目的的评估案例^①

第一节 ××公司——借壳上市企业价值评估案例

一、借壳上市

（一）概念

借壳上市是企业并购的一种方式，是一种巧妙的企业收购行为。其本质是未上市的企业通过对上市企业（壳公司）的股权收购行为获取其控制权，继而利用壳公司反向收购本企业的全部或主要资产，以此来达成本企业上市目的的一种双重组合收购活动。

从狭义范畴称为借壳上市，双方在进行借壳之前有关联关系，借壳公司为目标壳公司的大股东，两者的借壳行为属于同一控制下的企业并购。从广义范畴称之为买壳上市。借壳双方在借壳之前没有关联关系，借壳公司通过置换资产、定向增发股份的方式使得目标公司的劣质资产被置出，注入自身发展良好的资产，两者的行为属于非同一控制下的企业并购。

（二）基本流程

股份转让：借壳公司与目标壳公司原有的股东协商转让拥有的股份，或在证券市场上收购股份来取得控制权。

间接收购：壳方通过收购目标壳公司的母公司，实现对上市公司的间接控制。

---

① 案例来源：http：//www.cninfo.com.cn/new/index? source = gatime。

增发新股：目标壳公司向借壳方定向增发新的股票并且达到约定的比例，使借壳方取得控制权。

（三）基本模式

置换资产：将壳公司原有的资产负债卖出，将自己的资产和负债、业务还有相关人员全部置入到壳公司中。

二、案例背景

壳资源 STZZ 公司因为经营不善以及股权纠纷，面临退市风险。××公司也需要通过融资解决发展的资金困难问题，借此扩大公司经营规模，提高××品牌价值和知名度，获得更多收益。由于 IPO 上市要求高，审批手续比较繁琐，且每年数量有限，非上市企业借壳可以获得上市公司"低成本，高效率"的上市融资方式。××公司为了更好地实现从证券市场直接融资，更好地发展公司业务，采取了借壳上市。为了借壳上市顺利，××公司选择了较佳的重组方案，有利于各方利益平衡，后期收购阻力较小，对后续同行业企业借壳上市有重大借鉴意义。

三、案例内容

（一）委托方以及委托方之外的报告使用者

委托方：深圳市××建设集团股份有限公司

（二）评估目的

深圳市××建设集团股份有限公司拟借壳上市，需对本次经济行为所涉及的深圳市××建设集团股份有限公司在评估基准日的股东全部权益进行评估，为上述经济行为提供价值参考依据。

（三）评估对象和评估范围

评估对象：深圳市××建设集团股份有限公司的股东全部权益价值。

评估范围：深圳市××建设集团股份有限公司的全部资产及负债。包括流动资产、长期股权投资、固定资产、无形资产、长期待摊费用、递延所得税资产等。

（四）价值类型及其定义

根据评估目的，确定评估对象的价值类型为市场价值。

市场价值是指自愿买方和自愿卖方，在各自理性行事且未受任何强迫的情况下，评估对象在评估基准日进行正常公平交易的价值估计数额。

（五）评估基准日

评估基准日是 2012 年 12 月 31 日。

（六）评估依据（略）

（七）评估方法

评估方法：资产基础法、收益法。

不采用市场法主要是因为上市可比公司与被评估单位在经营范围、经营区域、资产规模以及财务状况都存在差异，相关指标难以获得及难以合理化的修正，此外近期市场上没有类似企业股权的交易案例，达不到选用市场法进行评估的条件。

××集团主要从事建筑装饰工程的施工与设计等业务。公司自1994年正式建成运营已有多年，收入、成本及各种经营数据与指标可作为未来年度生产经营项目预测依据，并且根据企业历史年度的收益情况来看，企业的收益能力较好，具备收益法预测条件，可采用收益法。

资产基础法能够反映被评估企业在评估基准日的重置成本，且被评估企业各项资产、负债等相关资料易于搜集，所以具备资产基础法评估的条件。

1. 收益法

本次评估选用现金流量折现法中的企业自由现金流折现模型。现金流量折现法的描述具体如下：

股东全部权益价值 = 企业整体价值 – 付息债务价值

（1）企业整体价值。

企业整体价值是指股东全部权益价值和付息债务价值之和。根据被评估单位的资产配置和使用情况，企业整体价值的计算公式如下：

企业整体价值 = 经营性资产价值 + 溢余资产价值 + 非经营性资产负债价值 + 长期股权投资价值

（2）经营性资产价值。

经营性资产是指与被评估单位生产经营相关的，评估基准日后企业自由现金流量预测所涉及的资产与负债。经营性资产价值的计算公式如下：

$$\sum_{i=1}^{n} \frac{F_i}{(1+r)^i} + \frac{F_n \times (1+g)}{(r-g) \times (1+r)^n}$$

其中：P为评估基准日的企业经营性资产价值；F_i为评估基准日后第i年预期的企业自由现金流量；F_n为预测期末年预期的企业自由现金流量；r为折现率（加权平均资本成本，WACC）；n为预测期；i为预测期第i年；g为永续期增长率。

其中，企业自由现金流量计算公式如下：

企业自由现金流量 = 息前税后净利润 + 折旧与摊销 – 资本性支出 – 营运资金增加额

其中，折现率（加权平均资本成本，WACC）计算公式如下：

$$WACC = K_e \times \frac{E}{E+D} + K_d \times (1-t) \times \frac{D}{E+D}$$

其中：K_e 为权益资本成本；K_d 为付息债务资本成本；E 为权益的市场价值；D 为付息债务的市场价值；t 为所得税率。

其中，权益资本成本采用资本资产定价模型（CAPM）计算。计算公式如下：

$$K_e = r_f + MRP \times \beta + r_c$$

其中：r_f 为无风险利率；MRP 为市场风险溢价；β 为权益的系统风险系数；r_c 为企业特定风险调整系数。

（3）溢余资产价值。

溢余资产是指在评估基准日超过企业生产经营所需，评估基准日后企业自由现金流量预测不涉及的资产。被评估单位的溢余资产包括溢余现金，综合考虑企业营业成本、营业税金及附加、管理费用、营业费用等各项费用资金周转次数，经综合分析计算确定评估基准日的溢余资金。

（4）非经营性资产、负债价值。

非经营性资产、负债是指与被评估单位生产经营无直接关系的，评估基准日后企业自由现金流量预测不涉及的资产与负债。被评估单位的非经营性资产包括部分其他应收款、递延所得税资产；非经营性负债为部分应付账款、部分其他应付款，本次采用成本法对上述非经营性资产及负债进行评估。

（5）长期股权投资。

此次纳入收益法评估中的长期股权投资单位如表 5−1 所示。

表 5−1　长期股权投资单位明细　　　　　　　　　　　　单位：元

序号	被投资单位	投资日期	投资比例	账面价值
1	深圳××技术公司	2003/08	60.00%	5318782.60
2	深圳市××幕墙门窗有限公司	2010/05	100.00%	10000000.00
3	深圳市××建设集团大连有限公司	2010/08	100.00%	8000000.00
4	广州市××幕墙门窗有限公司	2011/12	100.00%	50000000.00
5	深圳××玻璃公司	2012/06	100.00%	8112400.00

评估人员首先对长期股权投资形成的原因、账面值和实际状况进行了取证核实，并查阅了投资协议、资产负债表、利润表、章程等，以确定长期投资的真实性和完整性，针对各长期投资经营的情况分别采用不同的方法进行评估，并选择

合理的评估结果（见表5－2）。

表5－2　长期股权投资单位评估方法

序号	长期股权投资单位	采用的评估方法	最终结论选取的方法
1	深圳××技术公司	资产基础法	资产基础法
2	深圳市××幕墙门窗有限公司	资产基础法、收益法	收益法
3	深圳市××建设集团大连有限公司	资产基础法	资产基础法
4	广州市××幕墙门窗有限公司	资产基础法	资产基础法
5	深圳××玻璃公司	资产基础法、收益法	收益法

（6）付息债务价值。

付息债务是指评估基准日被评估单位需要支付利息的负债。被评估单位的付息债务包括短期借款等，付息债务以核实后的账面值作为评估值。

2. 资产基础法

（1）资产基础法。

评估范围内的流动资产主要包括货币资金、应收票据、应收账款、预付账款、其他应收款、存货。

1）货币资金，包括现金、银行存款和其他货币资金，通过现金盘点、核实银行对账单、银行函证、询证函等，以核实后的价值确定评估值。

2）应收票据，评估人员查阅了被评估单位的应收票据备查簿，逐笔核实了应收票据的种类、号数和出票日、票面金额、交易合同号和付款人、承兑人、背书人的姓名或单位名称、到期日等资料。应收票据以核实无误后的账面价值作为评估值。

3）各种应收款项在核实无误的基础上，根据每笔款项可能收回的数额确定评估值。对于有充分理由相信全都能收回的，按全部应收款额计算评估值；对于很可能收不回部分款项的，在难以确定收不回账款的数额时，借助于历史资料和现场调查了解的情况，具体分析数额、欠款时间和原因、款项回收情况、欠款人资金、信用、经营管理现状等，按照账龄分析法，估计出这部分可能收不回的款项，作为风险损失扣除后计算评估值；对于有确凿根据表明无法收回的，按零值计算；账面上的"坏账准备"科目按零值计算。

4）预付账款，根据所能收回的相应货物形成资产或权利的价值确定评估值。对于能够收回相应货物的或权利的，按核实后的账面值作为评估值。对于那些有确凿证据表明收不回相应货物的，也不能形成相应资产或权益的预付账款，其评估值为零。

5）存货—原材料，根据清查核实后的数量乘以现行市场购买价（含税），再加上合理的运杂费、损耗、验收整理入库费及其他合理费用，得出各项资产的评估值。

6）存货—工程施工。

a. 工程施工—建造合同形成的资产，核算企业实际发生的施工成本和实际确认的施工毛利，是已完工尚未办理竣工结算的工程施工项目所形成的累计施工成本及累计施工毛利。账面值为工程施工与工程结算的差额。工程施工包括直接材料、直接人工、其他费用等累计已发生的成本（工程施工—合同成本）加上累计已发生的工程毛利（工程施工—合同毛利），如"工程施工"账面余额大于"工程结算"账面余额，则应将其差额列示于资产负债表"存货"项目；如"工程施工"余额小于"工程结算"余额时，应当列示于资产负债表"预收账款"项目。本次评估重点核实工程施工账面值构成情况。

评估采用的方法如下：

工程施工评估价值 = 工程施工累计发生成本 + 累计确认工程毛利 − 累计确认工程结算

累计确认的工程施工成本 = 累计确认的直接材料 + 累计确认的直接人工 + 累计确认的其他费用

b. 工程施工—安全生产费是根据相关政策计提的，装饰装修业属于建筑施工行业，计提比例为合同总造价的2%，从工程项目开工当月开始计提。

根据装饰装修业的自身特点以及工程项目的属地特性，安全生产费的计提按项目核算，对项目中未使用完毕的安全生产费用，在项目完工时，予以冲回。

安全生产费用账面余额反映施工企业按照安全生产费用有关规定累计提取数与累计使用数的差额，累计发生的安全生产费用已经在存货中反映或者已经进入当期费用，故安全生产费账面余额实质为计提的成本，故本次评估为零。

（2）长期股权投资。

评估范围内的长期股权投资单位有5家单位，具体如表5-3所示。

评估人员首先对长期股权投资形成的原因、账面值和实际状况进行了取证核实，并查阅了投资协议、资产负债表、利润表、章程等，以确定长期投资的真实性和完整性，针对各长期投资经营的情况分别采用不同的方法进行评估，并选择合理的评估结果。

（3）房屋建筑物。

根据本次待估房屋建筑物的实际情况，对纳入评估范围的房屋建筑物采用市场法进行评估。运用市场法估价应按下列步骤进行：

表5-3　　长期股权投资比例金额　　　　　　　　　　　单位：元

序号	被投资单位	投资日期	投资比例	账面价值
1	深圳××技术公司	2003/08	60.00%	5318782.60
2	深圳市××幕墙门窗有限公司	2010/05	100.00%	10000000.00
3	深圳市××建设集团大连有限公司	2010/08	100.00%	8000000.00
4	广州市××幕墙门窗有限公司	2011/12	100.00%	50000000.00
5	深圳××玻璃公司	2012/06	100.00%	8112400.00

1）搜集交易实例；

2）选取可比实例；

3）建立价格可比基础；

4）进行交易情况修正；

5）进行交易日期修正；

6）进行区域因素修正；

7）进行个别因素修正；

8）求出比准价格。

市场法评估计算公式如下：

待估房地产价格＝参照物交易价格×正常交易情况/参照物交易情况×待估房地产评估基准日价格指数/参照物房地产交易日价格指数×待估房地产区域因素值/参照物房地产区域因素值×待估房地产个别因素值/参照物房地产个别因素值

（4）设备类资产评估。

机器设备类资产主要包括机器设备、车辆及电子设备，主要采用成本法进行评估，对于部分电子设备和运输车辆及机器设备，按照评估基准日的二手市场价格或废品价格进行评估。

成本法计算公式如下：

评估值＝重置全价×成新率

1）重置全价。

依据财政部、国家税务总局《关于全国实施增值税转型改革若干问题的通知》（财税〔2008〕170号），自2009年1月1日起，购进或者自制（包括改扩建、安装）固定资产发生的进项税额，可根据《中华人民共和国增值税暂行条例》（国务院令第538号）和《中华人民共和国增值税暂行条例实施细则》（财政部、国家税务总局令第50号）的有关规定，从销项税额中抵扣。经了解××集团属于一般纳税人企业，但企业的主营业务为建筑工程施工，对于建筑工程施工产生的收入缴纳营业税，与之相对应的生产经营的设备产生的进项税不能予以抵扣，故本次评估的机器设备、电子设备重置价为含税价。

①机器设备重置全价确定。

因本次评估设备建设安装周期较短，故不考虑资金成本，因此：

设备重置全价 = 购置价（含税）+ 运杂费 + 安装调试费

凡能询到基准日市场价格的设备，以此价格为准加运杂费、安装调试费等合理的费用来确定设备的重置价格。

对于无法从市场获得设备价格的设备，向设备原生产厂家或代理公司进行查询，或通过查阅《机电产品报价手册》等所列价格，加运杂、安装调试费等合理费用来确定设备的重置全价。

对于机器设备，其运杂费、安装费视具体情况而定，若运杂费和安装费包含在设备购置价中，则不考虑上述费用。

对于购置时间长，难以查询新购置价格的机器设备，按市场法评估，主要以二手价确定评估值。

②运输车辆重置全价确定。

企业购入的机动车符合固定资产的定义，也不属于《增值税暂行条例实施细则》第二十五条规定的特例即纳税人自用的应征消费税的摩托车、汽车、游艇其进项税额不得从销项税额中抵扣，所以，本次评估范围内车辆属于不可以抵扣的范围，故购置价为含税价。

车辆重置全价由购置价、购置附加税、牌照费三部分构成，计算公式如下：

车辆重置全价 = 车辆购置价 + 车辆购置税 + 牌照费（车辆购置税 = 车辆不含税售价 × 10%）

③对电子设备，查询市场的售价来确定重置全价。对于购置时间长，难以查询新购置价格的电子类设备，按市场法评估，主要以二手价确定评估值。

2）综合成新率的确定。

①对于专用设备和通用机器设备，主要依据设备经济寿命年限、已使用年限，通过对设备使用状况、技术状况的现场勘察了解，确定其尚可使用年限，然后按以下公式确定其综合成新率。

综合成新率 = 尚可使用年限/（尚可使用年限 + 已使用年限）× 100%

②对于电子设备、空调设备等小型设备，主要依据其经济寿命年限来确定其综合成新率；对于大型的电子设备还参考其工作环境、设备的运行状况等来确定其综合成新率。计算公式如下：

年限法成新率 =（经济寿命年限 – 已使用年限）/经济寿命年限 × 100%

综合成新率 = 年限法成新率 × 调整系数

③对于车辆，主要依据国家颁布的车辆强制报废标准，以车辆行驶里程、使用年限两种方法根据孰低原则确定理论成新率，然后结合现场勘察情况进行调整。计算公式如下：

使用年限成新率 =（规定使用年限 – 已使用年限）/规定使用年限×100%

行驶里程成新率 =（规定行驶里程 – 已行驶里程）/规定行驶里程×100%

综合成新率 = 理论成新率×调整系数

3）评估值的确定。

评估值 = 重置全价×综合成新率

（5）其他无形资产。

本次评估范围内的其他无形资产主要为企业外购的软件。

对企业外购软件根据其他无形资产的特点、评估价值类型、资料收集情况等相关条件，采用市场法进行评估，具体如下：

1）对于评估基准日市场上有销售的外购软件，按照评估基准日的市场价格作为评估值；

2）对于评估基准日市场上有销售但版本已经升级的外购软件，按照评估基准日的市场价格扣减软件升级费用后作为评估值；

3）对于定制软件，以向软件开发商的询价作为评估值；

4）对于已经停止使用，经向企业核实后按零值评估。

对企业所拥有的商标，其权利价值在企业的建造合同及服务价值中均有体现，由于本次对股东全部权益价值采用了收益法的评估结果，收益法结果涵盖企业综合获利能力，包含商标的权利价值，故采用资产基础法评估时不再单独对企业账面未记录的商标权进行评估。

（6）长期待摊费用。

评估人员调查了解长期待摊费用发生的原因，查阅长期待摊费用相关资料，核实其真实性、账面价值的准确性及摊销是否正确。对于费用类待摊费用，以核实后的账面值确定为评估值。

（7）递延所得税资产。

递延所得税资产系企业核算资产在后续计量过程中因企业会计准则规定与税法规定不同，产生资产的账面价值与其计税基础的差额，该金额按照预期收回该资产期间适用的税率计算确认递延所得税资产。

评估人员就差异产生的原因、形成过程进行调查和了解，按是否能抵扣所得税来确定评估值。

（8）负债。

负债包括短期借款、应付票据、应付账款、预收账款、应付职工薪酬、应交税费、其他应付款。评估人员根据企业提供的各项目明细表，以经过审查核实后的审计数作为其评估值，对于各类负债中，经核实并非实际承担的负债项目，按零值计算。

3. 重要参数选取过程

（1）现金流涉及的主要参数。

主营业务收入：通过预测市场总量乘以企业占有份额，再预测销售单价，得出营业收入预测值；或者通过企业现有客户和潜在开发客户预测需求量和预测单价，进行收入的预测。

成本费用：通过历史成本费用占收入比例作为未来预测成本费用的比例，乘以预测的主营业务收入得到。

资本性支出：根据公司历史资料数据和未来建设规划，评估公司拟投入的对固定资产、无形资产和非流动资产的支出额。

营运资金：通过历史数据资料建立营运资金与营业收入的线性回归方程，将未来预测的营业收入作为自变量，营运资金作为因变量计算得出营运资金预测值。

（2）收益期：5 年＋永续年限。

（3）增长率：5 年预测期的用历史收益的平均增长率。

永续期的增长率应高于通货膨胀率，一般用企业的可持续增长率，或者运用行业分析的行业平均增长率。

（4）折现率：WACC 模型计算折现率。

CAPM 模型计算权益资本成本；

R_f：预测期采用 5 年国债收益率；永续期采用 30 年国债收益率；

R_m：沪深 300 的 10 年平均市场风险收益率；

β 系数：选择可比公司的修正后 β 系数。

（八）评估程序实施情况（略）

（九）评估假设（略）

（十）评估结论

深圳市××建设集团股份有限公司评估基准日总资产账面价值为 186530.02 万元，总负债账面价值为 115847.26 万元，净资产账面价值为 70682.76 万元。收益法评估后的股东全部权益价值为 267825.43 万元，增值额为 197142.67 万元，增值率为 278.91%。本评估报告选用收益法评估结果作为评估结论。

（十一）特别事项说明

以下为在评估过程中已发现可能影响评估结论但非评估人员执业水平和能力所能评定估算的有关事项：

1. 评估基准日存在的借款情况

表 5 – 4 评估基准日借款明细

序号	贷款方	授信额度	借款金额	合同编号	授信期限
1	兴业银行股份有限公司深圳振华支行	20000	2000	兴银深振授信字 2012 第 0016 号	2012. 6. 29 ~ 2013. 6. 29
2	平安银行股份有限公司横岗支行	12000	8000	深发深横岗综字第 20120106001 号	2012. 3. 21 ~ 2012. 12. 30
3	中国建设银行股份有限公司深圳分行	80000	20000	借 2012 综 0425 罗湖	2012. 8. 22 ~ 2013. 8. 21
4	杭州银行股份有限公司深圳龙岗分行	9000	2000	2012SC000001073	2012. 4. 23 ~ 2013. 4. 23
5	招商银行股份有限公司深圳红岭支行	8000	2000	2012 年上字 第 0012486513 号	2012. 6. 20 ~ 2013. 6. 19
6	民生银行深圳分行	15000	—	深宝安金融综额字第 014 号	2012. 12. 3 ~ 2013. 12. 3

2. 评估基准日存在抵押情况

表 5 – 5 评估基准日存在抵押明细

抵押权证编号	抵押物	抵押面积 (m²)	抵押人	抵押合同编号	抵押期限	担保最高额（万元）	主合同债务人
穗府国用（2012）第 01100054 号、01100055 号	位于广州白云区土地使用权	63654	民生银行深圳分行	2012 年深宝安金融综额字第 014 号	2012. 12. 3 ~ 2013. 12. 3	15000	××集团
深房地字第 3000685875 号	车公庙厂房 303 栋第 4 层	1772	建设银行滨河支行	抵 [2011] 综 0516 罗湖 A – 4	2012. 8. 22 ~ 2013. 8. 21	3189.6	××集团

3. 评估基准日存在标的在人民币 100 万元以上重大未决诉讼事项
××集团与山东××钢铁有限公司的民事合同纠纷案

2012 年 10 月 8 日，山东××钢铁有限公司因建设工程合同纠纷向山东省莱芜市莱城区人民法院提起民事诉讼，称因××集团拖延工期导致约定的建设项目无法按期投入运营，给山东××钢铁有限公司造成损失，要求解除双方签订的合同，并要求××集团承担违约金 58 万元及诉讼费用，山东莱芜市莱城区人民法院依法受理本案。2012 年 11 月 20 日，山东××钢铁有限公司变更诉讼请求，将要求××集团承担违约金 58 万元的诉讼请求变更为要求××集团赔偿经济损失 420 万元。

2012 年 11 月 30 日，××集团向山东莱芜市莱城区人民法院提起反诉，称因山东××钢铁有限公司未按约定办理施工许可，并未按约定提供工程所需的主材及支付工程进度款，导致××集团无法合法施工，要求解除双方签订的合同，并要求山东××钢铁有限公司支付工程款 350 万元，管理费 200 万元，停工窝工费 713621.3 元及诉讼费用。

2012 年 12 月 2 日，山东××钢铁有限公司再次变更诉讼请求，要求××集团赔偿的经济损失由 420 万元增至 670 万元。

2012 年 12 月 7 日，××集团向山东莱芜市莱城区人民法院提交管辖权异议申请。

2012 年 12 月 14 日，山东莱芜市莱城区人民法院作出（2012）莱城民初字第 2785 号《民事裁定书》，因山东××钢铁有限公司增加诉讼请求金额导致案件标的额超过级别管辖标准，裁定将本案移送莱芜市中级人民法院。

截至评估报告出具之日，本案正在审理当中。

4. 评估存在的或有事项

截至 2012 年 12 月 31 日，××集团有未结清保函 120213147.22 元，开户行均为中国建设银行。

评估报告使用者应注意以上特别事项对评估结论产生的影响。

（十二）评估报告使用限制说明（略）

（十三）评估报告日（略）

四、案例分析及建议

（一）案例分析

1. 借壳上市风险

××公司借壳上市属于期后的经济行为，虽然在评估过程中无法量化，但作为管理高层，需要分析壳资源选择风险，即市场信息不对称性使借壳企业对于壳公司的真实性、合法性和规范性也难以进行判断，会导致公司可能掉进壳公司的法律或财务陷阱，让借壳方难以顺利上市进入资本市场。法律风险即企业在借壳上市过程中，由于对法律制度不熟悉，缺乏足够的经验，对借壳上市的流程相关规定不熟悉，往往导致在借壳中造成不必要的损失。如果企业在无意中购买了没有发展前景的股票，会影响自身的筹资能力，甚至背上债务包袱。融资风险以及注入资产盈利性不确定风险等。建议采用蒙特卡洛模拟法和收益法相结合的方法计算股权价值。

2. 未来收益不确定

企业借壳上市成功以后可以通过更多的渠道进行融资以获得大量的资金，并且成功上市以后会发生部分或者全部的资产置换，这些行为都会对企业未来的收益有较大影响而案例中却没有提及。

（二）建议

采用蒙特卡洛和收益法相结合的方法计算的逻辑：用经过合理计算的区间值来分别代替 R_i 和 r 的点估计值（用最大似然估计替换掉点估计的 R_i 和 r），在相应区间上通过计算机软件对估值公式进行大量的随机模拟最终确定出最合适的估计值。这就是把传统的收益法和蒙特卡洛分析结合起来的方法。评估步骤如下：

1. 建立包含相关随机变量的概率统计模型

$$P = \sum_{i=1}^{n} \frac{R_i}{(1+r)^i} + \frac{R_{n+1}}{r(1+r)^n} \tag{5-1}$$

利用区间估计替代点估计以后的模型（有点类似于点估计和最大似然估计）。

$$P = \sum_{i=1}^{n} \frac{E(R_i)}{[1+E(r)]^i} + \frac{R_{n+1}}{E(r)[1+E(r)]^n} \tag{5-2}$$

R_i 的计算共涉及 12 个变量，其中，决定 R_i 的关键因素是营业收入增长率 g_i，其他因素或与销售收入近似成一定比例，或为固定值。

$$R_i = [S_i - 1(1+g_i) - C_i - TS_i - O_i - G_i - F_i - D_i] \times (1 - T_i) - N_i - W_i - L_i$$

$$\tag{5-3}$$

其中，R_i 为自由现金流量，S_i 为营业收入，g_i 为营业收入增长率，C_i 为营业成本，TS_i 为营业税金及附加，O_i 为销售费用，G_i 为管理费用，F_i 为财务费用，D_i 为资产减值损失，T_i 为所得税率，N_i 为净资本支出，W_i 为营运资本需求量增加额，L_i 为付息债务利息，这些常量都可以从资产负债表还有营业利润表中直接计算得到的。

$$E(R_i) = [S_i - 1(1+E(g_i))] - C_i - TS_i - O_i - G_i - F_i \times (1+T_i) - N_i - W_i - L_i$$

$$\tag{5-4}$$

基于以上假设，我们认为在 R_i 的计算式中只有 g_i 一个变量，其他数值都为常量，所以只计算 g_i 的期望值，而其他取值默认为常数。

2. 找出随机变量的概率分布

分解后的公式中变量就只有 g_i（各年的增长率）、还有 r（收益率），根据能够收集到大的信息情况选择适当的概率分布，主要有三种概率分布：均匀分布（每个值出现的概率均相等）、三角形分布（需要能够求出区间的上限、下限还有众数，在评估人员能够取得大量专家意见的情况下使用）、正态分布（随机分布，在能够获取大量数据并且市场是有效的情况下进行估计）。

3. 代入伪随机数序列进行模拟

（1）根据 E（R_i）公式计算得到 E（R_1）、E（R_2）、E（R_3）、E（R_4）、E（R_5）。只用计算五年期的 R 是因为用收益法进行评估时只预测未来五年的收益。

（2）找出随机变量g_i还有 r 符合的概率分布。

（3）将（1）（2）计算得出的结果代入到相应的软件中（Matlab）等进行模拟，得出一个概率分布直方图和密度函数曲线，如图 5 - 1 所示。

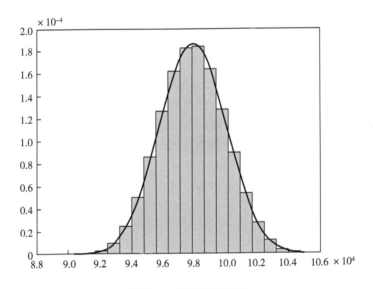

图 5 - 1　密度函数曲线

用这种方法进行计算实际上已经可以直接把两种问题全部解决。用蒙特卡洛进行分析的时候其实就是用统计学的方法对g_i（代表预测收益值）还有 r 进行计算得出最佳估计值来进行评估。

需要特别强调的部分是，不考虑被评估单位基准日存在的长期投资、其他非经营性或溢余性资产的价值 $\sum C_i$，所以被评估单位股东全部权益价值的评估值就等于 P。

第二节　案例使用说明

一、教学目的与用途

该案例适用于《资产评估实务与案例》和《企业价值评估实务》课程的实习实训教学，教学对象是资产评估专业的本科生、研究生。

通过该案例教学让学生了解企业价值的评估方法，尤其是自由现金流折现模型的应用和资产基础法的应用，包括正确分析企业资产价值构成、正确预测估值参数、最终估值结果分析。

二、启发思考题

第一，上市动机和借壳上市动机分别是什么？

第二，使用企业自由现金流折现模型的优点是什么？

第三，使用资产基础法评估需要评估的价值有哪些？

第四，收益法中，各个评估参数都是如何选取的？

第五，影响目标企业价值的因素有哪些？

第六，如何评价该企业借壳上市的经济行为？

三、评估思路分析

案例从收购方的背景进行分析，详细介绍了收购方的公司概况、主营业务，并对借壳上市双方的行为动机进行分析。同时，详细说明了本次评估目的、评估对象、评估范围、价值类型以及评估基准日，在简要介绍评估假设的同时，也对评估方法做出了十分详细的说明，包括方法选择的原因、各个方法的参数选取，最终得出评估结论。

四、关键要点分析

采用收益法和资产基础法进行评估，选取两种方法能够更加客观地看出企业的重置成本和未来收益能力，能够更加客观地分析两种方法的评估角度和评估过程的差异，从而选取更加合理的评估值作为参考价值。

第六章　基于收购为目的的评估案例①

第一节　××股份公司收购 YY 科技公司的评估案例

一、收购

（一）概念

收购是资本运营的一种方式，实质是通过产权交易取得控制权的经济行为。根据《证券法》的规定，收购是持有一家上市公司发行在外股份的 30% 时发出要约收购该公司股票的行为，实质是购买被收购企业的股权。

（二）类型

收购类型有很多种划分方法，结合该案例，本章只列举和案例相关的类型划分，即按照支付方式主要分为现金收购、股权收购、债务收购。现金收购即用现金购买标的公司资产或股票，实现对目标公司的控制；股权收购是用股票购买资产或换股的方式实现对标的公司的控制；债务收购是标的公司资不抵债的情况下，收购方承担标的公司的全部或部分债务为条件，取得标的公司的控制权。

二、案例背景

××公司于 2017 年通过收购星波通信快速切入军工电子领域，新增微波器件、微波组件及子系统等军工业务。根据 Markets and Markets 预测报告，到 2022 年全球电子战市场空间将超 300 亿美元。目前，国内从事电子战领域的企业甚少，YY 公司是国内极少数具有雷达对抗系统级和全产业链条配套合作能力的企

① 案例来源：http：//www. cninfo. com. cn/new/index？source = gatime。

业，拥有军用电子对抗、电子侦察、电子防御和雷达模拟仿真多个产品线，YY公司是雷达电子战领域具有技术和市场优势的优质、成长型企业，高度契合××公司强化军工业务布局的发展战略，盈利能力突出。为进一步强化军工业务布局，××公司拟收购企业YY公司，以期未来大力向军工领域扩展销售渠道，扩大市场份额。

三、案例内容

（一）委托方以及委托方之外的报告使用者

（1）委托方：××有限公司。

（2）被评估单位：YY科技有限公司（以下简称YY公司）。YY公司专业从事雷达电子战领域的电子侦察、电磁防护、雷达抗干扰、模拟仿真训练产品的研制、生产及相关技术服务，业务能力覆盖雷达对抗和复杂电磁环境建设领域各主要环节，客户覆盖船舶、航空、航天、电子等军工集团所属单位以及地方器部件、模块、分机以及相关技术服军工企业和军队有关单位，产品覆盖软件系统，并具备较强的系统创新研发能力。

YY公司经过了三次股权转让，一次增资。目前其股东主要有武夷山均美企业管理中心（90%）和股东二（10%）。这两家合伙企业属于持股平台性质（持股平台是公司实施股权激励过程当中比较常用的一种操作模式，具体而言就是在母公司之外以被激励对象作为主要的成员来搭建有限合伙企业或者是特殊目的公司，然后用有限合伙企业或特殊目的公司去持有母公司的股权，从而实现被激励对象间接持有母公司股权的目的）背后是唐斌、陈美灵等38名自然人股东。

1）股权结构。

截至评估基准日，上述增资注册资本300万元尚未实际缴付，YY公司的股权结构如表6-1所示。

表6-1　股权结构

序号	股东名称	认缴出资额（万元）	实缴出资额（万元）	持股比例（%）
1	股东一（有限合伙）	720.00	450.00	90.00
2	股东二（有限合伙）	80.00	50.00	10.00
	合计	800.00	500.00	100.00

2）资产结构和经营情况。

公司近两年有关的资产、财务情况和经营情况如表6-2和表6-3所示。

表6-2　近两年资产、财务情况表　　　　单位：万元

项目	2018年12月31日	2019年12月31日
流动资产合计	5686.41	9192.51
固定资产	379.07	355.61
K期待摊费用	—	—
递延所得税资产	19.71	48.65
非流动资产合计	398.77	404.26
资产总计	6085.19	9596.77
流动负债合计	3971.84	3009.98
递延所得税负债	20.98	18.97
非流动负债合计	20.98	18.97
负债合计	3992.83	3028.95
所有者权益合计	2092.36	6567.82
负债和所有者权益总计	6085.19	9596.77

表6-3　公司近两年的经营情况表　　　　单位：万元

项目	2018年度	2019年度
一、营业收入	5792.22	8781.59
减：营业成本	1355.76	2140.56
税金及附加	53.03	100.15
销售费用	72.75	88.18
管理费用	2767.09	9762.34
研发费用	1504.92	1480.92
财务费用	-1.40	-1.54
加：其他收益	134.28	481.13
投资收益	18.75	47.82
公允价值变动收益	2.17	2.49
信用减值损失	—	-192.92
资产减值损失	-43.14	—
二、营业利润	152.15	-4450.51
加：营业外收入	0.00	0.00
减：营业外支出	—	—
三、利润总额	152.15	-4450.51

项目	2018 年度	2019 年度
减：所得税费用	284.27	568.07
四、净利润	-132.13	-5018.57

注：2018 年度、2019 年度会计报表经容诚会计师事务所（特殊普通合伙）审计，并出具标准无保留意见审计报告（文号：容诚审字〔2020〕361Z0286 号）。

（二）评估目的

根据××有限公司第四届董事会第二十六次会议决议，××有限公司拟发行股份及支付现金购买 YY 科技有限公司的全部股权。为此，本次评估目的是 YY 科技有限公司的全部股权价值的评估，为××公司收购行为提供参考。

（三）评估对象和范围

本次评估的对象为 YY 科技有限公司的股东全部权益价值，评估范围为 YY 科技有限公司申报的 2019 年 12 月 31 日的全部资产和负债，包括表内外各项资产负债。企业申报的表内资产及负债对应会计报表经容诚会计师事务所审计的内容；表外资产主要包括无形资产，10 项专利技术，17 项软件著作权。

（四）价值类型及其定义

选定市场价值作为本次评估的评估结论的价值类型。

（五）评估基准日

评估基准日：2019 年 12 月 31 日。

（六）评估依据（略）

（七）评估方法以及相关参数的选取

评估方法：资产基础法和收益法。

由于目前国内类似交易案例较少，或虽有案例但相关交易背景信息、可比因素信息等难以收集，可比因素对于企业价值的影响难以量化，同时在资本市场上也难以找到与被评估单位在资产规模及结构、经营范围与盈利能力等方面相类似的可比公司信息，因此本项评估不适用市场法。本次被评估单位是一个具有较高获利能力的企业或未来经济效益可持续增长的企业，预期收益可以量化、预期收益年限可以预测、与折现密切相关的预期收益所承担的风险可以预测，因此本次评估适用收益法。

企业价值又是由各项有形资产和无形资产共同参与经营运作所形成的综合价值的反映，因此本次评估适用资产基础法。

根据上述适应性分析以及资产评估准则的规定，结合委估资产的具体情况，采用资产基础法和收益法分别对委估资产的价值进行评估。评估人员对形成的各种初步价值结论进行分析，在综合考虑不同评估方法和初步价值结论的合理性及所使用数据的质量和数量的基础上，形成合理评估结论。

企业价值评估中的成本法也称资产基础法，是指在合理评估企业各项资产价值和负债的基础上确定评估对象价值的评估思路。其中各项资产的价值应当根据其具体情况选用适当的具体评估方法得出，主要资产评估方法简述如下：

1. 资产基础法

（1）流动资产。

本次委估的流动资产为货币资金、交易性金融资产、应收票据、应收账款、预付账款、其他应收款及存货，具体内容见表6-4。

表6-4　流动资产核算表

序号	名称	数量	评估金额（元）
1	现金	1笔	51352.38
2	银行存款	2户	4861885.99
3	交易性金融资产	1类	13524871.24
4	应收票据	3户	6083800.00
5	应收账款	8户	39716915.00
6	预付账款	26户	911007.07
7	其他应收款	5户	23807.00
8	存货	3类	36336556.01
合计	流动资产		101510194.7

1）货币资金。

评估值为4913238.37元。其中包括：

A. 现金

公司的现金由评估人员和企业有关人员一起在现场盘点予以核实。比较推算出的实际现金余额和账面现金余额两者一致。评估值为51352.38元。

B. 银行存款

对于人民币账户存款，经核实银行存款日记账2019年12月31日余额与银行对账单及余额调节表核对无误后，根据账面值确认评估值。评估值为4861885.99元。

2）可供出售的金融资产。

上市交易的债券、股票、基金按评估基准日的市价为基础确认评估现值；非上市的债券、股票、基金按合同或本金加持有期利息确定评估值。企业购买的银行理财产品"赢家易精灵"，及理财产品15日至年末的利息，在评估基准日，可供出售的金融资产账面原值为 13524872.24 元。核对理财产品对账单，查看理财产品介绍及有关账册和凭证，评估值为 13524871.24 元。

3）应收票据。

对带息票据按到期的本金和利息减去到期日至评估基准日的利息作为评估值，对无息的银行承兑汇票、未到期的商业承兑汇票按核实后账面值评估。评估基准日，应收票据账面原值 6404000.00 元，计提坏账准备 320200.00 元，账面净值 6083800.00 元，系应收各军工单位的无息商业承兑汇票。

本次评估按账龄和应收回程度分析估计坏账率确认评估值，具体计算如表 6 - 5 所示。

表 6 - 5 应收票据坏账

单位：元

账龄	2019 年 12 月 31 日		
	金额	估计坏账率（%）	估计坏账金额
1 年以内	6404000.00	5.00	320200.00
合计	6404000.00	5.00	320200.00

经上述估算，相应的坏账准备评估为零，估计坏账金额为 320200.00 元。评估基准日，应收票据评估值为 6083800.00 元。

4）应收账款。

借助于历史资料和评估中调查了解的情况，通过核对明细账户，发询证函或执行替代程序对各项明细予以核实。根据每笔款项可能收回的数额确定评估值。评估基准日，应收账款账面原值为 42409503.10 元，计提坏账准备 2692588.10 元，账面净值为 39716915.00 元。其中，有 8 笔应收账款的账龄大多在 1 年以内，主要为应收中国电子科技集团公司某所、中国航天科工集团某所、中国人民解放军某部队的货款。

评估人员通过审核债务人名称、金额、发生日期及相关凭证，并进行替代测试及函证验证其真实性。本次评估按账龄和应收回程度分析估计坏账率确认评估值，具体计算如表 6 - 6 所示。

表 6 - 6 应收账款坏账

单位：元

账龄	2019 年 12 月 31 日		
	金额	估计坏账损失率（%）	估计坏账金额
1 年以内	41331700.00	5.00	2066585.00
1~2 年	76000.00	20.00	15200.00

续表

账龄	2019 年 12 月 31 日		
	金额	估计坏账损失率（%）	估计坏账金额
2~3 年	782000.00	50.00	391000.00
3 年以上	219803.10	100.00	219803.10
合计	42409503.10	6.35	2692588.10

经上述估算，相应的坏账准备评估为零，估计坏账金额为 2692588.10 元。评估基准日，应收账款评估值为 39716915.00 元。

5）预付账款。

各种预付款项，估计其所能收回的相应货物形成资产或权利的价值确定评估值，对于能够收回相应货物的，按核实后的账面值确定为评估值。评估基准日，预付账款账面值为 911007.07 元，共发生 26 户，主要为预付供应商的材料款。上述款项通过审核债务人名称、金额、发生日期及相关凭证合同，并进行替代测试验证其真实性，债权成立。以核实无误的账面值确认评估值。评估基准日，预付账款评估值为 911007.07 元。

6）其他应收款。

借助于历史资料和评估中调查了解的情况，通过核对明细账户发询证函或执行替代程序对各项明细予以核实。根据每笔款项可能收回的数额确定评估值。

基准日其他应收款账面原值为 254020.00 元，计提坏账准备为 230213.00 元，账面净值为 23807.00 元，共发生 5 笔款项，主要为应收上海市北生产性企业服务发展有限公司押金、中国电子科技集团公司某所、中国人民解放军某部队保障部保证金等。评估人员通过审核债务人名称、金额、发生日期及相关凭证，并进行替代测试及函证验证其真实性，确认债权成立。本次评估按账龄和应收回程度分析估计坏账率确认评估值，具体计算如表 6-7 所示。

表 6-7　其他应收款坏账　　　　　　　　　　　　　单位：元

账龄	2019 年 12 月 31 日		
	金额	估计坏账损失率（%）	估计坏账金额
1 年以内	25060.00	5.00	1253.00
3 年以上	228960.00	100.00	228960.00
合计	254020.00	90.63	230213.00

经上述估算，相应的坏账准备评估为零，估计坏账金额为 230213.00 元。评

估基准日，其他应收款评估值为23807.00元。以上几部分的账龄与坏账损失率不符合。

7）存货。

存货账面价值为26751469.12元，主要包括原材料、在产品和发出商品。

A. 原材料：156项

经评估人员通过对原材料的抽查盘点，并对其入库、出库环节进行核实，原材料账、账表、账实相符，现被评估单位生产经营情况正常，原材料周转流动较快，评估人员通过市场询价，发现近期市场价格波动较小，本次对外购的原材料采用市场法评估，故按账面值确定为评估值。

评估值＝市场价格＋合理费用（运费、损耗、仓储费等）＝市场价格单价×数量＋合理费用（运费、损耗、仓储费等）

市场价格通过了解被评估单位进货采购记录、向被评估单位采购部门了解或向批发部门询价得到。被评估单位存货基本流动较快，为近期采购，无变质减值及长期积压情况。评估人员抽查、测试了部分材料的账面价格和市场价格情况，根据抽查、测试情况表明，运杂费用基本由供货方承担，可忽略不计，故合理费用取零。由于存货进库采购时间距评估基准日较近，采购价格基本合理，故按账面价值确认为评估值。

存货——原材料共计156项，账面净值11831083.57元，系企业采购的用于生产的各类集成电路、连接器、贴片电容等材料。评估基准日，原材料评估值为11831083.57元。

B. 发出商品：2项

存货——发出商品共计2项，账面金额为1142104.03元，系企业已经发客户的××公司载荷及模拟设备等。根据销售情况，以完全成本为基础，按出厂销售价格减销售费用、全部税金和适当的税后净利润确定评估值。

发出商品的评估值＝产品销售收入－销售费用－全部税金－适当税后净利润
＝产品销售收入×［1－销售费用率－销售税金及附加率－销售利润率×所得税率－销售利润率×（1－所得税率）×净利润折减率］

由于产品已销售发出，本次将不考虑销售费用率和净利润折减率，销售费用率和净利润折减率均取为零。

本次采用2019年财务数据作为发出商品评估参数，税金及附加率为1.14%；销售利润率为57.43%（企业历年利润情况已剔除了股份支付费用等非经常性损益的影响）；企业所得税税率为15%。

评估基准日，存货——发出商品的评估值为10727190.92元。

存货评估增值 9585086.89 元，增值率为 17.82%，主要原因为评估考虑了发出商品的利润所致。

C. 在产品：12 项

存货——在产品账面金额为 13778281.52 元，共 12 项，系在加工生产中电磁频的电子侦察接收模块组、被动参测模块、内场信号模拟器、YY 公司 X 谱感知系统等产品。

被评估单位在产品基本为组装阶段的模块等电子元器件，主要为材料成本，其生产周期较短，近期采购价格波动较小，本次评估按审定后的账面价值确定评估值。在产品评估值为 13778281.52 元。

（2）非流动资产。

非流动资产核算内容如表 6-8 所示。

表 6-8　非流动资产核算表

序号	名称	数量	评估金额（元）
1	固定资产	3 类	4189932.00
2	无形资产	1 类	26280000.00
3	递延所得税资产	1 项	486450.10
合计			30956382.10

1）固定资产——设备（机器设备 21 项、办公设备 31 项、车辆 1 辆等）：机器设备、办公设备、车辆的评估采用成本法。

A. 评估值 = 重置全价 × 成新率

重置全价是指在现时条件下，重新购置、建造或形成与评估对象完全相同或基本类似的全新状态下的资产所需花费的全部费用。重置全价由评估基准日时点的现行市场价格和运杂、安装调试费及其他合理费用组成。即：

B. 重置全价 = 设备购置价 + 运杂、安装调试费 + 其他合理费用 - 可抵扣增值税

设备重置全价的选取通过在市场上进行询价，以现行市场价值加上合理的运输安装费之和作为重置全价。运杂、安装费通常根据机械工业部［机械计（1995）1041 号文］1995 年 12 月 29 日发布的《机械工业建设项目概算编制办法及各项概算指标》中，有关设备运杂费、设备基础费、安装调试费概算指标，并按设备类别予以确定。其他合理费用主要是指资金成本。对建设周期长、价值量大的设备，按建设周期及付款方法计算其资金成本：对建设周期较短，价值量小的设备，其资金成本一般不计。成新率反映评估对象的现行价值与其全新状态重

置全价的比率。

C. 成新率采用使用年限法时，计算公式为：

年限法成新率 = 尚可使用年限/（尚可使用年限 + 剩余使用年限）×100%

尚可使用年限依据专业人员对设备的利用率、负荷、维护保养、原始制造质量、故障频率、大中修及技术改造情况、环境条件诸因素确定。对于有法定使用年限的设备（如车辆），尚可使用年限 = 法定使用年限 – 已使用年限。对价值、技术含量低的简单设备的成新率采用年限法评估，对价值大、技术含量高的设备的成新率采用年限法和技术观察（打分）法两种评估方法进行评估，根据不同的评估方法确定相应的权重，采用加权平均法以确定评估设备的综合成新率。两种评估方法权重定为年限法为40%、技术观察（打分）法为60%。

综合成新率 = 技术观察法成新率×60% + 年限法成新率×40%

对车辆成新率的确定，根据2012年12月27日商务部、国家发展和改革委员会、公安部、环境保护部联合发布的《机动车强制报废标准规定》（2012第12号令）中规定。以车辆行驶里程、使用年限两种方法根据孰低原则确定理论成新率（其中对无强制报废年限的车辆采用尚可使用年限法），再根据其使用条件、保养水平以及是否有损伤、换件、翻修等最终确定综合成新率。将重置全价与成新率相乘，得出设备的评估值。

经评估，评估基准日，固定资产——设备类的评估值为4189932.00元。固定资产评估增值为633794.82元，增值率为17.82%，主要为设备按市场价评估和设备的会计折旧年限与评估所应用的使用年限不一致导致。

2）无形资产：专利10项、软件著作权17项。

评估人员通过查验公司原始凭证等途径，了解其原始价值的形成过程、摊销情况及权益状况。本次纳入评估范围的无形资产为自行申请、开发的无形资产。

对于公司应用的软件著作权、专利技术等无形资产，由于目前国内外与评估对象相似的无形资产转让案例极少，信息不透明，缺乏可比性，因此不适宜采用市场法评估。

对于有收益的无形资产，根据本次评估可以收集到资料的情况，最终确定采用收益法进行评估。即预测运用待估无形资产制造的产品未来可能实现的收益，通过一定的分成率（即待估资产在未来收益中应占的份额）确定评估对象能够为企业带来的利益，并通过折现求出评估对象在一定的经营规模下在评估基准日的公允价值。本次对独立应用于产品的专利技术和软件著作权单独评估，共同应用于某产品的专利技术和软件著作权合并评估。

具体评估过程：

A. 收益期的确定

无形资产组合收益期的确定：软件著作权自软件开发完成之日起产生，法人或者其他组织的软件著作权，保护期为 50 年，截止于软件首次发表后第 50 年的 12 月 31 日；发明专利保护期为 20 年，实用新型专利保护期为 10 年均自申请日起计算。

本次委估的专利技术、软件著作权资产组所在的领域技术的研究较为活跃，技术的升级换代也较快，新技术的不断涌现会缩短评估对象的经济寿命，原有技术将逐渐被取代或淘汰，在仔细分析委估对象的特点并考虑同行业技术领域内一般技术的实际经济寿命年限，并从谨慎性原则出发，本次评估确定委估专利技术组的剩余经济寿命约为 8 年。综合考虑后收益期确定为 8 年。

B. 收入的预测

委估的无形资产用于企业现有的各项业务中，根据收益法预测结果，未来其收入预测情况如表 6 - 9 所示。

表 6 - 9　无形资产收入预测表

单位：万元

年份	2020	2021	2022	2023	2024	2025	2026	2027
收入	10190	12340	14840	17450	20490	24020	24020	24020

C. 无形资产分成率的确定

提成率的确定按以公式计算：$K = l + (h - l) \times q$

其中，K 为待估技术营业收入提成率；l 为提成率的取值下限；h 为提成率的取值上限；q 为提成率的调整系数。

一般无形资产的收益是按产品销售净收入的一定比例确定即按销售收入提成。根据联合国贸易和发展会议对各国技术贸易合同提成率做了大量调查统计，认为提成率一般在产品净销售价的 0.5% ~ 10%，绝大多数控制在 2% ~6% 提成。其中，石油化学工业 0.5% ~2%，日用消费工业 1% ~2.5%，机械制造工业 1.5% ~3%，化学工业 2% ~3.5%，制药工业 2.5% ~5%，电器工业 3% ~4.5%，精密电子工业 4% ~5.5%，光学和电子产品 7% ~10%，软件行业 3% ~5%。考虑到被评估单位从事军工雷达电子战领域产品的研制、生产及相关技术服务，积累了宽带信号采集存储技术、高性能信号数据分析技术、雷达干扰信号智能化分析技术、高保真宽带信号重构技术、雷达目标与环境电磁信号的高精度建模技术、无人机综合射频仿真技术等多项先进技术，因此本次参考精密电子工业的收入提成率 4% ~5.5%。

影响技术产品提成率的因素有法律、市场及技术因素，评估人员参考行业内专业人士对技术分成因素的汇总，并对被评估单位技术人员进行了调查打分，打分结果如表6-10所示。

表6-10　技术分成率

评价因素	权重（%）	评分值范围	评分值	加权评分值
先进水平	20	50～100	90	18
成熟程度	20	20～100	85	17
实施条件	10	40～100	80	8
保护力度	10	30～100	85	8.5
行业地位	5	30～100	80	4
获利能力	30	40～100	85	25.5
其他	5	50～100	80	4
合计	100			85

根据表6-10，提成率调整系数为85%。

营业收入提成率K = 4% + (5.5% - 4%) × 85% = 5.28%

根据上述测算委估无形资产2020年的收入分成率为5.28%（税前）。考虑在未来收益期内，由于市场竞争、技术更新等因素的影响，预计产品中的技术贡献将呈逐年下降趋势，因此本次从2021年开始，每年在前一年基础上下降15%。

D. 折现率的估算

经过实证研究，无形资产的资产报酬率一般高于有形资产的资产报酬率也高于权益资本成本，参考中国资产评估协会主办的《中国资产评估》中"无形资产评估折现率"最接近无形资产报酬率的替代值为杠杆资本成本率，无形资产报酬率和杠杆资本成本率在八大行业的差额（ΔR）如表6-11所示。

表6-11　（ΔR）核算表

行业	样本数	无形资产报酬率和杠杆资本成本率的平均差额
原材料	21	3.86
运输	38	1.79
周期性消费品	54	2.26
非周期性消费品	79	0.47
能源	13	-0.42
工业	56	1.82
技术	51	1.59
公共事业	6	-1.30
总体	318	1.50

委估企业按总体无形资产报酬率和杠杆资本报酬率在该行业的差额为1.50%。

经收益法测算过程，确认委估企业的WACC（税后）＝11.06%。

本次评估无形资产的收益流口径为所得税前，为保持口径匹配，WACC应当调整为所得税前，故：

$$无形资产折现率 = \frac{WACC}{(1-T)} + \Delta R = \frac{11.06\%}{(1-15\%)} + 1.50\% = 14.50\%$$

E. 评估结论

根据上述确定的参数，本次采用税前分成额现金流折现法计算委估专利技术、软件著作权资产组的评估值，具体计算过程如表6－12所示。

表6－12 无形资产评估过程 单位：万元

项目名称	2020年	2021年	2022年	2023年	2024年	2025年	2026年	2027年
营业收入	10190	12340	14840	17450	20490	24020	24020	24020
相关技术提成率	5.28%	4.48%	3.81%	3.24%	2.75%	2.34%	1.99%	1.69%
相关技术贡献	537.52	553.29	565.58	565.29	564.21	562.20	477.87	406.19
技术贡献合计	537.52	553.29	565.58	565.29	564.21	562.20	477.87	406.19
折现年限	0.50	1.50	2.50	3.50	4.50	5.50	6.50	7.50
折现系数	0.9345	0.8162	0.7128	0.6226	0.5437	0.4749	0.4147	0.3622
相关技术贡献现值和	502.31	451.60	403.15	351.95	306.76	266.99	198.17	147.12
相关技术评估值	2628.00							

综上所述，委估的专利软著资产组的评估值为2628.00万元。因此，评估基准日无形资产——其他无形资产评估值为26280000.00元。折现年限取0.5，是因为平均获得收益。

无形资产评估增值为26280000.00元，主要为账外可辨识无形资产（专利软著资产组）纳入本次评估范围所致。

3）递延所得税资产。

递延所得税资产为坏账准备等计提的递延所得税，根据应收账款、其他应收款、应收票据实际评估结果确定评估值。

评估基准日，递延所得税资产评估值为486450.17元。

（3）负债。

负债是企业承担的能以货币计量的需以未来资产或劳务来偿付的经济债务。

负债评估值根据评估目的实现后的产权持有者实际需要承担的负债项目及金额确认,具体内容如表 6-13 所示。

表 6-13　负债核算表

序号	名称	数量	评估金额(元)
1	应付账款	10 户	4877230.83
2	预收账款	6 户	9233354.92
3	应付职工薪酬	2 笔	5638215.00
4	应交税费	5 笔	5346964.43
5	其他应付款	3 笔	5004000.00
6	递延所得税负债	1 笔	189723.55
合计			30289488.73

1)应付账款。

截至评估基准日,被评估单位应付账款账面值为 4877230.83 元,共 10 笔,主要为应付成都仁健微波、合肥联颖电子材料款及上海频语电子材料款。本次评估人员通过函证、抽查相关销售合同、审核债务人信息及相关凭证等替代程序,确认上述债务属实。

经评估,评估基准日应付账款评估值为 4877230.83 元。

2)预收账款。

预收账款账面值为 9233354.92 元,共发生 6 笔款项,主要为预收的货款。经查阅账簿、原始凭证等有关资料,并进行必要的函证或替代测试验证其真实性,评估确认预收账款成立。以核实无误后的账面值作为评估值。

评估基准日,预收账款的评估值为 9233354.92 元。

3)应付职工薪酬。

基准日应付职工薪酬账面值为 5638215.00 元,主要为应付工资、社保、公积金等。评估人员在核实账务的基础上,采用抽查原始凭证、账册,确定应付职工薪酬存在。评估以核实无误后的账面值作为评估值。

评估基准日,应付职工薪酬的评估值为 5638215.00 元。

4)应交税费。

基准日应交税费账面值为 5346964.43 元,系应缴的增值税、企业所得税及相关附加税等。具体明细如表 6-14 所示。

表 6-14　税费核算表　　　　　　　　　　　　　单位：元

税种	账面价值
增值税	3355202.47
企业所得税	1572719.89
个人所得税	16934.00
城市维护建设税	234563.04
教育费附加	167545.03
合计	5346964.43

评估人员通过核实税种、税率、税金申报表及税单，对债务的真实性进行验证，从而确定实际承担的债务，按照实际应承担的税费进行评估。评估基准日，应交税费的评估值为 5346964.43 元。

5）其他应付款。

评估基准日其他应付款账面值为 5004000.00 元，主要为应付 2018 年度股利。评估人员通过核对明细账与总账的一致性和有关账册及凭证，对债务的真实性进行了验证，从而确定实际承担的债务，以核实无误后的账面值作为评估值。

评估基准日，其他应付款的评估值为 5004000.00 元。

6）递延所得税负债。

递延所得税负债账面值为 189723.55 元，为审计采用一次性税前扣除固定资产的计税基础形成的递延所得税负债，经核验计算底稿及相关固定资产购买凭证合同，折旧摊销表，确认账面值无误，本次按确定无误的账面金额确定评估值。评估基准日，递延所得税负债的评估值为 189723.55 元。

经采用上述评估方法、程序，在本报告设定的假设条件和前提下，在评估基准日 2019 年 12 月 31 日 YY 公司科技有限公司股东全部权益评估值为 102177088.13 元。

根据以上资产基础法的相关介绍，资产基础法是以成本法为基础的，其中包括了对流动资产、固定资产、无形资产、递延所得税以及负债的评估。但其中各项资产的评估也需要根据不同资产的种类，选择适当的评估方法。比如无形资产的评估就需要采用收益法评估，并且采用资产基础法需要对每一项资产进行核实验证。

2. 收益法

企业价值评估中的收益法，是指通过将被评估单位预期收益资本化或折现以确定评估对象价值的评估思路。

根据本次评估尽职调查情况以及评估对象资产构成和主营业务的特点，本次评估的基本思路是以评估对象经审计的报表口径为基础，即首先按收益途径采用现金流折现方法（DCF），估算企业的经营性资产的价值，再加上基准日的其他非经营性及溢余性资产的价值，来得到评估对象的企业价值，并由企业价值经扣减付息债务价值后，来得出评估对象的股东全部权益价值。

（1）评估思路。

对纳入报表范围的资产和主营业务，按照最近几年的历史经营状况的变化趋势和业务类型估算预期收益（净现金流量），并折现得到经营性资产的价值。

将纳入报表范围，但在预期收益（净现金流量）估算中未予考虑的诸如基准日存在的溢余资产，以及定义为基准日存在的非经营性资产（负债），单独估算其价值。

由上述二项资产价值的加和，得出评估对象的企业价值，经扣减付息债务价值以后，得到评估对象的权益资本（股东全部权益）价值。

（2）评估模型。

评估公式为：

$$E = B - D$$

其中，E 为被评估单位的股东全部权益价值；B 为被评估单位的企业价值；D 为被评估单位的付息债务价值。

$$B = P + \sum C_i$$

其中，P 为被评估单位的经营性资产价值；$\sum C_i$ 为被评估单位基准日存在的非经营性及溢余性资产的价值。

$$P = \sum_{i=1}^{n} \frac{R_i}{(1+r)^i} + \frac{R_{n+1}}{r(1+r)^n}$$

其中，R_i 为被评估单位未来第 i 年的预期收益（自由现金流量）；R_{n+1} 为稳定期预期收益；r 为折现率；n 为评估对象的未来预测期。

$$\sum C_i = C_1 + C_2$$

其中，C_1 为基准日的现金类溢余性资产（负债）价值；C_2 为其他非经营性资产或负债的价值。

（3）收益指标。

本次评估，使用企业自由现金流量作为评估对象的收益指标其基本定义为：

R = 净利润 + 折旧摊销 + 扣税后付息债务利息 – 资本性支出 – 运营资本增加额

（4）折现率。

本次折现率采用资本资产加权平均成本模型（WACC）确定折现率 r。

本次评估采用收益法评估时对未来预测作以下假设前提:

被评估单位在存续期间内能平稳发展,即被评估单位资产所产生的未来收益是被评估单位现有规模及管理水平的继续。

净现金流量的计算以会计年度为准,假定被评估单位的收支在会计年度内均匀发生。

2019 年 12 月,被评估单位取得了高新技术企业证书,假设被评估单位未来持续符合高新技术企业的条件,所得税率保持 15% 不变。

被评估单位目前拥有的生产经营资质证书到期后假设均能及时成功续期。

本次评估仅对被评估单位未来六年(2020 ~ 2025 年)的营业收入、各类成本、费用等进行预测,自第七年后各年的收益假定保持在第六年(即 2025 年)的水平上。

其中,评估对象的未来预测期的确定:本次评估根据被评估单位的具体经营情况及特点,假设收益年限为无限期。并将预测期分两个阶段,第一阶段为 2020 年 1 月 1 日至 2025 年 12 月 31 日;第二阶段为 2026 年 1 月 1 日直至永续。

(5)历史数据分析、调整。

1)利润表分析、调整。

企业近年的经营情况如表 6 – 15 所示。

表 6 – 15 经营情况表

单位:万元

项目	2018 年度	2019 年度
一、营业收入	5792.22	8781.59
减:营业成本	1355.76	2140.56
税金及附加	53.03	100.15
销售费用	72.25	88.18
管理费用	2267.09	9762.34
研发费用	1504.92	1480.92
财务费用	– 1.40	– 1.54
加:其他收益	134.28	481.13
投资收益	18.75	47.82
公允价值变动收益	2.17	2.49
信用减值损失	—	– 192.92
资产减值损失	– 43.14	—
二、营业利润	152.15	– 4450.51
加:营业外收入	0.00	0.00

续表

项目	2018 年度	2019 年度
减：营业外支出	—	—
三、利润总额	2698.97	5043.53
减：所得税费用	284.27	568.07
四、净利润	-132.13	-5018.57

2）非市场因素的调整。

非市场因素调整主要是指对被评估单位历史数据中由关联交易或其他因素造成的非市场价格交易数据因素进行分析、确认和调整。由于本次我们评估的价值形态为持续经营假设前提下的市场价值，因此对于被评估单位中可能存在的非市场因素的收入和支出项目进行市场化处理，以确认所有的收入、支出项目全部是市场化基础的数据，剔除由于关联交易等非市场化的因素。

考虑到 2019 年 12 月 31 日前企业对内部高管团队及骨干员工实施股权激励产生的股份支付费用作为非经常性损益列示，且各方约定企业 2020 年、2021 年、2022 年不再实施股权激励。因此本次剔除了该股份支付费用等非经常性损益对历年企业利润情况的影响。

调整后的企业近年经营情况如表 6 - 16 所示。

表 6 - 16　调整后经营情况表　　　　　单位：万元

项目	2018 年度	2019 年度
一、营业收入	5792.22	8781.59
减：营业成本	1355.76	2140.56
税金及附加	53.03	100.15
销售费用	72.25	88.18
管理费用	220.76	268.31
研发费用	1504.92	1480.92
财务费用	-1.40	-1.54
加：其他收益	134.28	481.13
投资收益	18.75	47.82
公允价值变动收益	2.17	2.49
信用减值损失	—	-192.92
资产减值损失	-43.14	—
二、营业利润	2698.97	5043.53

续表

项目	2018 年度	2019 年度
加：营业外收入	0.00	0.00
减：营业外支出	—	—
三、利润总额	2698.97	5043.53
减：所得税费用	284.27	568.07
四、净利润	2414.70	4475.46

3）资产负债表的分析、调整。

本次评估收益法建立在企业 2019 年 12 月底的资产负债表基础上。

经过对非市场化因素等非正常性因素调整，以及对非经营性资产、非经营性负债调整后，作为收益法预测的基础。所谓非经营性资产在这里是指对企业主营业务没有直接"贡献"的资产。企业中不是所有的资产对其主营业务都有直接贡献，有些资产可能目前对主营业务没有直接"贡献"，如闲置的房地产、设备等。另外，还包括其他应收款、应收股利、应收利息、其他流动资产、持有至到期投资等。

所谓非经营性负债是指企业承担的债务不是由主营业务的经营活动产生的负债而是由与主营业务没有关系或没有直接关系的其他业务活动，如上下级企业的往来款、基本建设投资等活动所形成的负债。非经营性负债主要包括：其他应付款、应付利润、其他流动负债、长期应付款、专项应付款等科目。

根据对被评估单位核实，发现有以下调整事项如表 6 - 17 所示。

表 6 - 17   调整事项表
单位：元

资产编号	科目名称	内容	账面价值
溢余资产	货币资金	货币资金	848654.27
	溢余资产小计		848654.27
非经营性资产	交易性金融资产	理财产品	13524871.24
	其他应收款	非经营性往来	23807.00
	递延所得税资产		486450.17
	非经营性资产小计		14035128.41
非经营性负债	应付股利		5000000.00
	其他应付款	非经营性往来	4000.00
	递延所得税负债		189723.55
	非经营性负债小计		5193723.55

资产编号	科目名称	内容	账面价值
	非经营性资产、负债净值		8841404.86
	溢余资产和非经营性资产净值合计		9690059.13

4）净利润预测。

主要预测指标：营业收入预测、营业成本预测、税金及附加预测、销售费用分析预测、管理费用、研发费用、财务费用、净利润。

A. 营业收入预测

YY 电子专业从事军工雷达电子战领域相关产品的研制、生产及相关技术服务，产品分为电磁防护、电子侦察、雷达抗干扰、模拟仿真与训练产品四大类别，应用于机载、舰载、车载、弹载、地面设备等多种武器平台，详见表6–18。

表6–18　企业近两年营业收入情况　　　　　单位：元

序号	项目 \ 年份	2018	2019
	营业收入	57922225.03	87815883.68
	增长率		51.61%
1	电子侦察	33012900.43	47019542.28
	增长率		42.43%
2	电磁防护	24469324.60	36801768.00
	增长率		50.40%
3	雷达抗干扰		
	增长率		
4	模拟仿真与训练	440000.00	3994573.40
	增长率		807.86%

YY 电子的业务能力覆盖雷达对抗和复杂电磁环境建设领域各个主要环节，客户覆盖船舶、航空、航天、电子等军工集团所属单位以及地方军工企业和军队有关单位，产品覆盖软件系统、器部件、模块、分机、整机，以及相关技术服务，并具备较强的系统创新研发能力。对于行业内大中型企事业单位而言，YY 电子是民营企业中极少数具有雷达对抗系统级和全产业链条配套合作能力的企业。

通过对国防军安全需求、国防支出持续稳定增长、国防信息化建设、工业服务领域发展状况及需求分析，表明雷达对抗技术、模拟仿真产品受益于雷达及对抗市场发展以及部分训练需求增加，对于军工行业内大中型企事业单位而言，YY电子是民营企业中极少数具有雷达对抗系统级和全产业链条配套合作能力的企业，与行业内主要客户具有紧密的合作关系，充分受益行业发展。YY电子通过强化产品研发，提高创新能力，吸引更多优秀的科研人才进入企业技术创新系统，加强人力资源建设和知识库建设，增进研发能力提高的速度，与客户主动沟通，改善产品供货和服务品质，加大对客户的开发，加大市场开发、提高产品渗透力，在快速扩大的市场中占据更多份额并进一步提高客户忠诚度，为国防建设提供优良的军事电子信息产品及服务。近年来YY电子先后承担了多项重要项目，客户覆盖了中国电子、中国电科、中船重工、航天科技、航天科工、兵装集团、中国航空等军工行业知名的军工集团和科研院所。YY电子凭借其突出的创新研发实力及精干的技术团队，产品储备不断丰富，产品结构日趋合理，营业收入将保持高速增长。

YY电子截至2020年5月31日的在手订单及在2020年1~5月已确认收入订单的合同总金额为43912.17万元、不含税金额合计为39713.17万元，经向管理层了解，该部分订单预计将会在未来3年内完成，如表6-19所示。

表6-19 已确认订单统计表 单位：万元

项目分类	合同额（不含税）	占比	备注
电子侦察	23885.03	60.14%	
电磁防护	12031.59	30.30%	
雷达抗干扰	1779.57	4.48%	
模拟仿真与训练	2016.98	5.08%	新方向，未来主要以提供服务为主
合计	39713.17	100.00%	

根据企业截至评估基准日的项目执行情况、已签订的业务订单情况及未来经营计划，根据企业管理层预计，在现阶段我国大力推进国防信息化建设的背景之下，YY电子作为雷达电子战领域优质、成长型企业，未来将迎来广阔的发展前景，预计未来公司业务收入将稳定增长。未来年度的收入增长率预计在20%左右，2023年后增长率逐步下降，2026年进入永续期后不再考虑增长（见表6-20）。

表6-20　营业收入预测表　　　　　　　　　　　　单位：元

序号	项目＼年份	2020	2021	2022	2023	2024	2025
	营业收入	101900000	123400000	148400000	174500000	204900000	240200000
	增长率	16.0%	21.1%	20.3%	17.6%	17.4%	17.2%
1	电子侦察	52700000	63200000	75800000	89400000	105500000	124500000
	增长率	12.08%	19.92%	19.94%	17.94%	18.01%	18.01%
2	电磁防护	39400000	46500000	54900000	63700000	73900000	85700000
	增长率	7.06%	18.02%	18.06%	16.03%	16.01%	15.97%
3	雷达抗干扰	5000000	7000000	9000000	11000000	13000000	15000000
	增长率		40.00%	28.57%	22.22%	18.18%	15.38%
4	模拟仿真与训练	4800000	6700000	8700000	10400000	12500000	15000000
	增长率	20.16%	39.58%	29.85%	19.54%	20.19%	20.00%

B. 营业成本的预测

经了解，YY电子近两年的营业成本情况如表6-21所示。

表6-21　营业成本情况　　　　　　　　　　　　单位：元

序号	项目＼年份	2018	2019
	营业成本	13557575.30	21405574.89
	成本/收入	23.4%	24.4%
1	电子侦察		
	料	7242284.28	9373712.30
	工	491680.37	879408.28
	费	154292.53	118994.52
	成本小计	7888257.18	10372115.10
	成本/收入	23.9%	22.1%
2	电磁防护		
	料	5180127.08	9413761.21
	工	351680.04	883165.53

续表

序号	项目 年份	2018	2019
	费	110359.51	119502.92
	成本小计	5642166.62	10416429.66
	成本/收入	23.1%	28.3%
3	雷达抗干扰		
	料		
	工		
	费		
	成本小计		
	成本/收入		
4	模拟仿真与训练		
	料	24928.05	557635.82
	工	1692.37	52315.41
	费	531.08	7078.90
	成本小计	27151.50	617030.13
	成本/收入	62%	15.4%

a. 材料成本的预测

材料成本主要是采购的各类集成电路、连接器、贴片电容等材料，元器件厂商较多，材料供应充足，市场价格较为稳定。

本次根据企业管理层的预测，在现有产品和储备项目的基础上，考虑到未来在研及定型项目的批量化生产，预计各产品的材料成本占比将会趋于稳定，参考各产品 2019 年的材料成本占比，预测期内电子侦察产品的材料成本占比将维持在 20% 左右、电磁防护产品的材料成本占比将维持在 25.6% 左右、模拟仿真与训练产品的材料成本占比将维持在 20% 左右，雷达抗干扰产品根据所需的材料进行成本预算、未来该产品的材料成本占比将在 27.9% 左右。

b. 人工成本的预测

根据公司未来业务发展需要，未来年度将逐步增加生产工人，本次将根据企业管理层未来的人员招聘规划并参考 2019 年度全行业薪酬增长水平确定未来各年的人工成本。

c. 制造费用的预测

企业制造费用主要为生产设备折旧费、车间水电费等，考虑到该类费用较为固定，根据企业管理层规划，未来按逐年 10% 增长预测，如表 6 - 22 所示。

表 6 - 22 营业成本预测表

单位：元

序号	项目	年份	2020	2021	2022	2023	2024	2025
1	营业成本		25802397.97	3163529.04	38389226.11	45552026.83	53840134.24	63407437.00
	成本/收入		25.3%	25.6%	25.9%	26.1%	26.3%	26.4%
	电子侦察		11857803.21	14410969.89	17462260.09	20807198.17	24753208.97	29394441.69
	成本/收入		22.5%	22.8%	23.0%	23.3%	23.5%	23.6%
2	电磁防护		11350546.60	13575892.40	16193932.05	18983379.94	22201830.03	25908815.95
	成本/收入		28.8%	29.2%	29.5%	29.8%	30.0%	30.2%
3	雷达抗干扰		1550000.00	2177000.00	2808000.00	3443000.00	4082000.00	4725000.00
	成本/收入		31.0%	31.1%	31.2%	31.3%	31.4%	31.5%
4	模拟仿真与训练		1044048.16	1471466.75	1925033.97	2318448.71	2803095.23	3379179.36
	成本/收入		21.8%	22.0%	22.1%	22.3%	22.4%	22.5%

C. 税金及附加分析预测

企业税金及附加有城建税、教育费附加及地方教育费附加，城建税（按应纳流转税额的7%）、教育费附加（按应纳流转税额的3%）、地方教育费附加（按应纳流转税额的2%）、印花税（按购销金额的0.03%）。首先根据企业未来销售收入测算增值税销项税，再根据成本及费用预测进项税，按进销差额得出各年需缴纳的增值税税额和委估企业增值税税率为6%和13%。本次根据相应的附加税比例得出应纳的附加税额。经过测算，未来年度税金及附加额如表6-23所示。

表6-23 税金及附加额预测表 单位：元

项目＼年份	2020	2021	2022	2023	2024	2025
税金及附加合计	809010.07	982510.92	1184622.56	1395730.26	1642160.65	1929534.37

D. 销售费用预测

销售费用主要由职工薪酬、差旅费、业务招待费、办公费、其他费用等组成。本次对各项费用进行分类分析，根据不同费用的发生特点、变动规律进行分析，按照各类费用不同属性，采用合适的模型计算。详细情况如表6-24所示。

表6-24 企业历年的销售费用 单位：元

项目＼年份	2018	2019
销售费用	727514.32	881838.72
占营业收入比例	1.26%	1.00%
职工薪酬	477637.93	535821.92
差旅费	166234.02	220187.11
业务招待费	32628.00	28562.34
办公费	41518.15	62573.09
其他费用	9496.22	34694.26

a. 职工薪酬

主要包括销售人员奖金和售后差旅补贴，考虑到该费用与销售收入存在较强的关联性，预计未来年度该费用的增长率将与当年销售收入的增长率保持一致。

b. 其他费用

由于该部分为较固定的费用，经分析历史增长率及企业未来经营情况，未来按逐年 10% 增长预测。

c. 其余销售费用

包括办公费、差旅费、业务招待费等，该部分费用与营业收入之间的关联性比较强，未来按照 2019 年度各类费用占营业收入的比例进行预测（见表 6-25）。

表 6-25　销售费用的预测表　　　　　单位：元

序号	年份 项目	2020	2021	2022	2023	2024	2025
	销售费用	995090.29	1201695.80	1440637.09	1690338.19	1980864.40	2317893.09
	占营业收入比例	0.98%	0.97%	0.97%	0.97%	0.97%	0.96%
1	职工薪酬	621758.29	752943.80	905485.09	1064738.19	1250228.40	1465616.69
2	差旅费	211952.00	256672.00	308672.00	362960.00	426192.00	499616.00
3	业务招待费	50950.00	61700.00	74200.00	87250.00	102450.00	120100.00
4	办公费	71330.00	86380.00	103880.00	122150.00	143430.00	168140.00
5	其他费用	40000.00	44000.00	48400.00	53240.00	58564.00	64420.40

E. 管理费用预测

表 6-26　近年的管理费用　　　　　单位：元

年份 项目	2018	2019
管理费用	2202646.66	2683110.24
占营业收入比例	3.80%	3.06%
职工薪酬	1258140.91	1719024.41
办公费	312934.12	432483.38
中介机构服务费	215079.38	270904.93
折旧与摊销	188631.96	141180.93
车辆使用费	99178.43	59448.81
业务招待费	47125.83	11322.11
其他费用	81556.03	48745.67

管理费用主要由职工薪酬、办公费、中介机构服务费、折旧与摊销、车辆使用费、业务招待费、其他费用等组成。对管理费用中的各项费用进行分类分析，根据不同费用的发生特点、变动规律进行分析，按照和营业收入的关系、自身的

增长规律，采用不同的模型计算。

a. 职工薪酬

主要包括管理人员薪酬和高管奖金两部分；对于管理人员薪酬部分，根据公司未来业务发展需要，未来年度将逐步增加管理人员，本次将根据企业管理层未来的人员招聘规划并参考 2019 年度全行业薪酬增长水平确定未来各年的职工薪酬；对于高管奖金部分，考虑到该费用与企业销售收入密切相关，预计未来年度该费用的增长率将与当年销售收入的增长率保持一致。

b. 折旧与摊销

按照固定资产具体预测水平测算折旧，详见折旧摊销和资本性支出计算表。

c. 业务招待费

考虑到该费用与营业收入之间的关联性比较强，未来按照历史年度该费用占营业收入的比例进行预测。

d. 其余管理费用

包括办公费、中介机构服务费车辆使用费、其他费用等，该部分为较固定的费用，经分析历史增长率及对应费用的行业增长情况，未来按逐年 10% 增长预测（见表 6 - 27）。

表 6 - 27　管理费用的预测表　　　　　　　　　　单位：元

序号	年份 项目	2020	2021	2022	2023	2024	2025
	管理费用	321723535	3559956. 03	3939211. 43	4605064. 76	5079045. 43	5604023. 94
	占营业收入比例	3.16%	2.88%	2.65%	2.64%	2.48%	2.33%
1	职工薪酬	2058103. 75	2284329. 02	2536347. 79	3064524. 17	3387798. 53	3747653. 42
2	办公费	475731. 72	523304. 89	575635. 38	633198. 92	696518. 81	766170. 69
3	中介机构服务费	297995. 42	327794. 97	360574. 46	396631. 91	436295. 10	479924. 61
4	折旧与摊销	209060. 76	224894. 10	240727. 43	256560. 76	272394. 10	288227. 43
5	车辆使用费	65393. 69	71933. 06	79126. 37	87039. 00	95742. 90	105317. 19
6	业务招待费	50950. 00	61700. 00	74200. 00	87250. 00	102. 450. 00	120100. 00
7	其他费用	60000. 00	66000. 00	72600. 00	79860. 00	87846. 00	96630. 60

F. 研发费用分析预测

研发费用主要由人工费、材料费、折旧费、委托外部单位技术开发费、办公费、差旅费、检验鉴定费等组成（见表 6 - 28）。对研发费用中的各项费用进行分类分析，根据不同费用的发生特点、变动规律进行分析，按照和营业收入的关系、自身的增长规律，采用不同的模型计算（见表 6 - 29）。

表6-28 近年的研发费用 单位：元

年份 项目	2018	2019
研发费用	15049176.99	14809162.08
占营业收入比例	25.98%	16.86%
人工费	6079395.05	7509063.57
材料费	6409370.11	5195928.87
折旧费	327283.71	394775.01
委托外部单位技术开发费	1260000.00	—
办公费	324987.12	407393.05
差旅费	478273.34	868805.58
检验鉴定费	169867.66	433196.00

表6-29 研发费用的预测表 单位：元

序号	年份 项目	2020	2021	2022	2023	2024	2025
	研发费用	16910948.43	20539365.04	24701062.53	29296362.21	34354756.93	40359772.11
	占营业 收入比例	16.60%	16.64%	16.64%	16.79%	16.86%	16.89%
1	人工费	8683927.80	10858311.00	13344171.73	16179150.99	19405073.24	23068388.71
2	材料费	5.910200.00	7157200.00	8607200.00	10121000.00	11884200.00	13931600.00
3	折旧费	436486.54	455486.54	474486.54	493486.54	512486.54	531486.54
4	办公费	448132.36	492945.59	542240.15	596464.16	656110.58	721721.64
5	差旅费	955686.14	1051254.75	1156380.23	1272018.25	139920.07	1539142.08
6	检验鉴定费	47615.60	524167.16	576583.88	634242.26	697666.49	767433.14

a. 人工费

根据公司未来业务发展需要，未来年度将逐步增加研发人员，本次将根据企业管理层未来的人员招聘规划并参考2019年度全行业薪酬增长水平确定未来各年的职工薪酬。

b. 折旧费

按照固定资产具体预测水平测算折旧，详见折旧摊销和资本性支出计算表。

c. 材料费

考虑到该费用与收入之间的关联性比较强，未来按照历史年度该费用占收入的比例进行预测。

d. 其他费用

包括办公费、差旅费、检验鉴定费，该部分为较固定的费用，经分析历史增长率及对应费用的行业增长情况，未来按逐年10%增长预测。

e. 委托外部单位技术开发费

系历史期偶尔发生的委外技术开发费，本次不予预测。

G. 财务费用分析预测

财务费用在以后年度的预测中，考虑银行手续费发生额较小且具有偶发性，故本次在未来年度不作预测；存款利息收入主要是多余经营所需的银行存款产生，本次将该部分溢余的银行存款已作为溢余资产考虑，故以后年度不予预测。

表 6-30 近年的财务费用   单位：元

项目 ＼ 年份	2018	2019
财务费用	-13960.09	-15355.47
其中：利息支出		
利息收入	-16765.77	-18687.15
手续费及其他	2805.68	3331.68

H. 非经常性损益项目

考虑到营业外收入和支出具有偶发性，为企业日常非正常经营所需的必要支出，且评估人员也未能取得有关证据文件的支持，故未来年度对营业外收入及支出不作预测。资产减值损失、信用减值损失、公允价值变动损益、投资收益、其他收益等非经常性损益因其具有偶然性和政策性，且今后能否持续发生具有不确定性，除评估基准日后已收到的其他收益，其余本次不作预测。且本次已考虑将交易性金融资产（理财）作为非经营性资产加回。

I. 所得税的计算

2019年12月，被评估单位取得了高新技术企业证书，假设被评估单位未来持续符合高新技术企业的条件，所得税率保持15%不变。

根据目前的所得税征收管理条例，业务招待费60%的部分，营业收入的0.5%以内的部分准予税前抵扣，40%的部分和超过0.5%的要在税后列支；2018年9月，为进一步激励企业加大研发投入，支持科技创新，在2018年1月1日至2020年12月31日期间，将研发费加计扣除的比例由50%提高至75%。所得税的计算按照该条例的规定计算。

经过上述测算，净利润的预测如表6-31所示。

表 6 – 31　净利润的预测表　　　　　　　　　单位：元

年份 项目	2020	2021	2022	2023	2024	2025
一、营业总收入	101900000.00	123400000.00	148400000.00	174500000.00	204900000.00	240200000.00
二、营业总成本	47735582.10	5791885.83	69654759.71	82539522.25	97096961.64	113818660.51
其中：营业成本	25802397.97	31635329.04	38389226.11	45552026.83	53840134.24	63407437.00
税金及附加	809010.07	982510.92	1184622.56	1395730.26	1642160.65	1929534.37
销售费用	995990.29	1201695.80	1440637.09	1690338.19	1980864.40	2317893.09
管理费用	3217235.35	3559956.03	3939211.43	4605064.76	5079045.43	5604023.94
研发费用	16910948.43	20539365.04	24701062.53	29296362.21	34554756.93	40559772.11
财务费用	—	—	—	—	—	—
加：其他收益	115930784					
三、营业利润	55323725.74	65481143.17	78745240.29	91960477.75	107803038.36	126381339.40
加：营业外收						
减：营业外支出	—	—	—	—	—	—
四、利润总额	55323725.74	65481143.17	78745240.29	91960477.75	107803038.36	126381339.49
减：所得税额	6402191.16	8289123.10	9968110.35	11607314.50	13591142.98	15929630.01
五、净利润	48921534.58	57192020.07	68777129.94	80353163.26	94211895.38	110451709.47

　　企业自由现金流＝净利润＋折旧和摊销－资本性支出－营运资本增加额＋税后的付息债务利息

　　根据企业现金流公式，需要预测折旧、资本性支出、营运资本增加额。

　　折旧预测：企业固定资产折旧采用年限平均法计提，按照企业的固定资产折旧政策，以固定资产账面原值、折现率、残值率等估算未来经营期的折旧额，各类固定资产的折旧年限、预计净残值率及年折旧率如表 6 – 32 所示。

表 6 – 32　固定资产折旧计算表

类别	折旧年限（年）	残值率（%）	年折旧率（%）
机器设备	10	5	9.5
办公设备	3 ~ 5	5	19 ~ 31.67
运输设备	4	5	23.75

　　根据目前企业资产的折旧年限计算，未来新增资产的折旧情况同上述现有资产保持一致。

资本性支出预测：基于本次收益法的假设前提之一为未来收益期限为无限期，所以目前使用的固定资产将在经济使用年限届满后，为了维持持续经营而必须投入的更新支出。分析企业现有主要设备的成新率，大规模更新的时间在详细预测期之后，这样就存在预测期内的现金流量与以后设备更新时的现金流量口径上不一致，为使两者能够匹配，本次按设备的账面原值/会计折旧年限的金额，假设该金额的累计数能够满足将来一次性资本性支出，故将其在预测期作为更新资本性支出。

企业的资本性支出主要为生产用设备、运输车辆、通用办公设备、科研用办公设备的正常更新投资。资本性支出主要由三部分组成：存量资产的正常更新支出（重置支出）、增量资产的资本性支出（扩大性支出）、增量资产的正常更新支出（重置支出）。

本次评估增量资产的资本性支出（扩大性支出）按被评估单位的投资概算和规划，以及未来各年资金投放计划进行预测；存量资产的正常更新支出（重置支出）和增量资产的正常更新支出（重置支出）考虑被评估单位折旧摊销年限较短，资产提足折旧后仍能使用的特点，本次评估采用平均年限法进行计算，即将资产按资产经济耐用年限（折旧年限）均衡地分摊到各预测年度。

a. 增量资产的资本性支出（扩大性支出）

根据被评估单位的投资概算和规划，被评估单位未来固定资产投放计划如表6 - 33 所示。

表 6 - 33　固定资产投放计划表　　　　　　　　　　单位：元

年份 项目	2020	2021	2022	2023	2024	2025
办公用设备	50000.00	50000.00	50000.00	50000.00	50000.00	50000.00
科研用设备	200000.00	200000.00	200000.00	200000.00	200000.00	200000.00
增量支出小计	250000.00	250000.00	250000.00	250000.00	250000.00	250000.00

b. 存量（增量）资产的正常更新支出（重置支出）

本次评估对存量（增量）资产的正常更新支出按资产的经济耐用年限（折旧年限），采用平均年限法进行计算。根据上述方法，对被评估单位 2020 年至 2025 年存量资产和增量资产的正常更新支出（重置支出）进行预测如表 6 - 34 所示。

综合上述分析，未来年度资本性支出的预测如表 6 - 35 所示。

营运资本增加额预测：营运资金是指随着企业经营活动的变化正常经营所需保持的现金、存货、获取他人的商业信用而占用的现金等；同时，在经济活动中，提供商业信用，相应可以减少现金的即时支付。因此估算营运资金原则上只需考虑正常经营所需保持的现金（最低现金保有量）、应收款项和应付款项等主要因素。

表6-34　存量和增量资产重置支出预测表　　　　　　单位：元

年份 项目	2020	2021	2022	2023	2024	2025
存量固定资产的 正常更新支出	750353.77	750353.77	750353.77	750353.77	750353.77	750353.77
增量固定资产的 正常更新支出	34833.33	69666.67	104500.00	139333.33	174166.67	209000.00
更新支出小计	785187.10	820020.44	854853.77	889.687.10	924520.44	959353.77

表6-35　资本性支出预测表　　　　　　单位：元

年份 项目	2020	2021	2022	2023	2024	2025
增量支出小计	250000.00	250000.00	250000.00	250000.00	250000.00	250000.00
更新支出小计	785187.10	820020.44	854853.77	889687.10	924520.44	959353.77
合计	1035187.10	1070020.44	1104853.77	1139687.10	117420.44	1209353.77

营运资金追加额为：

营运资金追加额 = 当期营运资金 - 上期营运资金

其中：营运资金 = 最低现金保有量 + 应收账款和应收票据 + 预付账款 + 存货 - 应付账款和应付票据 - 预收账款 - 应付职工薪酬 - 应交税费

最低现金保有量 = 付现成本总额/12（年现金投入，应不少于1个月的付现成本总额）

付现成本总额 = 营业成本 + 营业税金及附加 + 应交增值税 + 所得税费用 + 销售费用 + 管理费用 + 财务费用 - 折旧 - 摊销

应收账款和应收票据 = 主营业务收入总额/应收账款和应收票据周转率

预付账款 = 营业成本总额/预付账款周转率

存货 = 营业成本总额/存货周转率

应付账款和应村票据 = 主营业务成本总额/应付账款和应付票据周转率

预收账款 = 营业收入总额/预收账款周转率

预测年度应交税费 =（税金及附加 + 增值税）/12 + 所得税/4

预测年度应付职工薪酬 = 年人工成本/12

本次评估预测年度应收款项周转天数、应付款项周转天数，结合企业历史数据及企业管理层的判断进行预测。

　　根据企业未来经营情况预测表，本次假设公司现金安全运营期为 1 个月，计算出最低现金保有量，如表 6 - 36 和表 6 - 37 所示。

表 6 - 36　历史年度情况　　　　　　　　　单位：元

序号	项目 \ 年份	2018	2019
1	最低现金保有量	3325438.87	4064584.10
	营业成本	13557575.30	21405574.89
	税金及附加	592023.70	941755.75
	增值税	4421383.83	4562699.28
	所得税	3900498.06	4104151.09
	销售费用	727514.32	881838.72
	管理费用	2202646.66	2683110.24
	研发费用	15049176.99	14809162.08
	财务费用	- 13960.09	- 15355.47
	折旧	540592.36	59792733
	摊销	—	—
2	应收账款和应收票据	16547103.10	48813503.10
	周转天数	88.10	133.97
3	预付账款	1436118.80	911007.07
	周转天数	26.92	19.74
4	存货	14283394.50	26751469.12
	周转天数	235.98	345.06
5	应付账款和应付票据	9386287.08	4877230.83
	同转天数	187.24	119.94
6	预收账款	6141478.42	9233354.92
	周转天数	21.41	31.51
7	应付职工薪酬	397580.71	914733.77
8	应交税费	1395158.48	1484742.36
9	营运资金	18271550.59	64030501.51
10	营运资金增加	9701816.14	45758950.93
11	营业收入	57922225.03	87815883.68
12	营业成本	13557575.30	21405574.89

表6-37 营运资金预测表

单位：元

序号	项目	2020	2021	2022	2023	2024	2025
1	最低现金保有量	4986631.23	6105587.54	7355739.25	8704332.09	10244667.19	12022324.15
	营业成本	25802397.97	31635329.01	38389226.11	45552026.83	53840134.24	63407437.00
	税金及附加	809010.07	98251092	1184622.56	1395730.6	1642160.65	1929534.37
	增值税	6487000.56	7879091.02	9500854.69	11194835.48	13172422.06	15478953.05
	所得税	6402191.16	8289123.10	9968110.35	11607314.50	13591142.98	15929630.01
	销售费用	995990.29	1201695.80	1440637.09	1690338.19	1980864.40	2317893.09
	管理费用	3217235.35	3559956.03	3939211.43	4605064.76	5079045.43	5604023.94
	研发费用	16910948.43	20539365.04	24701062.53	29296362.21	34554756.93	40559772.11
	财务费用	—	—	—	—	—	—
	折旧	785187.10	820020.44	854853.77	889687.10	924520.44	959353.77
	摊销	—	—	—	—	—	—
2	应收账款和应收票据	31419166.67	38048333.33	45756666.67	53804166.67	631777500.00	74061666.67
	周转天数	111.00	111.00	111.00	111.00	111.00	111.00
3	预付账款	1648486.54	2021146.02	2452645.00	2910268.38	3439786.35	4051030.70
	周转天数	23.00	23.00	23.00	23.00	23.00	23.00
4	存货	20856938.36	25571890.97	31031291.10	36821221.69	43520775.17	51254344.91
	周转天数	291.00	291.00	291.00	291.00	291.00	291.00

续表

序号	项目 \ 年份	2020	2021	2022	2023	2024	2025
5	应付账款和应付票据	11037692.46	13532890.75	16422057.83	19486144.81	23031612.98	27124292.50
	周转天数	154.00	154.00	154.00	154.00	154.00	154.00
6	预收账款	7359444.44	8912222.22	10717777.78	12602777.78	14798333.33	17347777.78
	周转天数	26.00	26.00	26.00	26.00	26.00	26.00
7	应付职工薪酬	1107741.30	1386985.14	1706456.96	2091661.81	2507675.24	2980352.14
8	应交税费	2208548.68	2810747.60	3382484.03	3951042.44	4.632334.31	5433114.79
9	营运资金	37197796.91	45104112.15	54367565.42	64108361.00	75412772.86	88503829.22
10	营运资金增加	−1035187.10	7906315.24	9263453.27	9740795.58	11304411.86	13091056.36
11	营业收入	1019000000.00	1234000000.00	1484000000.00	1745000000.00	2049000000.00	2402000000.00
12	营业成本	25802397.97	31635329.04	38389226.11	45552026.83	53840134.24	63407437.00

注: 以后年度需要增加的营运资金的营运资金=当年末营运资金金额−上年末营运资金金额, 永续年度不考虑营运资金的增加。

本次的收益法中的折现率采用的是 WACC 法，但其中的风险溢价需要说明。

市场风险溢价是对于一个充分风险分散的市场投资组合，投资者所要求的高于无风险利率的回报率。

本次报告借鉴目前国际上一种较流行的测算美国以外的资本市场的股权风险溢价的方法，该方法由美国纽约大学斯特恩商学院著名金融学教授，估值专家 Aswath Damodaran 提出，是通过在成熟股票市场（如美国）风险溢价的基础上加上国家风险溢价，得到中国市场的风险溢价。具体 ERP 计算过程如下：

ERP（中国股票市场风险溢价）= 成熟股票市场的风险溢价（美国市场）+ 国家风险溢价

由于美国股票市场是世界上成熟股票市场的最典型代表，Aswath Damodaran 采用 1928 年至今美国股票市场标准普尔 500 指数和国债收益率数据，计算得到截至目前美国股票与国债的算术平均收益差为 6.26%。国家风险溢价采用穆迪——国家信用评级的方法。

以著名的债券评级机构——穆迪所发布的国家信用评级，确定中国的基础利差为 0.79%。其中利差（Interest Rate Spread）指银行向主要客户收取的贷款利率减去商业银行或类似银行为活期、定期或储蓄类存款支付的利率之差；或者是指诸如债券或国库券等现货金融工具所带来的收益与该项投资的融资成本的差额。信用评级会影响利差，级别较高的债务具有较低的利差；级别较低的债务具有较高的利差。由于相对成熟市场，新兴国家的股权市场风险更高，故在该国的基础利差上提高违约利差的比率来提高国家风险溢价。经查阅 Aswath Damodaran 最新提供的 "Equity vs Govt Bond" 数据表得知，该比率为 1.23，则：

中国针对美国的国家风险溢价 = 0.79% × 1.23 = 0.98%

ERP（中国股票市场风险溢价）= 成熟股票市场的风险溢价（美国市场）+ 国家风险溢价 = 6.26% + 0.98% = 7.24%

即当前中国市场的权益风险溢价 ERP 约为 7.24%。具体的评估过程如表 6 - 38 所示。

表 6 - 38　　收益法评估过程表　　　　　　单位：万元

年份 项目	2020	2021	2022	2023	2024	2025	2026 及以后
一、营业总收入	10190	12340	14840	17450	20490	24020	24020
二、营业总成本	4773.56	5791.89	6965.48	8253.95	9709.70	11381.87	11381.87
减：营业成本	2580.24	3163.53	3838.92	4555.20	5384.01	6340.74	6340.74
税金及附加	80.90	98.25	118.46	139.57	164.22	192.95	192.95

续表

项目 \ 年份	2020	2021	2022	2023	2024	2025	2026 及以后
销售费用	99.60	120.17	144.06	169.03	198.09	231.79	231.79
管理费用	321.72	356.00	393.92	460.51	507.90	560.40	560.40
研发费用	1691.09	2053.94	2470.11	2929.64	3455.48	4055.98	4055.98
财务费用	—	—	—	—	—	—	—
加：其他收益	115.93						
三、营业利润	5532.37	6548.11	7874.52	9196.05	10780.30	12638.13	12638.13
加：营业外收入	—	—	—	—	—	—	—
减：营业外支出	—	—	—	—	—	—	—
四、利润总额	5532.37	6548.11	7874.52	9196.05	10780.30	12638.13	12638.13
减：所得税费用	640.22	828.91	996.81	1160.73	1359.11	1592.96	1592.96
五、净利润	4892.15	5719.20	6877.71	8035.32	9421.19	11045.17	11045.17
加：折旧和摊销	78.52	82.00	85.49	88.97	92.45	95.94	95.94
加：税后利息	—	—	—	—	—	—	—
减：资本性支出	103.52	107.00	110.49	113.97	117.45	120.94	95.94
减：运营资金增加	−103.52	790.63	926.35	974.08	1130.44	1309.11	—
六、企业自由现金流	4970.67	4903.57	5926.37	7036.24	8265.75	9711.07	11045.17
折现期	0.5	1.5	2.5	3.5	4.5	5.5	—
折现率 WACC	11.06%	11.06%	11.06%	11.06%	11.06%	11.06%	11.06%
折现系数	0.9489	0.8544	0.7693	0.6927	0.6327	0.5616	5.0778
七、收益现值	4176.68	4189.63	4559.26	4874.03	5155.52	5453.81	56085.44
八、经营性资产价值	85034.38						—
加：溢余资产价值	84.87						—
加：非经营性资产价值	884.14						—
九、整体价值	86003.38						—
减：有息负债	368.77						—
十、股东全部权益价值	85634.61						—

（八）评估程序实施情况（略）

（九）评估假设

（十）评估结论

评估前，YY 科技有限公司总资产账面值为 101373695.24 元，负债账面值为

31828498.36 元,所有者权益账面值为 69545196.88 元。

1. 资产基础法评估结论

经评估,以 2019 年 12 月 31 日为评估基准日,在假设条件成立的前提下,YY 科技有限公司总资产评估值为 132466358.29 元,负债评估值为 30289533.77 元,股东全部权益价值评估值为 102176824.52 元。评估增值 32631627.64 元,增值率46.92%。委托评估资产在评估基准日 2019 年 12 月 31 日的评估结果如表 6 - 39 所示。

表 6 - 39　资产基础法评估结果　　　　　单位:万元

项目	账面价值	评估价值	增值额	增值率（%）
	A	B	C = B - A	D = C/｜A｜
流动资产合计	9192. 51	10151. 02	958. 51	10. 43
货币资金	491. 32	491. 32	—	—
交易性金融资产	1352. 49	1352. 49	—	—
应收票据净额	608. 38	608. 38	—	—
应收账款净额	3971. 69	3971. 69	—	—
预付账款净额	91. 1	91. 1	—	—
其他应收款净额	2. 38	2. 38	—	—
存货净额	2675. 15	3633. 66	958. 51	35. 83
非流动资产合计	404. 26	3095. 64	2691. 38	665. 75
固定资产净额	355. 61	418. 99	63. 38	17. 82
无形资产净额	—	2628	2628	—
递延所得税资产	48. 65	48. 65	—	—
资产总计	9596. 77	13246. 63	3649. 89	38. 03
流动负债合计	3009. 98	3009. 98	—	—
应付账款	487. 72	487. 22	- 0. 5	—
预收账款	923. 34	923. 34	—	—
应付职工薪酬	563. 82	563. 82	—	—
应交税费	534. 7	534. 7	—	—
其他应付款	500. 4	500. 4	—	—
非流动负债合计	18. 97	18. 97	—	—
递延所得税负债	18. 97	18. 97	—	—
负债总计	3028. 95	3028. 95	—	—
净资产	6567. 82	10217. 68	3649. 89	55. 57

2. 收益法评估结论

经评估，以 2019 年 12 月 31 日为评估基准日，在假设条件成立的前提下，YY 科技有限公司股东全部权益价值评估值为 85634.61 万元。评估增值 78680.09 万元，增值率为 1131.35%。

3. 结论差异分析

经采用两种方法评估，收益法的评估结果为 85634.61 万元，资产基础法评估结果为 10217.68 万元，收益法的评估结果高于资产基础法的评估结果为 838.10%。增值率较高的主要原因为：

资产基础法为从资产重置的角度评价资产的公平市场价值，仅能反映企业资产的自身价值，而不能全面、合理地体现各项资产综合的获利能力及企业的成长性，并且也无法涵盖诸如在执行合同、客户资源、专利、商誉、人力资源等无形资产的价值。YY 公司专业从事雷达电子战领域的电子侦察、电磁防护、雷达抗干扰、模拟仿真与训练产品的研制、生产及相关技术服务，产品覆盖系统、模块、器部件等，总体技术配套层级高。作为典型的技术驱动型企业，YY 公司采用"轻资产"运营模式，其主要负责总体方案设计、关键模块设计、核心软件的研发和烧录以及产品组装、调试、试验等，而对于大部分硬件制造和加工处理采用对外采购方式。YY 公司厂房采用租赁取得，生产设备等有形资产较少，作为典型的"轻资产"公司，YY 公司核心团队、研发技术实力、行业经验积累、军工客户资源等是其实现价值的核心载体，以研发为主的经营模式使其净资产规模相对较小。

收益法评估是从资产的未来营利能力角度对股东全部权益价值进行评价，是委估企业的客户资源、内控管理、核心技术、管理团队、管理经验和实体资产共同作用下的结果，是从资产未来盈利能力的角度对股东全部权益价值的评价。电子战是现代战争的序幕与先导，并贯穿于战争的全过程，进而决定战争进程和结局，电子战是军力倍增器，是继"陆、海、空、天"战场之后的第五维战场。雷达电子战作为电子战主要分支，是现代信息化战争中能否掌握制信息权的关键，我国已将雷达电子战作为国防信息化建设的重要方向，在国防支出持续增长、国防信息化建设深入发展的背景下，相关装备企业将充分受益。

4. 最终评估结论

YY 公司专业从事雷达电子战领域的电子侦察、电磁防护、雷达抗干扰、模拟仿真与训练产品的研制、生产及相关技术服务，业务体系全面且相互融合，技术团队精干且经验丰富，创新研发实力突出，客户合作关系稳定，形成了较强的综合竞争优势，是雷达电子战领域优质成长型企业。

结合雷达电子战广阔市场前景以及 YY 公司显著竞争优势和目前在手订单情

况，YY 公司持续盈利能力较强，收益法评估结果虽比账面净资产增幅较高，但能够反映 YY 公司未来盈利能力及其股东全部权益价值。综合以上考虑，因此本次取收益法评估结果作为本次评估结果。

评估结论使用有效期为 1 年，即在 2019 年 12 月 31 日到 2020 年 12 月 30 日期间内有效。

（十一）特别事项说明

（1）本报告所称评估价值，是指所评估的资产在现有用途不变并继续使用以及在评估基准日的外部经济环境前提下，根据公开市场原则确定的市场价值，没有考虑将来可能承担的抵押、担保事宜，以及特殊的交易方式可能追加付出的价格等对评估价值的影响；同时，本报告也未考虑国家宏观经济政策发生重大变化以及遇有自然力和其他不可抗力对资产价值的影响。

（2）本报告评估结果未考虑各类资产评估增、减值可能涉及的税费影响。

（3）对企业存在的可能影响资产评估结果的有关瑕疵事项，在企业委托时未作特殊说明，而评估人员根据从业经验一般不能获悉的情况下，评估机构和评估人员不承担相应责任。

（4）在评估股东权益价值时，评估结论是股东全部权益的客观市场价值。我们未考虑股权发生实际交易时交易双方所应承担的费用和税项等因素对评估结论的影响。

（5）本报告对评估资产和相关负债所做的评估，是为客观反映 YY 科技有限公司委评资产在评估基准日的价值，仅为实现评估目的而做，无意要求被评估单位按本报告评估结果进行相关的账务处理。如需进行账务处理应由被评估单位的上级财税、主管部门批准决定。

（6）本次评估仅对股东全部权益价值发表意见。鉴于市场资料的局限性，本次评估未考虑由于控股权和少数股权等因素产生的溢价或折价。股东部分权益价值并不必然等于股东全部权益价值与股权比例的乘积。

（7）由于无法获取行业及相关资产产权交易情况资料，缺乏对资产流动性的分析依据，故本次评估中没有考虑资产的流动性对评估对象价值的影响。

（8）以下为在评估过程中已发现可能影响评估结论，但非评估人员执业水平和能力所能评定估算的有关事项（包括但不限于）：

1）至评估基准日，YY 公司注册资本为 800 万元，实收资本为 500 万元，YY 公司全体股东尚未足额缴纳注册资本，新增注册资本的缴付时间为 2023 年 3 月 5 日之前。提请报告使用者注意。

2）YY 公司目前拥有的生产经营资质证书到期后假设均能及时成功续期。

3）2020 年初中国暴发的新型冠状肺炎疫情于 2020 年 1 月 30 日被列为国际

关注的突发公共卫生事件，截至出具报告日，事件还在不断地持续发酵中，评估机构已充分关注到此事件会对评估结论的影响，并就此事项与被评估单位管理层进行了充分的沟通。被评估单位管理层对公司未来的盈利情况进行了预测，但由于未来疫情发展状况及国内外影响尚不明确，难以准确量化，本次评估未考虑后续疫情发展的影响因素。提请报告使用者予以关注。

4）YY 公司系一家具有保密资质的军工产品研制生产企业，企业所生产的产品及研发项目具有保密性，企业对涉密文件脱密后提供给有保密资格的评估人员，评估员对其资产核实和业务核查须遵守保密法及相关法律法规，本次对企业产品、客户群体、资质证书等相关信息均不在报告中作具体披露，提请报告使用者关注。

5）至评估基准日，被评估单位承诺，本次委评的资产中除上述已披露的事项外，无其他抵押、担保、涉讼、或有负债等可能影响评估结果的重大事项。但评估机构提请评估报告使用者仍需不依赖本报告而对委估资产的抵押、担保等情况做出独立的判断。

截至评估报告提出之日，除上述事项外，评估人员在本项目的评估过程中没有发现，且委托人及被评估单位也没有提供有关可能影响评估结论并需要明确揭示的特别事项情况。

特别事项可能会对评估结论产生影响，评估报告使用者应当予以关注。

（十二）评估报告使用限制说明（略）

（十三）评估报告日（略）

四、案例分析与建议

（一）业绩承诺影响未考虑

基于评估结论公司拟发行股份以及支付现金的方式向交易对方支付收购对价，YY 公司 100% 股权作价初步确定为 86000.00 万元，其中，支付现金对价占比为 35%，支付股份对价占比为 65%，同时，××公司发行股份募集配套资金用于收购交易现金对价与相关中介机构费，上市公司在与交易对方进行充分、平等协商的基础上，充分考虑各方利益，支付股份对价确定发行价格为 15.30 元/股，不低于定价基准日前 120% 个交易日××公司股票的交易均价的 90%，本次业绩承诺，2020 年净利润 4780 万元，2021 年净利润 5736 万元，2022 年净利润 6883 万元，2022 年净利润 6883 万元。

交易对方于本次交易中获得的公司股份的锁定期安排具体如下：

（1）若 YY 公司 2020 年实际净利润不低于承诺净利润，或者 YY 公司 2020 年实际净利润低于承诺净利润，但已履行完毕业绩补偿义务，交易对方以持有

YY 公司股权认购而取得的上市公司股份中的 40%，在扣除已补偿股份（若有）的数量后，自股份发行结束之日起 12 个月（于 2020 年审计报告出具日期后）后可以解锁。

（2）若 YY 公司 2020 年、2021 年累计实际净利润不低于 2020 年、2021 年累计承诺净利润，或者 YY 公司 2020 年、2021 年累计实际净利润低于 2020 年、2021 年累计承诺净利润，但已履行完毕业绩补偿义务，交易对方以持有 YY 公司股权认购而取得的上市公司股份中的累计 80%，在扣除已补偿股份（若有）的数量后，自股份发行结束之日起 24 个月（于 2021 年审计报告出具日期后）后可以解锁。

（3）若 YY 公司 2020 年、2021 年、2022 年累计实际净利润不低于 2020 年、2021 年、2022 年累计承诺净利润，或者 YY 公司 2020 年、2021 年、2022 年累计实际净利润低于 2020 年、2021 年、2022 年累计承诺净利润，但已履行完毕业绩补偿义务，交易对方以持有 YY 公司股权认购而取得的××公司全部剩余股份数量（含交易对方以 300 万元未实缴出资的 YY 公司股权获得的全部股份），2023 年 12 月 31 日后股份可以解锁。若股份发行结束时间晚于 2020 年 12 月 31 日（不含当日），交易对方同意其以 300 万元未实缴出资的 YY 公司股权获得的全部股份自股份发行结束之日起 36 个月后可以解锁。

股份锁定期限内，交易对方通过本次交易获得的××公司新增股份因××公司发生送红股、转增股本或配股等除权除息事项而增加的部分，亦应遵守上述股份锁定安排。

实际上通过收益法预测 YY 公司的净利润如表 6-40 所示。

表 6-40　YY 公司净利润预测表　　　　　单位：万元

项目 ＼ 年份	2020	2021	2022	2023	2024
一、营业总收入	10190.00	12340.00	14840.00	17450.00	20490.00
二、营业总成本	4773.56	5791.89	6965.481	8253.95	11381.87
减：营业成本	2580.24	3163.53	3838.92	4555.20	6340.74
税金及附加	80.90	98.25	118.46	139.57	192.95
销售费用	99.60	120.17	144.06	169.03	231.79
管理费用	321.72	356.00	393.92	460.51	560.40
研发费用	1691.09	2053.94	2470.11	2929.64	4055.98
财务费用	—	—	—	—	—
加：其他收益	115.93	—	—	—	—

续表

项目＼年份	2020	2021	2022	2023	2024
三、营业利润	5532.37	6548.11	7874.52	9196.05	12638.13
加：营业外收入	—	—	—	—	—
减：营业外支出	—	—	—	—	—
四、利润总额	5532.37	6548.11	7874.52	9196.05	12638.13
减：所得税费用	640.22	828.91	996.81	1160.73	1592.96
五、净利润	4892.15	5719.20	6877.71	8035.32	9421.12

本次业绩承诺，2020 年净利润 4780 万元，2021 年净利润 5736 万元，2022 年净利润 6883 万元，2023 年净利润 6883 万元，与预期的净利润还有 2021 年、2022 年未能满足，这对于股份支付锁定期可能产生影响，同时在收益法预测收益应该考虑到对赌协议的影响。

（二）评估结论合理性分析

评估报告只采用了收益法的评估结论合理性有待商榷，增值率高达 1131.35%，也未进行充分说明，应该对 YY 公司在行业内的技术水平、竞争优势、客户资源、近期同行业可比收购案例、同行业可比上市公司市净率等情况补充分析本次评估增值较高的原因及合理性分析。资产基础法评估出的结论在评估各项资产时根据资产不同的特性选择了不同的具体方法，对资产基础法的结论完全不采用也并不合理，收益法确实考虑了企业未来的发展但是也不能完全只看收益，而且未来收益不确定性很大，就如重组时对赌协议来说 YY 公司未能做到协议约定，就是对于预期的判断失误，针对当前评估项目来说我们认为应该适当调整收益法对评估结论影响的权重。

（三）后期商誉减值风险较大

由于××公司本次发行股份及支付现金购买 YY 公司 100% 股权的交易属于非同一控制下的企业合并，购买日购买方（××公司）对合并成本大于合并中取得的被购买方（YY 公司）可辨认净资产公允价值份额的差额，应确认为商誉，如表 6-41 所示。

本次交易完成后，预计上市公司商誉占净资产比例较高，上市公司预计商誉占净资产比例为 64.45%。××公司已在重组报告书中披露风险提示如下：根据《企业会计准则第 20 号——企业合并》，对合并成本大于合并中取得的 YY 公司可辨认净资产公允价值份额的差额，应当确认为商誉，该商誉不作摊销处理，但需要在未来各会计年度期末进行减值测试（见表 6-42）。

表 6 - 41　商誉计算表　　　　　　　　　　单位：万元

项目	金额
本次合并成本	86000.00
减：取得的可辨认净资产公允价值份额	9195.82
其中：标的公司净资产账面价值	6567.82
标的公司评估增值额	2628.00
商誉	76804.18

表 6 - 42　商誉占公司净资产的比重　　　　　单位：万元

项目	2020 年 5 月 31 日
收购 YY 公司形成的商誉	76804.18
交易完成后商誉总额	184183.71
上市公司净资产	285764.72
商誉/净资产	64.45%

截至 2020 年 5 月 31 日，上市公司商誉期末余额为 107379.53 万元。根据容诚会计师出具的备考审阅报告，本次交易完成后上市公司预计商誉为 184183.71 万元，占净资产比例为 64.45%，本次交易将进一步增加上市公司商誉金额。若标的公司未来经营中不能较好地实现收益，则收购标的资产所形成的商誉将会存在减值风险，从而对公司经营业绩产生不利影响。

第二节　案例使用说明

一、教学目的与用途

该案例适用于《资产评估实务与案例》和《企业价值评估》课程的教学，教学对象是资产评估本科生、硕士研究生以及各种课程班、研习班或讨论班的非在校学员。

通过该案例教学让学生了解收购目的下企业整体价值的评估思路，尤其是资产基础法以及收益法的应用，包括方法的选取、如何选取并确定相关参数以及评估结论差异的原因分析。

二、启发思考

第一，收购的类型有哪些？

第二，你认为本案中资产基础法与收益法之间的差异正常吗？

第三，企业价值评估在选择评估方法时需要考虑什么？

第四，对此次收购行为的评价如何？

三、评估思路分析

案例从收购方的背景进行分析，详细介绍收购方经济行为的动机，并对被收购方即评估对象的主营业务、股东结构、历史沿革等进行了分析。详细介绍本次评估业务的评估目的、评估对象、评估范围、价值类型、评估基准日、特别事项、评估假设等。同时重点分析了评估方法的选择以及各个参数的选取。

四、关键要点分析

采用收益法和资产基础法进行评估，采用 WACC 法确定收益法中的折现率。选取两种方法能够更加客观地看出企业的重置成本和未来收益能力，同时能够更加客观地看出两种方法的评估值的差异。案例也存在不完善之处，对于评估结论合理性分析需要更为深入和全面。

第七章　基于增资扩股为目的的
评估案例①

第一节　浙江 DM 医药公司拟引入投资者进行增资
扩股涉及的股东全部权益价值评估案例

一、增资扩股

增资扩股是公司通过新股东增资入股、公开增发股票、向社会进行募捐或者原有股东投资扩大股权增加企业资本金，从而扩大生产与经营规模，提高公司的信用度以及竞争水平，优化股东股权比例，改善企业结构的行为。增资扩股又称为股权增量融资，是权益性融资的一种形式。对于股份有限公司增资扩股一般指企业增发股票，对于有限责任公司一般指企业增资注册资本金。增资扩股的本质是通过增加企业股份获得增资，增资和扩股可以同时进行，也可以选择只增资不扩股，或者选择只扩股不增资（相当于股权稀释和股权转让）。

二、案例背景

浙江 DM 医药科技有限公司正在开发创新药，目前处于药物临床第一阶段，市场前景广阔。但是后续需要大量资金保证，急需引入投资。根据 2017 年 3 月 3 日浙江 DM 医药科技有限公司第二次临时董事会形成的董事会决议，同意浙江 DM 医药科技有限公司引入投资者进行增资扩股，进而需要对公司股东全部权益价值进行评估，为增资扩股提供定价依据。WW 资产评估有限公司接受浙江 DM

①　案例来源：http：//www.cninfo.com.cn/new/index? source = gatime。

医药科技有限公司的委托，依据国家相关法律、法规和资产评估准则、资产评估原则，采用收益法、资产基础法，按照必要的评估程序，对浙江 DM 医药科技有限公司拟引入投资者进行增资扩股事宜涉及的其股东全部权益在 2017 年 6 月 30 日的投资价值进行了评估。

三、案例内容

（一）委托方以及委托方之外的报告使用者

委托方：浙江 DM 医药科技有限公司

被评估单位：浙江 DM 医药科技有限公司

（二）股权结构

浙江 DM 医药科技有限公经富阳市对外贸易经济合作局以富外经贸许〔2011〕75 号文件批准设立，由浙江省人民政府于 2011 年 11 月 7 日颁发浙府杭字〔2011〕08115 号《中华人民共和国外商投资企业批准证书》，系由中方浙江 HZ 药业股份有限公司，外方何某共同出资组建的中外合资经营企业（有限责任公司），于 2011 年 11 月 11 日取得杭州市工商行政管理局颁发的 330100400041147 号《企业法人营业执照》，注册资金人民币 1 亿元，其中浙江 HZ 药业股份货币出资人民币 7340 万元，占注册资本的 73.4%，何某出资人民币 2660 万元，占注册资本的 26.6%。上述出资已由浙江富春江会计师事务所审验，并于 2011 年 12 月 6 日出具富会〔2011〕第 0437 号《验资报告》（见表 7 - 1）。

表 7 - 1　DM 公司股权结构表

股东名称	投资金额（元）	投资比例（%）
浙江 HZ 药业股份有限公司	73400000.00	73.4
何某	26600000.00	26.6

截至评估基准日，浙江 DM 医药科技有限公司实收资本人民币 100000000.00 元。

（三）目前企业执行的会计政策和税收政策

（1）浙江 DM 医药科技有限公司执行《企业会计准则》。

（2）目前主要适用的税种与税率如表 7 - 2 所示。

主要税种及税率如表 7 - 2 所示。

表 7 - 2　相关税率表

税种	税率	计税基数
增值税	3%*	销售货物或提供应税劳务

续表

税种	税率	计税基数
城市维护建设税	7%	应缴流转税额
教育费附加	3%	应缴流转税额
地方教育费附加	2%	应缴流转税额
企业所得税	25%	应纳税所得额

* 表示小规模纳税人销售货物或应税劳务，实行按照销售额和征收率3%计算应纳税额的简易办法。未来正常生产销售后，需认定为一般纳税人。

（四）近年企业的财务状况和经营状况

1. 经营状况

表 7 - 3　经营状况表

单位：元

项目	2015 年度	2016 年度	2017 年 1~6 月
营业收入	—	—	—
营业利润	−9004043.71	−9384931.94	−2335116.01
利润总额	−9004043.71	−9384931.94	−2335116.01
所得税费用	—	—	—
净利润	−9004043.71	−933493194	−2335116.01

2. 财务状况

评估基准日财务数据摘自中兴财光华会计师事务所（特殊普通合伙）出具的标准无保留意见审计报告（中兴财光华审会字〔2017〕第 318064 号）。

表 7 - 4　财务状况表

单位：元

项目	2015 年 12 月 31 日	2016 年 12 月 31 日	2017 年 6 月 30 日
资产总额	62342749.76	53018381.35	50624673.34
负债总额	100685.00	111248.53	52656.53
所有者权益	62242064.76	52907132.82	50572016.81
资产负债率	0.16%	0.21%	0.10%

（五）评估目的

浙江 DM 医药科技有限公司拟引进战略投资者进行增资扩股，为此，需要对浙江 DM 医药科技有限公司股东全部权益价值做出专业意见。

（六）评估对象和范围

评估对象：浙江 DM 医药科技有限公司的股东全部权益价值。

评估范围：浙江 DM 医药科技有限公司于评估基准日经审计后的全部资产与负债。

1. 企业账内资产

表 7 – 5　账面资产表

单位：元

科目名称	账面价值	科目名称	账面价值
流动资产合计	6970540.17	流动负债合计	52656.53
货币资金	6288622.06	应付职工薪酬	51408.00
预付账款	664590.00	应交税费	1248.53
其他应收	9882.00		
其他流动资产	7446.11		
非流动资产合计	43654133.17		
长期股权投资	31899850.00		
固定资产净额	5950.00		
无形资产	11748333.17	负债总计	52656.53
资产总计	5062467334	净资产	50572016.81

2. 企业账外资产情况

纳入评估范围的账外无形资产主要为 4 项发明，第 1、3 项发明为企业国际发明，受 PCT 保护，第 2、4 项发明为企业在美国申请专利，受美国专利局保护，具体明细如表 7 – 6 所示。

表 7 – 6　DM 公司专利资产表

序号	名称	专利号	专利类型	专利权人	申请日
1	多氟化合物作为布鲁顿酪氨酸激酶抑制剂	国际 PCT/CN2015/000290 或 WO2015165279	发明	浙江 DM 医药科技有限公司	2015/4/27
2	POLYFLUORINATED COMPOUNDS ACTING AS BRUTON TYROSINE KINASE INHIBITORS	US 9532990	发明	浙江 DM 医药科技有限公司	2016/3/18
3	优化的联合用药及其治疗癌症和自身免疫疾病的用途	国际 PCT/CN2016/000149 或 WO2016125935	发明	浙江 DM 医药科技有限公司	2016/3/18

续表

序号	名称	专利号	专利类型	专利权人	申请日
4	PHARMACEUTICAL COMPOSITIONS AND THEIR USE FOR TREATMENT OF CANCER AND AUTOMMUNE DISEASES	US 9717745	发明	浙江 DM 医药科技有限公司	2016/6/15

上述专利中第 1、3 项期后存在质押事项，质押权人为深圳市 SH 公司成长一号股权投资合伙企业（有限合伙），通过专利权质押取得借款 1 亿元。上述发明专利年费均正常缴纳。

（七）价值类型及其定义

评估当时，公司正在开发新的创新药，后续仍需要较多的资金投入，为确保项目的顺利推进，需要引入投资者提供资金保证后续的投入。本次评估的基础是浙江 DM 医药科技有限公司未来能取得资金有效利用，按照规划良好发展，因此确定本次评估的价值类型为投资价值。

投资价值是指评估对象对于具有明确投资目标的特定投资者或者某一类投资者所具有的价值估计数额，亦称特定投资者价值；即本次评估所确定的被评估单位股东全部权益投资价值，为被评估单位对于未来引入资本的良好利用，有效整合后能形成的价值。

（八）评估基准日

2017 年 6 月 30 日。

（九）评估依据（略）

（十）评估方法以及相关参数的选取

被评估资产主要包括货币资金，应收账款，其他流动资产。长期股权投资、固定资产——设备类、无形资产、负债。

1. 资产基础法

各项资产和负债评估技术说明。

经资产基础法评估，浙江 DM 医药科技有限公司股东全部权益价值于评估基准日的评估值为人民币陆仟贰佰壹拾玖万玖仟肆佰元整（6219.94 万元）（见表 7 - 8）。

（1）固定资产——设备减值 910.00 元，减值率为 15.29%，减值原因主要是委估资产为含税价入账，评估原值为不含税价，低于企业含税入账价值，评估原值减值导致评估净值减值（见表 7 - 7）。

表7-7 资产基础法评估技术说明表

项目		评估值（元）	评估方法
资产：			
货币资金	现金	286.00	盘点倒推法验证基准日现金余额，同现金日记账和总账现金账户余额核对，核实后的账面值确定评估值
	银行存款	6288336.06	向银行询证，银行询证函回函金额与对账单相符，账实相符，核实后的账面值确定评估值
应收账款	预付账款	664590.00	预付账款主要为技术开发费预付的款项，评估基准日至评估现场作业日期间已收到的货物和接受的服务情况，未发现供货单位有破产、撤销或不能按合同规定按时提供货物或劳务等情况，已核实后的账面值为评估值
	其他应收款	10980.00	其他应收款主要是预付给浙江HZ药业的租房保证金，采用账龄分析和个别认定法评估风险损失
其他流动资产		7446.11	其他流动资产为企业预付的个人所得税，核对总账、明细账凭证，按核实后的账面值确定评估值
长期股权投资		13325210.93	1. 对长投形成原因、账面值和实际状况取证核实，确定长投的真实性和完整性； 2. 对被投资单位评估基准日的整体资产评估，计算评估值： 长期投资评估值＝被投资单位整体评估后股东全部权益×持股比例； 3. 长投合计调整账面值31899850.00元，评估值13325210.93元，评估减值率为58.23%，减值原因是美国子公司为母公司在美国设立的研发公司，存在大量的研发投入
固定资产——设备类		5890.00	1. 资产核实（资产评估明细表）固定资产为设备一台； 2. 评定估算（重置成本法）评估值＝重置全价×成新率 重置全价＝设备购置费(含税)，成新率＝年限成新率×40%＋勘察成新率×60% 年限成新率＝尚可使用年限／（实际使用年限＋尚可使用年限） 经济使用年限为5年，2017年6月购置并启用，截至评估基准日使用0.02年，尚可使用4.98年。由此测算设备成新率为99%； 3. 设备类固定资产账面原值为5950.00元，账面净值为5950.00元，评估原值为5950.00元，评估净值为5850.00元，减值原因是评估师考虑设备折旧

续表

项目		评估值（元）	评估方法
无形资产	专利	30201083.88	由于难以收集无形资产交易案例，且委估的无形资产尚处于临床阶段，因此本次评估不适用市场法和收益法，适用于成本法评估，被评估无形资产评估值=重置成本×成新率 重置成本=$\sum$ 物化劳动消耗量×现行价格+$\sum$ 活劳动消耗量×现行费用标准+利润 该项目还处于临床阶段，技术成新率为100%
	专有技术	11748333.17	专有技术为企业股东何某出资投入的抗癌药物研发技术，药物研发规划尚未明确，药物研发专业性较强，评估人员无法从专业和市场上判断，故以账面价值为评估值

负债：

应付职工薪酬	51408.00	经核实的账面值作为评估值
应交税费	1248.53	

表7-8　评估结果汇总表　　　　　　　　　　　　单位：万元

项目	账面价值	评估价值	增值额	增值率（%）
流动资产	697.05	697.16	0.11	0.02
非流动资产	4365.41	5528.05	1162.64	26.63
长期股权投资	3189.99	1332.52	-1857.47	-58.23
固定资产	0.6	0.59	-0.01	-1.67
无形资产	1174.83	4194.94	3020.11	257.07
资产总计	5062.46	6225.21	1162.75	22.97
流动负债	5.27	5.27	—	—
负债总计	5.27	5.27	—	—
股东全部权益	5057.19	6219.94	162.75	22.99

（2）其他应收款（流动资产）增值1098.00元，增值率为11.11%，增值原因为款项为关联方款项，评估不考虑风险损失。

（3）长期股权投资评估减值18574639.07元，减值率为58.23%，评估减值的原因是由于：美国子公司为母公司在美国设立的研发公司，存在大量的研发投入，故评估减值。

（4）无形资产——专利评估增值30201083.88元，主要原因：

1）无形资产账面不包含企业前期投入，本次评估考虑了前期投入；

2）无形资产评估值中包含了资金成本和一定资金投入资本回报；

3）无形资产投入同时包含了美国子公司 DBL 的投入。

本次评估目的是增资扩股，资产基础法从企业购建角度反映了企业的价值，为经济行为实现后企业的经营管理及考核提供了依据，因此本次评估适用资产基础法进行评估。

被评估企业经营模式较为固定，在未来年度其收益与风险可以估计，因此本次评估可以选择收益法进行评估。

2. 收益法

（1）折现率的确定。

按照收益额与折现率协调配比的原则，本次评估收益额口径为企业自由现金流量，则折现率应选取权益资本成本（WACC）为期望收益率。

$$WACC = \frac{E}{D+E} \times K_e + \frac{D}{D+E} \times (1-t) \times K_d$$

其中，WACC 为加权平均资本成本；K_e 为权益资本成本；K_d 为债务资本成本；t 为被评估企业所得税率；E 为权益市场价值；D 为付息债务价值。

权益资本成本 K_e 使用 CAPM 模型进行求取，即：

$$K_e = R_f + \beta_L \times MRP + R_C$$

其中，K_e 为权益资本成本；R_f 为无风险利率；β_L 为权益的系统风险系数；MRP 为市场风险溢价；R_C 为企业的特定风险调整系数。

1）计算无风险收益率。

采取 10 年期国债利率，即 $R_{f1} = 4.11\%$。

2）风险溢价 ERP 的确定。

市场风险溢价 = 成熟股票市场的基本补偿额 + 国家风险补偿额

其中，成熟股票市场的基本补偿额采取成熟市场 2016 年 ERP 5.69%；国家风险补偿额采取 1.56%

则：ERP = 5.69% + 1.56% = 7.25%

3）权益的系统风险系数 β_L 的确定。

评估人员通过查询各参考企业、沪深 300 指数的基准日前三年的历史 β 数据计算各参考企业剔除财务杠杆的 β 系数（β_{Ui}），计算各参考企业 β_{Ui} 的平均值（β_U 算术平均）。本次选取 10 家制药类行业上市公司，选取系统风险系数 β_{Li} 的平均值 1.06503。

剔除财务杠杆系数的调整 β 值

$$\beta_U = \beta_{Li} / [1 + (1 - t_i) \times D/E] = 1.04357$$

$$\beta_L = \beta_U \times [1 + (1 - t) \times D/E]$$

根据被评估单位 2017 年至 2018 年将完成 1 亿元的付息债务，评估对象权益资本预期风险系数的估计值 β_L 为 1.2934、1.2934 和 0.9618。

4）被评估单位 R_e 的确定。

企业的特定风险调整系数 R_e = 规模风险报酬率 + 其他特别风险系数即：

R_e = 3.01% + 20% = 23.01%

5）权益资本成本 $K_e = R_f + \beta_L \times MRP + R_C$。

评估对象权益资本成本的估计值 K_e 为 0.3650、0.3650 和 0.3410。

6）折现率 r 的确定。

$r = K_d \times W_d + K_e \times W_e$。

折现率分别为 0.2690、0.2690 和 0.3410。

7）经营性资产价值。

企业经营到期后营运资金的收回及得到的预期净现金量表，得出评估对象的经营性资产价值为 8377.02 万元。

8）溢余或非经营性资产价值估算。

评估对象账面有以下一些资产（负债）的价值在本次估算的净现金流量中未予考虑，应属本次评估所估算现金流之外的非经营性或溢余性资产，在估算企业价值时应予另行单独估算其价值。基准日流动类溢余或非经营性资产及负债的价值为 C1。

本次评估，根据报表情况，货币资金 589.48 万元作为溢余资产，账上与未来药品销售无关的专有技术 1177.83 万元作为溢余资产。

C1 = 1767.31（万元）

基准日非流动溢余或非经营性资产的价值 C2，本次评估，经审计的报表披露，账面无其他非流动溢余或非经营性资产。

C2 = 0（万元）

将上述各项溢余或非经营性资产（负债）的价值加总：

C = C1 + C2 = 1767.31 + 0 = 1767.31（万元）

9）长期股权投资。

对纳入报表范围的长期投资，本次评估对 100% 控股的美国子公司进行了展开评估，长期股权投资评估价值为 11610.72 万元。

10）权益资本价值。

将得到的经营性资产的价值 P = 8377.02 万元，基准日的溢余或非经营性资产（负债）的价值 C = 1767.79 万元，长期股权投资 I = 11610.72 万元，即得到评估对象企业价值为：

B = P + I + C = 8377.02 + 11610.72 + 1767.79 = 21755.53（万元）

将评估对象的企业价值 B = 21755.53 万元，付息债务的价值 D = 0 万元，得到评估对象的归属于母公司的股东权益价值为 E = B − D = 21755.53（万元）。

（2）收益流预测。

1）营业收入及收益期分析预测。

①用药人群定位。

临床Ⅰ期的主要目的是评估 DTRMWXHS − 12 胶囊在 B − 细胞淋巴瘤患者中多次口服给药的安全性和耐受性并评价多次口服该胶囊在 B − 细胞淋巴瘤患者中的药代动力学特征。

Ⅰ期的入选标准对 B 细胞淋巴瘤进行定义，包括慢性淋巴细胞白血病/小淋巴细胞淋巴瘤（CLL/SLL）、慢性淋巴细胞白血病 17p −、套细胞淋巴瘤（MCL）、华氏巨球蛋白血症（WM）、弥漫大 B 细胞淋巴瘤（DLBCL）等。

②B 细胞淋巴瘤流行病学数据。

2015 年中国癌症统计数据显示，我国淋巴瘤新发病例为 88.2/10 万人，死亡人数为 52.1/10 万人。

我国淋巴瘤亚型分布的大样本流行病学显示，DLBCL 约占所有淋巴瘤病例构成比例的 33.3%，FL 约占 5.5%，MCL 约占 3.1%，CLL/SLL 约占 4.2%。以上四种类型的 B 细胞淋巴瘤占淋巴瘤病例总数的 45.1%。

2015 年的人口普查结果显示中国总人口约有 13.75 亿人。根据流行病学进行预估，2017 年中国淋巴瘤发病人数为 121.3 万人（ = 13.75 × 10000 × 88.2 ÷ 100000），其中 DLBCL、FL、MCL 和 CLL/SLL 发病人数约为 54.7 万人（ = 121.3 × 45.1%）。

淋巴瘤是全球增长最迅速的恶性肿瘤之一，每年发病率平均增加 4%。

③BTK 抑制剂潜在市场规模调研。

国内尚无 BTK 抑制剂的销售数据；参考国外依鲁替尼上市后的市场表现，对国内潜在的市场规模进行预估。

依鲁替尼在美国的使用人群比例为 60% ~75%。国内治疗市场有别于国外市场，医疗保险未能覆盖全部治疗药物，治疗市场受医报目录的影响较大。考虑到目前化疗联用方案已纳入医保，基本可全额报销；而国内率先上市的 BTK 抑制剂依鲁替尼，后续是否何时能纳入医保无法定论，鉴于以上理由，适当调低 BTK 抑制剂国内市场占有率，以 40% 计算。

此外基于 CAR − T 技术的治疗白血病及淋巴瘤的临床优势，诺华的 Kymriah 已获 FDA 批准上市；Kite 的 KTE − C19 也已向 EMA 提交上市申请。CAR − T 治疗技术的上市会影响美国 BTK 抑制剂的市场份额，长远看来，同样也会影响国内市场 BTK 抑制剂的市场份额。因此适当下调国内未来 BTK 的市场份额至 30%。

依鲁替尼临床Ⅱ期研究中，近 1/3 的患者出现原发耐药，因此在预估 BTK 抑制剂的整体市场占有率之后，需在此基础上刨除约 40% 的耐药人群。

DTRMWXHS – 12 作为治疗 B 细胞淋巴瘤的 BTK 抑制剂，对其进行竞争品种分析来估算未来的市场份额。

④竞争格局分析（DTRMWXHS – 12 市场份额分析）。

DTRMWXHS – 12 同靶点且同适应证的竞争品种有 3 个，西安杨森的进口药依鲁替尼、百济神州的 BGB – 3111 以及北京赛林泰的 CT – 1530。

BGB – 3111 目前处于临床 Ⅰ 期，临床试验首次公试日期为 2017 年 1 月，DTRMWXHS – 12 已完成临床 Ⅰ 期研究，会先于 CT – 1530 上市。如后续 CT – 1530 顺利上市，对 DTRMWXHS – 12 的销售会造成影响较小。

在国内，DTRMWXHS – 12 将作为第三个上市的 BTK 抑制剂。根据兴业证券创新药行业深度研究报告中的数据，同类型药物 Me – too 药物较多的时候，第三个药物上市后，仅会占有 15% 的同类药物销售份额。

⑤产品销售额预测及相关因素分析。

DTRMWXHS – 12 的临床 Ⅰ 期试验已完成，尚需要进行临床 Ⅱ 期以及临床 Ⅲ 期试验。以临床 Ⅱ 期试验耗时 2 年，临床 Ⅲ 期试验耗时 3 年，NDA 申请耗时 1 年计算，DTRMWXHS – 12 距离上市还需 6 年时间，即预计至 2024 年其可于国内上市。

浙江 DM 医药的专利申请显示，其 BTK 抑制剂的专利申请均介于 2014 ~ 2016 年，故销量预估至 2035 年，考虑专利到期后仿制药会大量上市，后续经营不再预测。

DTRMWXHS – 12 国内预定定价为 10 万元/年，目前利妥昔单抗联合化疗方案的治疗价格均为 8 万 ~ 10 万/年，DTRMWXHS – 12 定价区间相对合理且具有竞争力。

⑥销售峰值分析。

在 DTRMWXHS – 12 上市后的销售变化趋势上，以埃克替尼作为对标药物，做增长趋势预测，埃克替尼作为第三个上市的 EGFR 抑制剂，用于治疗非小细胞肺癌，可将其作为对标药物，为 DTRMWXHS – 12 占同类药物市场份额和上市后销售变化趋势两方面提供参考。

埃克替尼自 2011 年上市后，销量持续增长，上市 6 年后，至 2016 年国内重点样本医院的销量已达 2.43 亿元（销量峰值），折算到全国销量为 9 亿 ~ 12 亿元。2017 年上半年样本医院销量仅为 0.62 亿元，较去年呈下滑趋势。

DTRMWXHS – 12 上市后的增长趋势可以参考埃克替尼的增长趋势，上市 6 年后，2028 年达销售峰值；上市后年销售占峰值比例为 5%、15%、35%、

70% 、90% 、100% 。

综合上述各因素，对 DTRMWXHS - 12 进行整体预估。DTRMWXHS - 12 预计 2024 年上市，产品上市 6 年后达销售峰值，具体数据如表 7 - 9 所示。

表 7 - 9　收入预测表　　　　　　　　　单位：万元

项目＼年份	2024	2025	2026	2027	2028	2029
D - 12 用药人群（万人）	0.10	0.30	0.73	1.53	1.84	1.65
D - 12 销售额预测（疗程价格 10 万/年）	8286.38	25853.52	2737.87	130494.78	157041.14	141143.15

项目＼年份	2030	2031	2032	2033	2034	2035
D - 12 用药人群（万人）	1.25	0.96	0.93	0.90	0.86	0.82
D - 12 销售额预测（疗程价格 10 万/年）	106946.18	81782.37	79383.43	76661.71	73595.24	70160.79

2）营业成本预测。

公司未来所有的药品计划生产将有 HZ 药业进行代工。HZ 药业旗下公司 HZ 药业（杭州）有限公司 2003 年落户富阳，为 HZ 药业药品生产基地，目前由原料药、制剂和生物药三大业务板块组成。高端制剂生产线总投资约 41 亿元，建有 22 条制剂生产线，已建成 9 条，3 条生产线进入调试阶段，3 条正在安装阶段，还有 7 条在建过程中。

故公司主营业务成本为委托 HZ 药业生产的代工成本，国内上市公司贝达药业是与本公司可比性最高的公司，也是目前国内单个癌症类新药上市运营成功的公司，目前贝达药业毛利率为 95% ~ 97%，贝达药业产品由公司自己投产销售，如果代工，需要给予代工企业一定的利润，故本次预测公司药品上市销售后，毛利低于贝达药业毛利率 5 个百分点，按照 90% 的毛利率预测（见表 7 - 10）。

3）营业税金及附加的分析预测。

因公司目前尚未生产销售，故为小规模纳税人，在其未来正常生产后需认定为增值税一般纳税人，增值税应纳税额为当期销项税额抵减可以抵扣的进项税额后的余额，未来正常生产后相关税率情况如下：增值税按 17% 计缴；城市维护建设费按 7% 计缴；教育费附加按 3% 计缴；地方教育费附加按 2% 计缴纳。

表7-10　成本预测表　　　　　　　　单位：万元，%

年份　　项目	2024	2025	2026	2027	2028	2029
主营业务成本	828.64	2585.35	6273.79	13049.48	15704.11	14114.32
毛利率	90.00	90.00	90.00	90.00	90.00	90.00
年份　　项目	2030	2031	2032	2033	2034	2035
主营业务成本	10694.62	8178.24	7938.34	7666.17	7359.52	7016.08
毛利率	90.00	90.00	90.00	90.00	90.00	90.00

4）营业费用分析预测。

在前期市场的快速拓展阶段，销售费用较高，在销售达到峰值后推广费用会下降，本次预测在药品销售峰值前销售费用率参照贝达药业的35%，在峰值后慢慢将至均值（见表7-11、表7-12）。

5）管理费用分析预测。

在期后临床至销售前阶段，企业经营模式非常简单，主要是何某进行指导，其他研究实验等，均委托技术能力先进的外部单位进行研发，故其他费用较为固定，该部分费用在生产销售前按照5%的比例增长预测（见表7-11、表7-12）。

后期临床阶段，主要为支付的研发投入费用，根据文献研究发现2016年全球收入Top20之列的7家大型医药公司的726项临床试验各期花费的中位值是：Ⅰ期340万美元、Ⅱ期860万美元、Ⅲ期2140万美元。但考虑到大型医药公司的临床试验一般样本量大、试验开展地点较多、周期长，因此研究结果下调50%来计算浙江DM项目的临床研发投入。

另外，国内药物在研发成本上具有较大优势，临床研究成本低。一般而言，新药研发费用的70%以上用于临床研究；而在中国进行临床试验费用要比美国约低60%，据此计算DTRMWXHS-12项目国内临床Ⅱ期、临床Ⅲ期的费用。

在新药申请审查阶段按照100万元费用估算。

6）财务费用分析预测。

经浙江HZ药业股份有限公司第七届董事会第十五次会议决议，在近期将融资1亿元借款（附转股条件），借款利率为年利率8%，借款期限为1年，到期可以一次性还本付息，或由贷款方选择转换为DM医药的股权。考虑未来临床研究还需要较多的研发支出，未来还需要较多资金补充，后续仍需要股东融资补充资金，该笔借款到期后以转入增资进行确认。

期后临床阶段至生产销售阶段，费用预测如表7-11所示。

表 7 - 11 测试阶段费用预测表 单位：万元

项目	2017 年 7～12 月	2018 年	2019 年	2020 年	2021 年	2022 年	2023 年
营业费用	—	—	—	—	—	—	—
管理费用	283.66	723.18	730.20	1121.47	1129.22	1137.35	279.42
财务费用	200.00	800.00	—	—	—	—	—

生产销售阶段，相关费用预测如表 7 - 12 所示。

表 7 - 12 销售阶段费用预测表 单位：万元

年份 / 项目	2024	2025	2026	2027	2028	2029
营业费用	2900.23	9048.73	21958.26	45673.17	54964.40	42342.95
管理费用	470.23	1467.12	3560.21	7405.23	8911.67	8009.50
财务费用	—	—	—	—	—	—
年份 / 项目	2030	2031	2032	2033	2034	2035
营业费用	1702.66	5312.31	12891.21	26813.73	32268.41	24858.62
管理费用	470.23	1467.12	3560.21	7405.23	8911.67	8009.50
财务费用	—	—	—	—	—	—

7）追加资本预测。

本次评估未来主要是研究费用的支出，且生产销售等直接采用代工模式，故无较大资本性投资。

8）营运资金增加额估算。

企业目前在临床研究阶段，均为发生支出的费用，营运资金主要在开始生产销售阶段发生，本次参考国内贝达药业的周转率水平预测所需营运资金（见表 7 - 13、表 7 - 14）。

9）营业外收入与支出的分析预测。

鉴于营业外收支的频繁变化和偶然性，本报告未来预测不考虑营业外收支。

10）追加资本预测。

追加资本系指企业在不改变当前经营业务条件下，为保持持续经营所需增加的营运资金和超过一年的长期资本性投入。如经营规模扩大所需的资本性投资

表 7-13　生产销售前阶段所需营运资金　　　　　单位：万元

项目	2017 年度 7~12 月	2018 年	2019 年	2020 年	2021 年	2022 年	2023 年
营业收入	—	—	—	—	—	—	—
减：营业成本	—	—	—	—	—	—	—
营业税金及附加	—	—	—	—	—	—	—
销售费用	—	—	—	—	—	—	—
管理费用	283.66	723.18	730.20	1121.47	1129.22	1137.35	279.42
财务费用	200.00	800.00					
其他利润	—	—	—	—	—	—	—
营业利润	-483.66	-1523.18	-730.20	-1121.47	-1129.22	-1137.35	-279.42
利润总额	-483.66	-1523.18	-730.20	-1121.47	-1129.22	-1137.35	-279.42
减：所得税							
净利润	483.66	-1523.18	-730.20	-1121.47	-1129.22	-1137.35	-279.42
加：折旧	—	—	—	—	—	—	—
摊销	—	—	—	—	—	—	—
扣税后利息	200	300					
减：追加资本	-14.38	67.17	-66.08	32.61	0.55	0.68	-71.49
营运资金增加额	-14.38	67.17	-65.08	32.61	0.65	0.68	-71.49
资本性支出	—	—	—	—	—	—	—
资产更新	—	—	—	—	—	—	—
净现金流量	-269.28	-790.35	-664.12	-1154.07	-1129.86	-1138.03	207.92

（购置固定资产或其他非流动资产），以及所需的新增营运资金及持续经营所必需的资产更新等。本次评估未来主要是研究费用的支出，且生产销售等直接采用代工模式，故无较大资本性投资。在资产更新方面，考虑未来主要是办公用的相关资产，该部分金额较小，折旧等直接以当期发生的费用确认，同时在预测现金流时不予加回。故本次追加资本主要是营运资金增加额。

　　11）营运资金增加额估算。

　　营运资金追加额系指企业在不改变当前主营业务的条件下，为保持企业持续经营能力所需的新增营运资金，如正常经营所需保持的现金、产品存货购置、代客户垫付购货款（应收账款）等所需的基本资金以及应付的款项等。营运资金的追

表 7 - 14　生产销售后阶段所需营运资金

单位：万元

年份 项目	2024	2025	2026	2027	2028	2029	2030	2033	2034	2035
营业收入	8286.3	25853.52	62737.87	130494.70	157041.10	141143.13	106.946.17	76661.70	73595.2	70160.70
减：营业成本	828.64	2585.35	6273.79	13049.48	15704.11	14114.32	10694.62	7566.17	7359.52	7016.08
营业税金及附加	146.07	455.74	1105.93	2300.34	2768.30	2500.75	1904.48	1365.18	1310.57	1249.41
销售费用	2900.2	9048.73	21958.20	45673.17	54964.40	42342.95	26736.55	19165.43	18398.80	17540.20
管理费用	470.23	1467.12	3560.21	7405.23	8911.67	8009.50	6068.91	4.350.35	4176.34	3981.44
财务费用	—	—	—	—	—	—	—	—	—	—
其他费用	—	—	—	—	—	—	—	—	—	—
营业利润	3941.2	12296.57	29839.69	62066.55	74692.66	74175.64	61541.62	4411.45	42350.00	40373.60
利润总额	3941.20	12296.57	29839.69	62066.55	74692.66	74175.64	61541.62	44114.50	42350.00	40373.66
减：所得税	—	3074.14	7459.92	15516.64	18673.17	18543.91	15385.41	11028.6	10587.5	10093.42
净利润	3941.20	9222.43	22379.7	46549.91	56019.50	55631.73	46156.22	33085.9	31762.50	30280.25
加：折旧	—	—	—	—	—	—	—	—	—	—
摊销	—	—	—	—	—	—	—	—	—	—
扣税后利息	—	—	—	—	—	—	—	—	—	—
减：追加资本	1322.90	2853.93	5992.17	11007.67	4312.68	3169.50	5858.15	419.53	472.67	529.38
营运资金增加额	1322.9	2853.93	5992.17	11007.67	4312.68	3169.80	5858.15	419.53	472.67	529.38
资本性支出	—	—	—	—	—	—	—	—	—	—
资产更新	—	—	—	—	—	—	—	—	—	—
净现金流量	2618.30	6368.51	16387.5	35542.25	51706.82	58801.52	52014.37	33505.46	32235.16	30809.63

加是指随着企业经营活动的变化，获取他人的商业信用而占用的现金，正常经营所需保持的现金、存货等；同时，在经济活动中，提供商业信用，相应可以减少现金的即时支付。通常其他应收账款和其他应付账款核算的内容绝大多为与主业无关或暂时性的往来，需具体甄别视其与所估算经营业务的相关性确定。因此估算营运资金的增加原则上只需考虑正常经营所需保持的现金、应收款项、存货和应付款项等主要因素。本报告所定义的营运资金增加额为：

营运资金增加额 = 当期营运资金 - 上期营运资金

其中，营运资金 = 现金 + 应收款项 + 存货 - 应付款项

应收款项 = 营业收入总额/应收款项周转率

其中，应收款项主要包括应收账款、应收票据以及与经营业务相关的其他应收账款等诸项。

存货 = 营业成本总额/存货周转率

应付款项 = 营业成本总额/应付账款周转率

其中，应付款项主要包括应付账款、应付票据以及与经营业务相关的其他应付账款等诸项。

企业目前在临床研究阶段，均为发生支出的费用，营运资金主要在开始生产销售阶段发生，本次参考国内贝达药业的周转率水平预测所需营运资金。

（十一）评估程序实施情况（略）

（十二）评估假设

（十三）评估结论

1. 资产基础法评估结论

（1）浙江 DM 医药科技有限公司的总资产账面值为 50264536.15 元，评估值为 62042665.29 元，评估增值 11778128.95 元，评估值增值率为 23.43%。

（2）总负债账面值 51551.93 元，评估值为 51551.93 元，无评估增减值。

（3）股东全部权益账面值 49748984.41 元，评估值为 619961113.36 元，评估增值 1242128.95 元，评估增值率 24.61%。资产评估结果汇总情况如表 7 - 15 所示。

表 7 - 15　资产评估结果汇总表　　　　　单位：万元

项目	账面价值	评估价值	增值额	增值率（%）
流动资产	697.05	697.16	0.11	0.02
非流动资产	4365.41	5528.05	1162.64	26.63
长期股权投资	3189.99	1332.52	- 1857.47	- 58.23

续表

项目	账面价值	评估价值	增值额	增值率（%）
固定资产	0.60	0.59	−0.01	−1.67
无形资产	1137.82	4174	3036.18	266.84
资产总计	5026.45	6204.26	1177.81	23.43
流动负债	5.15	5.15	—	—
负债合计	5.15	5.15	—	—
股东全部权益	4974.90	6199.11	1224.21	24.61

经资产基础法评估，浙江 DM 医药科技有限公司股东全部权益价值于评估基准日的评估值为人民币 6199.11 万元。

（4）评估值减值原因分析。

1）固定资产——设备减值 910.00 元，减值率为 15.29%，减值原因主要是委估资产为含税价入账，评估原值为不含税价，低于企业含税价入账价值，评估原值减值导致评估净值减值。

2）其他应收款增值 1098.00 元，增值率为 11.11%，增值原因为款项未关联方款项，评估不考虑风险损失。

3）长期股权投资评估减值 18574639.07 元，减值率为 58.23%，评估减值的原因是由于：美国子公司为母公司在美国设立的研发公司，存在大量的研发投入，故评估减值。

（5）无形资产——专利评估增值 30201083.88 元，主要原因：a. 无形资产账面不包含企业前期投入，本次评估考虑了前期投入；b. 无形资产评估值中包含了资金成本和一定资金投入资本回报；c. 无形资产投入同时包含美国子公司 ZDB 公司的投入。

2. 收益法评估结果

浙江 DM 医药科技有限公司股东全部权益价值于评估基准日的评估值为 RMB 21633.81 万元，比账面净资产增值 16658.91 万元，增值率为 334.86%。

3. 评估结论确定与分析

本次评估采用资产基础法和收益法评估结果存在差异，如表 7-16 所示。

收益法评估结果与资产基础法评估结果之间的差异为 15434.7 万元，两种方法评估结果差异的主要原因是：

表 7-16　两种评估方法得出评估结果差异表　　　单位：万元

评估方法	账面净值	评估值	增减额	增减率（%）
资产基础法	4974.90	6199.11	1224.21	24.61
收益法	4974.90	21633.81	16658.91	334.86
差异	—	15434.7	15496.16	—

（1）两种评估方法考虑的角度不同，资产基础法是从资产的再取得途径考虑的，反映的是企业现有资产的重置价值。收益法是从企业的未来获利能力角度考虑的，反映了企业各项资产的综合获利能力。

（2）收益法在评估过程中不仅考虑了被评估单位申报的账内资产，同时也考虑了如企业本身拥有的资质、企业拥有的客户资源、技术团队、管理团队以及商誉等无形资产以及未来行业发展，而这些因素未能在资产基础法中予以体现，因此收益法的评估结果高于成本法的评估结果。

根据以上分析，采用收益法评估结果作为本次评估结论。浙江 DM 医药科技有限公司于本次评估基准日股东全部权益价值的评估值为人民币 21633.81 万元。

（十四）特别事项说明

1. 产权瑕疵事项

无产权瑕疵事项。

2. 抵押担保事项

无抵押担保事项。

3. 期后事项

下列专利期后存在质押事项，质押权人为深圳市 SH 公司成长一号股权投资合伙企业（有限合伙），企业通过专利权质押取得 1 亿元借款，本次评估在收益法预测中已考虑该质押借款对估值的影响（见表 7-17）。

表 7-17　存在质押事项的专利表

序号	名称	专利号	专利类型	专利权人	申请日
1	多氟化合物作为布鲁顿酪氨酸激酶抑制剂	国际 PCT/CN2015/000290 或 WO2015165279	发明	浙江 DM 医药科技有限公司	2015/4/27
2	优化的联合用药及其治疗癌症和自身免疫疾病的用途	国际 PCT/CN2016/000149 或 WO2016125935	发明	浙江 DM 医药科技有限公司	2016/3/18

4. 其他事项

（1）评估基准日财务报表由中兴财光华会计师事务所（特殊普通合伙）出

具审计报告审定，本次评估部分引用了该审计报告结论。本报告签字评估师了解所引用的专家意见或审计报告结论的取得过程，并承担引用专家意见或审计报告结论的相关责任。

（2）评估机构获得的被评估企业盈利预测是本评估报告收益法的基础。评估师对被评估企业盈利预测进行了必要的调查、分析、判断，经过与被评估企业管理层及其主要股东多次讨论，被评估企业进一步修正、完善后，评估机构采信了被评估企业盈利预测的相关数据。评估机构对被评估企业盈利预测的利用，不是对被评估企业未来盈利能力的保证。

（3）本次评估范围内的下述专利，专利权人为浙江 DM 医药科技有限公司，但是技术投入在子公司美国公司体现，本次评估考虑美国子公司为被评估单位的全资子公司且专利权归属于被评估单位浙江 DM 医药科技有限公司，故评估时对于专利的技术投入成本按照美国子公司的确定，估值在被评估单位中体现。提醒报告使用者后期可能存在费用结算问题。

表 7-18　技术投入在美国子公司的专利权

序号	名称	专利号	专利类型	专利权人	申请日
1	优化的联合用药及其治疗癌症和自身免疫疾病的用途	国际 PCT／CN2016/000149 或 WO2016125935	发明	浙江 DM 医药科技有限公司	2016/3/18
2	PHARMACEUTICALCOMPOSITIONS ANDTHEIRUSEFORTREATMENTOF-CANCERANDAUTOMMUNEDISEASES	US9717745	发明	浙江 DM 医药科技有限公司	2016/6/15

（4）无形资产——专有技术为企业股东何某出资投入的抗癌药物研发技术，由于五项技术对应的药品目前尚未展开对应研发，且药品研发行业专业性较强，评估人员无法对专有技术的从成本及市场角度判断，故本次评估专有技术按照账面保留。

（5）对于本评估报告中被评估资产的法律描述或法律事项（包括其权属或负担性限制），公司按准则要求进行一般性的调查并进行披露，但不对其真实性作任何形式的保证。

（6）资产评估是资产评估师依据相关法律、法规和资产评估准则，对评估对象在评估基准日特定目的下的投资价值进行分析、估算并发表专业意见的行为和过程。评估结论不应被认为是对评估对象可实现价格的保证。建议委托方和相关当事方在参考分析评估结论的基础上，结合交易时资产状况和市场状况等因素，合理进行决策。

（7）由委托方及被评估单位提供的与评估相关的行为文件、产权证明文件、项目未来收益预测资料等，是编制本报告的基础；针对本项目，评估师进行了必要的、独立的核实工作，委托方及被评估单位应对其提供资料的真实性、合法性、完整性负责。

（8）本评估报告没有考虑被评估单位可能承担的抵押、担保事宜，以及特殊的交易方式可能追加付出的价格等对评估结论的影响。

（9）本评估报告评估结论与委估资产的账面价值可能存在增减变动，评估报告中没有考虑由此引起被评估单位有关纳税义务的变化对评估结论的影响。

（10）本次评估委估企业为小规模纳税人，不能进行增值税抵扣，本次评估结论包含增值税。

（11）评估结论中不考虑控股股权或少数股权因素产生的溢价或折价，也没有考虑流动性因素引起的折价。

以上事项特提请报告使用者予以关注。

（十五）评估报告使用限制说明（略）

（十六）评估报告日（略）

四、案例分析与建议

（一）资产基础法评估过程分析与建议

（1）质押权人为 SH 公司成长一号股权投资合伙企业，通过多氟化合物作为布鲁顿酪氨酸激酶抑制剂、优化的联合用药及其治疗癌症和自身免疫疾病的用途两项专利取得 1 亿元借款。在评估时点 SH 公司并非浙江 DM 关联方，为什么取得借款金额超过 5 种专利总评估值 41949417.05 元，远远超过被质押的两项专利评估值，为什么 1 亿元的借款没有出现在 DM 公司资产负债表和评估范围内，两项被质押的专利是否应该计入评估范围？有必要向 SH 公司核实质押借款事项的真实性和合理性，应询问检查借款的凭证和账簿记录，并将 1 亿元的借款纳入评估范围，且要考虑质押对两项专利权带来的估值影响，质押是将两项专利所有权转移给 SH 公司，此次评估资产范围不应包括被质押的两项专利。

（2）为什么固定资产只有电脑一台？应向审计被评估单位的注册会计师核实固定资产监盘情况，或者亲自盘点、检查账簿记录，确定固定资产是否被低估。委估企业为医药研发企业，专有技术保密性强，与专有技术有关的固定资产大部分情况由个人保管，这可以成为一个解释原因，评估报告应该解释固定资产构成简单的原因。

（3）为什么应交税费是残疾人保障金？评估报告应该说明特殊税种残疾人

保障金的缴纳原因，便于报告使用者理解评估报告。

（4）该企业主要的无形资产——抗癌药物研发技术主要为企业股东何某出资投入，由于五项技术对应的药品目前尚未展开对应研发，且药品研发行业专业性较强，评估人员无法对专有技术的成本及市场角度判断，故本次评估专有技术按照账面保留。我们认为应当采用专家工作法或分析其他类似专利的评估价值，以验证账面价值的合理性，不应直接采用其账面价值。

（5）长期股权投资评估减值 18574639.07 元，减值率为 58.23%。评估减值原因是美国子公司为母公司在美国设立的研发公司，存在大量的研发投入，故评估减值。长期股权投资发生减值通常是因为其公允价值产生了减值迹象。但报告中未论证子公司的研发投入难以资本化，即无法论证研发投入的增加将致使子公司的权益价值发生减值。若要使减值成立，报告需论证海外子公司研发投入难以资本化、经营状况恶化、产品结构老化、市场环境动荡、替代品提前上市等。

（二）收益法评估过程分析及建议

（1）DTRMWXHS－12 预期于 2024 年上市（临床Ⅱ期试验 2 年，临床Ⅲ期试验 3 年，NDA 申请耗时 1 年）。可实际上 2020 年仍未有证据表明进入了临床Ⅱ期试验，因此我们认为评估的收益期开始的时点偏早。事实上，据查阅的新闻资料显示，已上市竞品依鲁替尼从开始Ⅰ期临床试验到结束Ⅱ期试验也仅花了 2 年，BGB－3111 从 2017 年开始Ⅱ期到 2018 年获得 FDA 批准上市也只用了 2 年多。所以若根据 DTRMWXHS－12 评估基准日的研发状况预期临床Ⅱ期到 NDA 申请需要 6 年，那么在当前不容乐观的研发情况下，应当适当延长预期研发时间，也即延后收益期的起始点。

（2）DTRMWXHS－12 作为第三个上市的 BTK 抑制剂，预计在同类中有 15% 占有率，该比率存在高估的可能性。评估人员选择 15% 作为市场占有率的依据为：同类型药物 Me－too 药物（衍生药）较多的时候，第三个药物上市后，会占有 15% 的同类药物销售份额。我们认为这样的评估思路大体上是正确的，但评估师未考虑到 BTK 抑制剂上市进程差较大，目前依鲁替尼几乎在 BTK 市场一家独大，后续上市的同靶点竞品未必可以轻易分到一杯羹。而 BTK 抑制剂的同适应证非同靶点药品上市时间却相对比较密集，如 PI3K 抑制剂几乎有 46 个企业同时处于在研阶段，且 8 个进入临床Ⅲ期，18 个进入临床Ⅱ期，20 个进入临床Ⅰ期。

另外，报告认为依鲁替尼已经上市，而 BGB－311 研发进程远远领先于 DTRMWXHS－12 和 CT－1530。DTRMWXHS－12 比 CT－1530 更早完成Ⅰ期临床试验，因此基于 DTRMWXHS－12 将作为竞品中第三个上市的药物选取了 15% 作为市场占有率。但目前，在尚未有 DTRMWXHS－12 进入Ⅱ期临床试验的证据的情况下，CT－1530 也已完成了 I 期临床试验。前者将早于后者上市的假设未必成立。因此我们认为适当下调 DTRMWXHS－12 的预期市场占有率才能更为合理地估算其预期收益。

（3）报告选取贝达药业作为可比企业，贝达药业近五年平均毛利率约为95%，考虑到被评估企业委托 HZ 药业代加工需给予一定的利润，因此毛利率选择90%。但贝达药业的可比性仍有待商榷。评估基准日时，贝达药业已经是行业内集自主知识产权创新药物研究、开发、生产、营销于一体的企业，且其拥有延伸产业链和多条自主生产线，具有明显的成本优势。评估中未将这一成本优势的差异考虑进去。事实上查阅市场上抗癌药物加工生产企业，如恒瑞医药、凯莱英、新和成、现代制药的财务数据可知，在评估基准日的近几年，它们的毛利率均未达到90%。因此，我们认为评估过程中，营业成本存在低估的情况，应当参考更多可比企业的毛利率，从而确定其预期营业成本（见表7－19）。

表7－19　2013～2017 年其他可比企业毛利率　　　　单位：%

年份 企业	2017	2016	2015	2014	2013
恒瑞医药	86.63	87.07	85.28	82.38	81.33
凯莱英	51.74	51.60	48.22	43.53	44.81
新和成	50.47	45.33	27.22	39.98	37.99
现代制药	43.33	36.15	49.36	46.38	41.75

资料来源：东方财富网。

第二节　案例使用说明

一、教学目的与用途

该案例适用于《资产评估实务与案例》和《企业价值评估》的课程教学，教学对象是资产评估本科生、硕士研究生和各种课程班、研习班或讨论班的非在校学员。

通过该案例教学让学生了解企业无形资产的评估方法，尤其是医药企业处于临床试验阶段的医药技术估值问题，特别是收益法中未来收益的预测。

二、启发思考

第一，资产基础法与收益法评估结果之间的差异主要原因是什么？差异是否合理？

第二，采用企业自由现金流折现率的特定风险调整系数确定的依据是什么？

第三，影响企业价值的因素有哪些？

第四，用资产基础法时，对本案例中医药企业进行资产减值测试时应重点关注被评估企业的哪些方面？

三、评估思路分析

依据资产评估准则的规定，资产评估可以采用收益法、市场法、成本法三种方法。该企业无形资产所占比重较大，但目前企业类似无形资产的交易案例很难收集，因此本次评估不适合用市场法评估。由于产权持有者对其无形资产研发成本进行了独立核算，并提供了历史成本投入的具体情况，故可以采用成本法进行评估。评估人员在对被评估企业总体情况和历史经营情况进行了解和分析后，被评估企业具备持续经营的条件，所处的行业也处于较快发展的阶段，评估符合收益法应用前提，本次被评估企业股东全部权益评估适宜采用收益法。

收益法在评估过程中不仅考虑了被评估单位申报的账内资产，同时也考虑了如企业本身拥有的资质、企业拥有的客户资源、技术团队、管理团队以及商誉等无形资产以及未来行业发展，而这些因素未能在资产基础法中予以体现，因此收益法的评估结果高于成本法，本次评估选择收益法评估结果。

四、关键要点分析

本次评估无形资产是评估重点，因此对该企业无形资产采取何种评估方法直接影响该企业评估价值。

收益法评估结果与资产基础法评估结果之间的差异为 15535.59 万元，两种方法评估结果差异的主要原因：

第一，两种评估方法的考虑角度不同，资产基础法是从资产的取得途径考虑的，反映的是企业现有资产的重置价值。收益法是从企业的未来获利能力角度考虑的，反映的是企业各项资产的综合获利能力。

第二，收益法在评估过程中不仅考虑了被评估单位申报的账内资产，同时也考虑如企业本身拥有的资质、企业拥有的客户资源、管理团队以及商誉等无形资产，这些因素未能在资产评估基础法中予以体现，因此收益法的评估结果高于成本法的评估结果。

第八章　基于转让为目的的评估案例[①]

第一节　JL 药业公司转让××医药公司股权价值评估案例

一、股权转让

股权转让是指股东对自己拥有的股权行使权利。我国《公司法》规定股东有权通过法定方式转让其全部出资或者部分出资。随着中国市场经济体制的建立，国有企业的市场化改革及《公司法》的逐渐实施，股权转让成为我国企业募集资本、产权流动重组、资源优化配置的重要形式。

股权转让协议是指当事人以转让股权为目的而达成的关于出让方交付股权并收取价金，受让方支付资金得到股权的意思表示。股权转让是一种物权变动行为，股权转让后股东基于股东地位对公司权利义务关系也会同时移转于受让人，受让人因此成为公司的股东，取得股东权。

根据《合同法》第四十四条第一款规定，股权转让合同自成立时生效。但股权转让合同的生效并不等同于股权转让生效。股权转让合同的生效是指对合同当事人产生法律约束力的问题，股权转让的生效是指股权何时发生转移，即受让方何时取得股东身份的问题，即需要在工商管理部门进行相应的股东变更之后，该股权转让协议的受让方才能取得股东身份。

二、案例背景

JL 药业营业收入 2017 年和 2018 年连续下滑，分别实现营业收入 31.92 亿元

---

① 案例来源：http://www.cninfo.com.cn/new/index? source = gatime。

和 28.99 亿元，分别同比下降 10.81% 和 9.17%。

营业收入下滑是因为受行业政策因素的影响，重点产品脉络宁注射液较同期销售量下降放缓。JL 药业不仅营业收入下滑，扣除非归母净利润也停止增长，报告期内依靠卖子公司实现了七成的业绩增长，然而这种增长并不具有持续性。2015～2018 年，扣除非归母净利润同比增长率分别为 1.7%、1.85%、−31.15% 和 1.61%，增长率已连续 4 年低于 2%，且在 2017 年出现 31.15% 的巨大降幅。

公司重要产品脉络宁注射液属于中药注射液，近几年中药注射液颇受争议。2012 年 6 月 26 日，国家药监局发布公告，提示关注脉络宁注射液的严重不良反应，JL 药业闻声跌停。据悉，脉络宁为 JL 药业独家品种，2011 年，该产品销售收入为 5.36 亿元，占销售总收入比例为 23.74%。2018 年 5 月 29 日，中国国家药品监督管理局发布公告，要求小柴胡注射液增加警示语，并对【不良反应】【禁忌】【注意事项】等项进行修订。在【禁忌】项应注明"儿童禁用"。在报告期内，公司脉络宁注射液销量下滑，而且也没有好转的迹象。

根据 JL 药业股份有限公司 2018 年 4 月 3 日总裁办公会会议纪要，为持续推进 JL 药业"打造医药和医疗两个盈利平台"战略，通过盘活资产存量进一步聚焦主业，加大转型发展的力度，JL 药业经与南京医药协商，拟向南京医药出让其持有的南京××医药 51% 股权，为此需要对南京××医药有限责任公司 51% 的股权价值进行评估，从而为本次的经济行为提供价值参考。该经济行为及评估报告的结论将经过 JL 药业股份有限公司董事会和股东大会确认。

三、案例内容

（一）委托人概况

JL 药业股份有限公司（以下简称"JL 药业"，股票代码×××××），注册资本 50400 万元整。主要经营范围是中西药原料和制剂、生化制品、医疗器械销售、保健食品、化妆品、医药包装装潢印刷制品、天然饮料生产、销售（限分支机构经营）。新产品研制、技术服务及开发；医疗信息服务；经营本企业自产产品及技术的出口业务；经营本企业生产、科研所需的原辅材料、仪器仪表、机械设备、零配件及技术的进口业务（国家限定公司经营和国家禁止进出口的商品和技术除外）；经营进料加工和"三来一补"业务。（依法须经批准的项目，经相关部门批准后方可开展经营活动）

（二）被评估单位概况

南京××医药有限责任公司（以下简称"××医药"或"本公司"），注册资本为 5000 万元整。

1. 历史沿革、股权结构及变更情况

（1）历史沿革。

××医药有限责任公司是经南京军区后勤部生产管理部"〔1996〕生企字第068号"批复同意，由××医药公司改制而来，注册资本3000万元人民币，南京军区后勤部生产管理部以××医药公司1996年12月31日为基准日经评估的净资产2740.22万元人民币出资，折股2400万元人民币，占注册资本的80%；公司职工持股会以现金685.05万元人民币出资，折股600万元人民币，占注册资本的20%。此次出资经南京兴业审计事务所"〔1997〕兴审字16号"《验资报告》审验。

根据"宁交接办〔1999〕11号"《关于JL医药有限责任公司等两企业相关管理问题的批复》，自1999年4月30日，JL医药有限责任公司的国有股权划归南京××制药（集团）有限公司所有，股权划转后，南京××制药（集团）有限公司持有公司80%的股权，公司职工持股会持有公司20%的股权。

根据南京市经济委员会"宁经企字〔1999〕×××号"《关于××医药有限责任公司转让部分股权的批复》和南京市国有资产管理局"宁国资企〔1999〕×××号"《关于同意南京××制药（集团）有限公司转让部分国有股股权的批复》，南京××制药（集团）有限公司将持有公司29%的国有股股权转让给公司职工持股会，股权转让后南京××制药（集团）有限公司持有公司51%的股权，公司职工持股会持有公司49%的股权。本公司于2000年2月办理了工商变更登记。

根据南京市财政局"宁财办〔2001〕×××号"《关于同意转让××医药有限责任公司股权的批复》，南京××制药（集团）有限公司与××药业股份有限公司签订了股权转让协议并经南京产权交易中心鉴证，南京××制药（集团）有限公司将持有的公司51%股权转让给××药业股份有限公司，股权转让后，JL药业股份有限公司持有公司51%的股权，公司职工持股会持有公司49%的股权。本公司于2001年11月办理了工商变更登记。

2015年6月，根据2015年股东会决议和修改后的章程规定，公司申请新增注册资本为2000.00万元人民币，公司按原持股比例，以资本公积437.81万元，盈余公积1562.19万元，向全体股东转增实收资本总额2000.00万元。变更后的注册资本为5000万元人民币，本公司于2015年6月23日办理了注册资本变更登记。

截至评估基准日时，本公司股权结构未再发生变化，股权结构如下：

表8-1 ××医药公司股权结构表

股东名称	期末余额	
	出资金额（万元）	持股比例（%）
股东一	2550.00	51
股东二	2450.00	49
合计	5000.00	100

（2）经营管理结构。

本公司经营管理结构如图8-1所示。

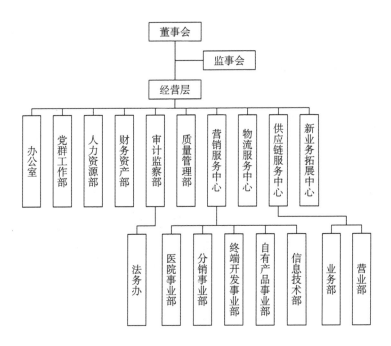

图8-1 南京××医药公司组织结构

2. 股权投资情况（见图8-2）

（1）参股公司。

××医药参股了云南××植物药业股份有限公司（以下简称"云南××药业"）和福建××医药有限责任公司（以下简称"福建××医药"），情况如表8-2所示。

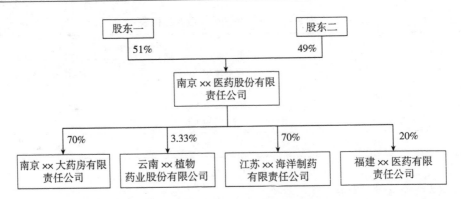

图 8-2 南京××医药公司股权投资

表 8-2 ××医药公司参股情况表   单位：万元

序号	被投资单位名称	投资日期	持股比例	投资成本	基准日时账面价值
1	云南××药业	2002.03	3.33%	150.00	150.00
2	福建××医药	1999.09	20%	600.00	600.00
	合计				750.00

（2）控股公司。

××医药投资了南京××大药房有限责任公司（以下简称"××大药房"）和江苏××海洋制药有限责任公司（以下简称"××海洋"），情况如表8-3所示。

表 8-3 ××医药公司控股情况   单位：万元

序号	被投资单位名称	投资日期	投资比例	投资成本	基准日账面价值	备注
1	××大药房	2003.03	70%	140.00	140.00	
2	××海洋	2000.01	70%	245.00	0.00	全额计提减值准备
	合计				140.00	

3. 经营业务范围及主要经营业绩

经营范围：中药材、中成药、中药饮片、化学原料药、化学药制剂、抗生素、生化药品、生物制品、二类精神药品；Ⅱ、Ⅲ医疗器械、保健食品、食品（按许可证所列范围经营）、食品添加剂、一类医疗器械、玻璃仪器、化学试剂、化工产品（不含危险品）、五金家电、家用电器、电子产品、木材、计算机、机械设备、建筑材料、汽车配件、工艺美术品、化妆品、日用百货、消毒液（不含危化品）、日用化学品、文化用品、体育用品及器材、仪器仪表、不锈钢制品销售；自营和代理各类商品及技术的进出口业务；自有房屋租赁；会务服务、仓储服务（不含危化品）、企业管理服务、会议及展览服务；医药信息咨询；道路货物运输（须取得许可或批准后方可经营）。

××医药和参股公司——福建××医药主要从事药品批发业务，子公司——××大药房主要从事药品零售业务，子公司——××海洋主营化学试剂销售，自2002年11月底开始歇业，仅通过房屋租赁产生的收入维持基本的人员支出和零星开支；参股公司——云南××药业主要经营中药材的种植和销售。

4. 会计政策及税收情况

（1）执行的会计制度。

本公司以持续经营为基础，根据实际发生的交易和事项，按照《企业会计准则——基本准则》和其他各项会计准则的规定进行确认和计量，在此基础上编制财务报表。

会计年度：以公历一月一日起至十二月三十一日止为一个会计年度。

记账本位币：人民币。

记账基础和计价原则：以权责发生制为记账基础，以历史成本为计价原则。

（2）主要税项。

表8-4 ××医药主要税项表

税种	计税依据	评估基准日时税率
增值税	销售货物或提供应税劳务过程中产生的增值额	药品系列执行17%税率；色素、鲜皇浆产品及中药材执行11%税率
城市建设税	实纳流转税额	7%
教育费附加	实纳流转税额	5%
企业所得税	应纳税所得额	25%

5. 近三年财务状况和经营业绩

南京××医药2015～2017年度财务报表已经天衡会计师事务所（特殊普通合伙）审计，并出具了"天衡专字〔2018〕00946号"标准无保留意见的《审计报告》。

（1）南京××医药财务状况、经营状况（母公司口径）列示如表8-5所示。

表8-5 南京××医药公司财务状况、经营状况（母公司口径）

单位：万元

日期	2015年12月31日	2016年12月31日	2017年12月31日
资产总计	96088.89	94261.46	57407.17

续表

日期	2015 年 12 月 31 日	2016 年 12 月 31 日	2017 年 12 月 31 日
负债合计	87296.22	83996.01	50176.36
净资产	8792.67	10265.45	7230.81
期间	2015 年度	2016 年度	2017 年度
营业收入	177746.42	203485.44	144195.19
利润总额	1175.82	1982.75	-3202.91
净利润	931.59	1472.78	-2401.44

（2）南京××医药财务状况、经营状况（合并口径）列示如表 8-6 所示。

表 8-6　南京××医药公司财务状况、经营状况（合并口径）

单位：万元

日期	2015 年 12 月 31 日	2016 年 12 月 31 日	2017 年 12 月 31 日
资产总计	103293.68	100253.74	63176.24
负债合计	91628.60	87412.16	53337.28
净资产	11665.09	12841.58	9838.96
期间	2015 年度	2016 年度	2017 年度
营业收入	194720.28	217493.64	157406.04
利润总额	1534.25	1638.29	-3167.99
净利润	1177.62	1176.50	-2369.42

6. 以往的评估及交易情况

无。

（三）委托人与被评估单位的关系

1. 产权关系

本次评估的委托人为 JL 药业股份有限公司，其实际控制人为南京新工投资集团有限责任公司；被评估单位为××医药有限责任公司；委托人——JL 药业持有被评估单位——××医药 51% 的股权。

2. 交易关系

在本次经济行为中，委托人——JL 药业拟出让其持有的××医药 51% 的股权给南京医药股份有限公司（以下简称"南京医药"，其实际控制人也为南京××投资集团有限责任公司）。

除与本经济行为相关的法律、行政法规规定的报告使用人外，无其他评估报告使用人。

（四）评估目的

本次评估目的是对南京××医药有限责任公司 51% 的股权价值进行评估，从而为本次的经济行为提供价值参考。

（五）评估对象和范围

本项目评估对象：南京××医药有限责任公司（以下简称"××医药"）51% 股权于评估基准日 2017 年 12 月 31 日的市场价值。

本项目评估范围：南京××医药有限责任公司于该评估基准日 2017 年 12 月 31 日的全部资产及负债，包括流动资产、非流动资产、流动负债、非流动负债。账面资产总额 57407.17 万元、负债 50176.36 万元、净资产 7230.81 万元。

（六）价值类型及其定义

选定市场价值作为本次评估的结论的价值类型。

（七）评估基准日

2017 年 12 月 31 日。

（八）评估依据（略）

（九）评估方法

1. 资产基础法

（1）货币资金。

评估基准日时，货币资金账面值为 77437016.11 元，包括现金 45474.89 元和银行存款 77391541.22 元。

评估现金时，通过现场监盘库存现金，采用逆算方法，追溯至评估基准日实有库存现金金额，再核对现金日记账、总账，以核实后的账面值作为评估值。

银行存款共 14 个人民币账户。首先获取银行存款申报表，再将银行日记账、总账、银行存款对账单及企业的银行存款余额调节表进行核对，了解银行的未达账项和形成原因，并对部分大额银行存款进行函证，以核实后的账面值作为评估值。

采用上述方法货币资金评估值为 77437016.11 元，无评估增减值。

（2）应收票据。

评估基准日时，应收票据的账面值为 34623904.58 元，均为银行承兑汇票，在核对总账、明细账和报表一致后，逐项核实应收票据发生的时间、内容，并对尚未背书、贴现应收票据进行盘点，对基准日后已背书、贴现的应收票据采用替代程序进行核实，本次评估以核实后的账面值作为评估值。

经采用上述评估程序，应收票据评估值为 34623904.58 元，无评估增减值。

（3）应收账款。

应收款项包括应收账款、预付账款和其他应收款。

应收账款账面原值 270614118.82 元、计提坏账准备 43041634.84 元、净值 227572483.98 元，主要为销售药品形成的应收货款；预付账款账面值 14727256.39 元，为预付的药品货款；其他应收款账面原值 17297813.52 元、计提坏账准备 12243982.61 元、净值 5053830.91 元，主要为与关联企业的往来款、备用金和长期挂账的货款等。

首先对应收款项进行逐笔核对，查看其是否账表相符。通过检查企业账面收、付款资料，向财务人员调查了解款项的用途和款项结算情况、向客户发函询证或利用替代程序确认这些款项的真实性和余额的准确性。

对于应收账款，客户——石家庄市××医药有限公司的法人代表和实际控制人因涉嫌合同诈骗已被公安机关立案逮捕，该案件目前尚处于公安机关侦办阶段，预计办结时间较长。××医药从公安机关及公司注册地获取的资料与信息均表明该客户已停止经营，其可供变现资产较少，债务较多，偿付能力较差，且涉及诈骗的犯罪嫌疑人无偿还意愿，该笔款项预计收回的可能性很小；其余应收账款主要为 1 年以内形成。本次评估将坏账准备评估为零；对于预计收回可能性很小的款项，全额预计坏账损失；其他应收账款按审计相同的账龄预计坏账损失。应收账款以核实后的账面值减去预计的坏账损失作为评估值。应收账款评估值 227572483.98 元，无评估增值。

对于预付账款，零星尾款因业务不再发生，评估为零；其他预付账款以核实后的账面值作为评估值。预付账款评估值 14727254.58 元、评估增值 -1.81 元，增值率较小。

对于其他应收款，与江苏××海洋制药有限责任公司的往来款以核对后的账面余额作为评估值；对于长期挂账的零星尾款评估为零；其他应收款项以核实后的账面值作为评估值，并对该部分款项按审计相同的账龄预计坏账损失。其他应收款评估 16103830.91 元、评估增值 11050000.00 元、增值率为 218.65%。

（4）存货。

基准日时，存货账面余额为 165951738.86 元、计提存货跌价准 1067828.22 元、存货净值 164883910.64 元，为库存商品，共计 3050 项，主要为脉络宁注射液、宝丽亚库存、其他可供销售的药品等。存货主要采用集中保管方式，存放于 ××医药的厂区仓库内，我们根据被评估单位提供的基准日时的各类存货清单，采取实地盘点的方法进行核查。经核实，88 项存货计提跌价准备，其中 63 项已过效期或近效期全额计提跌价准备 1006194.23 元，另 25 项部分计提跌价准备。

对于已过效期或近效期的库存评估为零；对于部分计提跌价准备的库存按照

可变现价值作为评估值；其他库存商品因与基准日时的市价较接近，以核实后的账面值作为评估值。存货跌价准备评估为零。

（5）其他流动资产。

基准日时其他流动资产账面值为10000760.26元，全部为待抵扣进项税，查阅了原始入账凭证和纳税申报表进行确认。本次评估以核实后的账面值10000760.26元作为评估值，无评估增减值。

（6）可供出售金融资产。

评估基准日时，可供出售金融资产的账面价值为7500000.00元，包括两家股权投资单位，明细如表8-7所示。

表8-7 ××医药持股投资单位金融资产　　　　　　　　单位：元

序号	被投资单位名称	投资日期	持股比例	投资成本	基准日时的账面价值
1	云南××植物药业股份有限公司	2002.03	3.33%	1500000.00	1500000.00
2	福建××医药公司有限责任公司	1999.09	20%	6000000.00	6000000.00
	合计				7500000.00

首先对可供出售金融资产形成的原因、账面值和实际状况进行了取证核实，并查阅了投资协议、被投资企业营业执照、公司章程和验资报告等资料，确认投资关系的合法性，并通过核实入账凭证等财务资料确认账面值的准确性。

采用同一评估基准日和与母公司相同的评估程序对被投资单位进行整体的资产基础法评估，以被投资单位的评估后净资产乘以相应的股权比例得出该项可供出售金融资产的评估值。评估中所采用的评估方法、标准及尺度、各项资产及负债的评估过程等与母公司评估保持一致，以合理反映该项可供出售金融资产在评估基准日时的市场价值。

评估值＝被投资单位的评估后净资产×相应的股权比例

经评估，××医药可供出售金融资产评估值为29336700.00元。

与账面值750000.00元相比，增值21896700.00元、增值率为291.96%，增值原因为可供出售金融资产账面采用成本法核算，而评估值主要为对被投资单位的账面净资产或评估后股权价值和持股比例的乘积。

（7）长期股权投资。

评估基准日时，长期股权投资账面值为1400000.00元，包括2家股权投资单位明细如表8-8所示。

表 8-8 ××医药公司投资账户及账面组成情况 单位：万元

序号	被投资单位名称	投资日期	持股比例	投资成本	基准日时的账面价值
1	南京××大药房有限责任公司	2003.03	70%	140.00	140.00
2	××海洋制药有限责任公司	2000.01	70%	245.00	0.00
合计					140.00

首先对长期股权投资形成的原因、账面值和实际状况进行了取证核实，并查阅了投资协议、被投资企业营业执照、公司章程和验资报告等资料，确认投资关系的合法性，并通过核实入账凭证等财务资料确认账面值的准确性。

××大药房和××海洋配合且提供了基础评估资料，我们采用同一评估基准日和与母公司相同的评估程序对被投资单位进行评估。××大药房分别采用收益法和市场法评估并选用市场法的评估结果作为××大药房的股权价值，并以××大药房评估后的股东全部权益价值乘以相应的股权比例得出该项长期股权投资的评估值；××海洋采用资产基础法评估，并以被投资单位的评估后净资产乘以相应的股权比例得出该项长期股权投资的评估值。

经评估，××医药长期股权投资评估值为 69900300.00 元，与账面值 1400000.00 元相比，增值 68500300.00 元、增值率为 4892.88%，增值原因为长期股权投资账面采用成本法核算而评估值主要为对被投资单位评估后股权价值和持股比例的乘积，故形成较大差异。

（8）无形资产——其他无形资产。

本次纳入评估范围的其他无形资产为××医药申报的账面记录的无形资产，包括 12 项用于日常经营、管理的计算机软件使用权类无形资产，均为可确指的无形资产。评估基准日的账面组成情况如表 8-9 所示。

表 8-9 ××医药公司账面记录无形资产表

序号	无形资产的内容或名称	取得日期	原始入账价值	账面价值
1	金蝶软件	2007 年	587800	0
2	鼎拓软件	2007 年 12 月	388500	0
3	供应商流向管理软件	2010 年 10 月	136000	0
4	智泽华 A6 财务分析软件	2011 年 8 月	45000	0
5	物流系统	2015 年 2~10 月	683000	0
6	通信接口软件	2015 年 10 月	29245.28	0
7	中建系统和金蝶 EAS 系统接口	2016 年 9 月	38834.95	12945.03
8	苏航企业管理软件（金税接口）	2016 年 9 月	55555.56	18518.44

续表

序号	无形资产的内容或名称	取得日期	原始入账价值	账面价值
9	中建之健供应链管理信息系（医药版）	2016 年 11 月至 2017 年 6 月	641025.66	316951.59
10	舱内扫描管理系统	2017 年 1~2 月	431655.34	215827.66
11	Piva Safe V3.0 软件	2017 年 2 月	111111.12	60185.19
12	微信业务平台	2017 年 9 月	29126.21	24271.84
合计			3176854.12	648699.75

上述无形资产的原值入账价值 2015 年 10 月以前为含税价，2015 年 10 月以后为不含税价；摊销政策为 2~3 年。

1）首先对被评估单位提供的其他无形资产申报明细表与总账、明细账，抽查相关财务凭证和购置合同，了解其他无形资产账面原值构成情况，并对申报内容的完整性进行初步审查。

2）向被评估单位相关人员了解无形资产是否正常在用，是否进行过升级。核实结果：经核实，金蝶软件、鼎拓软件和物流系统目前被评估单位已不再使用。

上述无形资产均为委托开发或直接外购取得，根据其资产性质和使用状况，对于正常在用的软件采用市价法评估，按照同类或类似软件基准日时的市场价格确定评估值；对于已不再使用的软件评估为零。

（9）固定资产——房地产。

对数量及账面值情况（原值和净值）、权属状况、区位状况、实物状况进行核查，确定相关房地产基本情况。

房地产的评估方法主要有成本法、市场比较法、收益法等几种方法。

1）办公楼、住宅。

本次委托评估的办公楼、住宅类房地产，成本法及收益法无法真实反映商业和住宅类房地产的市场价值，因此不适宜采用成本法和收益法评估；同一区域内近期类似市场交易案例较多，故采用市场法评估。

市场法是指选取一定数量的可比交易实例，将它们与委托评估房地产进行比较，根据其间的差异对可比实例进行修正后得到委托评估房地产价值的方法。

计算公式：$P = P' \times A \times B \times C \times D \times E$

其中，P 为委估房地产的评估值；P' 为可比实例房地产价格；A 为交易情况修正系数；B 为交易日期修正系数；C 为区位状况修正系数；D 为权益状况修正系数；E 为实物状况修正系数。

2) 加盖房屋。

上述委托评估的房屋是在原有房屋基础上加盖，同一区域内近期类似市场交易案例较少，同一区域内近期类似租赁案例也较少，无法满足市场法和收益法评估的条件，因此只能采用成本法评估。

成本法指在评估基准日的现时条件下重新购置或建造一个全新状态的被评估资产所需的全部成本，减去被评估资产已经发生的实体性陈旧贬值、功能性陈旧贬值和经济性陈旧贬值后确定委评对象价值的方法。

成本法的计算公式为：

委评资产的评估值 = 重置成本 × 成新率

重置成本 = 建安工程造价 + 专业及其他费用 + 资金成本

成新率 = 预计尚可使用年限 + （预计尚可使用年限 + 实际已使用年限） × 100%

房地产增值的主要原因为近几年来商业房地产市场价格增长所致（见表 8 - 10）。

表 8 - 10　× × 医药公司申报评估的房地产评估结果及增减值

科目名称	评估价值		增值额		增值率（%）	
	原值	净值	原值	净值	原值	净值
房屋建筑物类合计	38658782.73	6862670.34	136870800.0	135856800.00	98212017.27	128994129.66
房屋建筑物	38658782.73	6862670.34	136870800.0	135856800.00	98212017.27	128994129.66

举例一：综合楼

评估师对委评房地产现场勘察后，进行市场询价，选取与委评房地产类似的房地产买卖实例若干，根据替代原则，选取近期同一供需圈内相近区域的三个类似房地产交易案例进行比较，如表 8 - 11 所示。

表 8 - 11　比较案例表

案例	A	B	C
房屋位置	和平大厦	东方大厦	谷阳世纪大厦
建筑面积（m²）	190	64.51	142
单价	13982	13835	12570
成交日期	2018 年 4 月	2018 年 4 月	2018 年 4 月
建筑结构	钢混	钢混	钢混
楼层（地上）	20	4	16
装修状况	精装修	精装修	普通装修

同时根据可比案例与委评资产的实际状况，选用影响房地产价格的比较因素，主要包括以下几个方面：

第一，交易情况：考虑是否正常交易及交易情况对房价的影响。

第二，交易日期：因交易日期的不同，房价存在差异，需进行交易时间修正。

第三，区位状况：考虑区域繁华程度、交通条件、外部配套设施、周围环境、楼层等因素。

第四，权益状况：考虑规划条件、租赁情况等因素。

第五，实物状况：考虑建筑面积、建筑结构、建筑年代、建筑外观、层高、室内布局、停车场便利度、物业管理、装饰装修、设备设施等因素。

将可比案例相应因素条件与评估对象相比较，确定相应指数，如表8－12所示。

表8－12 因素修正表

修正因素		委估对象	案例A	案例B	案例C
地址		太平门街55号综合楼	和平大厦	东方大厦	谷阳世纪大厦
交易价格（含税）		待估	13982	13835	12570
交易日期		100	101	101	101
交易情况		100	100	100	100
区域状况	区域繁华程度	100	100	100	100
	交通条件	100	100	100	100
	外部配套设施	100	100	100	100
	周围环境	100	100	100	100
	楼层	100	105.7	100.3	104
权益状况	规划条件	100	100	100	100
	租赁情况	100	100	100	100
实物状况	建筑面积	100	109.1	109.7	109.3
	建造结构	100	100	100	100
	建造年代	100	102	100	102
	建筑外观	100	100	99	100
	层高	100	101	100	100
	室内布局	100	100	100	100
	停车便利度	100	100	100	100
	物业管理	100	100	100	100
	装饰装修	100	103	103	100
	设备设施	100	100	100	100

根据比较因素条件指数，对可比案例价格从交易情况、交易日期、权益因素、区域因素和个别因素等方面进行系数修正，得出评估对象的比准价格，如表8-13所示。

表8-13 差异系数表

修正因素		案例A	案例B	案例C
地址		和平大厦	东方大厦	谷阳世纪大厦
交易价格（含税）		13982	13835	12570
交易日期		101/100	101/100	101/100
交易情况		100/100	100/100	100/100
区域状况	区域繁华程度	100/100	100/100	100/100
	交通条件	100/100	100/100	100/100
	外部配套设施	100/100	100/100	100/100
	周围环境	100/100	100/100	100/100
	楼层	100/105.7	100/100.3	100/104
权益状况	规划条件	100/100	100/100	100/100
	租赁情况	100/100	100/100	100/100
实物状况	建筑面积	100/109.1	100/109.7	100/109.3
	建造结构	100/100	100/100	100/100
	建造年代	100/102	100/100	100/102
	建筑外观	100/100	100/99	100/100
	层高	100/101	100/100	100/100
	室内布局	100/100	100/100	100/100
	停车便利度	100/100	100/100	100/100
	物业管理	100/100	100/100	100/100
	装饰装修	100/103	100/103	100/100
	设备设施	100/100	100/100	100/100
修正后单价（含税）		11541	12454	10950
修正后平均单价（含税）			11648	

经比较分析，各比较案例经因素修正后得到的价格较为接近，故取其算术平均值作为市场法所得评估结果，即：

评估单价 = 11648.00元/平方米（取整）

委评的综合楼房地产的市场价值 = 评估单价 × 建筑面积

$$= 11648.00 \times 2225.60$$
$$\approx 25923800.00 \text{ 元（取整到百位）}$$

举例二：综合楼加盖

①重置价值的计算。

我们根据现场的查勘资料，选取类似的工程造价指标，采用基准日时的人工和材料价格，按《江苏省建筑与装饰工程计价表（2014）》及相应费用计算规则测算工程造价，并按规定考虑相应的前期及其他费用、资金成本来计算其重置价值，计算过程如表8-14、表8-15所示。

表8-14 重置价值计算表

序号	费用名称	计算公式	费率	金额
1	分部分项工程量清单费用	A + B + C + D + E		1183.55
	其中A：人工费			433.16
	B：材料费			517.28
	C：机械费			53.17
	D：管理费	(A + C) ×费率	25.00%	121.58
	E：利润	(A + C) ×费率	12.00%	58.36
2	措施项目清单费			61.54
	现场安全文明施工措施费	1×费率	3.00%	35.51
	临时设施费	1×费率	2.20%	26.04
	检验试验费	1×费率		0.00
	大型机械设备进出场及安拆	1×费率		0.00
	脚手架费	1×费率		0.00
3	其他项目清单费	(A + C) ×费率	0.00%	0.00
	总承包服务费	1×费率	0.00%	0.00
	小计	1 + 2 + 3		1245.10
4	规费			44.82
	工程排污费	(1 + 2 + 3) ×费率	0.10%	1.25
	社会保障费	(1 + 2 + 3) ×费率	3.00%	37.35
	住房公积金	(1 + 2 + 3) ×费率	0.50%	6.23
5	税金	(1 + 2 + 3 + 4) ×费率	3.36%	43.34
6	土建工程费合计			1333.26
7	水电安装工程			199.99
8	装修			300.00

序号	费用名称	计算公式	费率	金额
9	工程费合计			1833. 25
10	前期工程费	8 × 费率	7. 74%	141. 89
11	行政性收费			0. 00
12	开发成本			1975. 15
13	资金成本	11 × 费率	2. 18%	42. 96
14	重置单价			2018. 11
15	重置价值			1053800. 00

表 8 – 15　前期工程费率和资金成本率

分类	序号	费用名称	取费费率	取费依据
一、按工程费	1	前期工作咨询费	0. 63%	参考社会平均水平
	2	勘察设计费	3. 15%	参考社会平均水平
	3	监理费	2. 31%	参考社会平均水平
	4	招投标管理费	0. 60%	参考社会平均水平
	5	建设单位管理费	1. 05%	参考社会平均水平
		小计	7. 74%	
二、按时间	1	资金成本	2. 18%	工期一年，假设资金均匀投入，综合利率按 4. 35% × 1/2 = 2. 18%
		小计	2. 18%	

②成新率的确定过程。

参照内在质量、更新改造、装修、维护、使用状况等实际情况，判定预计尚可使用年限。委托评估房屋为钢混结构，类似房屋设计使用年限为 50 年，评估对象 1998 年 8 月建成投入使用，至本次评估基准日已使用 19.40 年，尚可使用 30.6 年；土地截止日期为 2039 年 4 月 18 日，土地尚可使用年限为 21.30 年，故房屋尚可使用年限确定为 21.30 年。计算公式如下：

成新率 = ［预计尚可使用年限/（已使用年限 + 预计尚可使用年限）］×100%
= ［21.30/（19.40 + 21.30）］×100% ≈ 52%

③评估值的确定。

综合楼加盖评估值 = 重置价值成新率

$$= 1053800.00 \times 52\%$$

$$\approx 551500.00 （元）（取整）$$

④特别事项。

××医药申报的房地产中有 7 项为加盖，建筑面积合计 1101.03 平方米，未领取《规划许可证》，也未领取《房屋所有权证》或《不动产权证书》，评估人员已对加盖房屋采用成本法评估，未考虑加盖房屋可能不符合城市规划而面临的拆除对评估结论产生的影响；2 项房屋基准日时已拆除，建筑面积合计 250.50 平方米，已拆除房屋评估为零。

本次申报评估的房屋——升州路 4 - 1 幢 177 - 1 号领有"秦变字第 60126 号"《房屋所有权证》，证载权利人为××医药公司，为××医药前身。该房屋为 1992 年向部队购买的门面房，使用的是部队土地，移交给地方后无法办理土地证。我们未考虑补办权证可能发生的支出对评估结论产生的影响。

（10）固定资产——设备

1）评估方法的选取。

设备的评估主要有市场法、收益法、重置成本法等几种方法。

第一，收益法是指通过将委估设备预期收益资本化或折现以确定评估对象价值的评估思路。由于委估设备不单独计量收益，我们也未收集到类似设备出租的市场租金信息，因此无法采用收益法评估。

第二，市场法是指利用市场上同样或类似资产的近期交易价格，经过直接比较或类比分析，以参照物的成交价格为基础，考虑参照物与评估对象在功能、市场条件和交易时间等方面的差异，通过对比分析和量化差异调整估算出评估对象价值的方法。对市场上可以收集到相同或类似设备足够交易信息的车辆和电子设备，我们主要采用市场法评估。对市场上无法收集到足够的相同或类似设备成交案例的机器设备，我们采用重置成本法评估。

第三，重置成本法是指首先估测委估设备的重置成本，再减去已经发生的实体性贬值、功能性贬值和经济性贬值后，得到委估设备评估值的方法。

成本法的公式：设备评估值 = 设备重置成本 - 实体性贬值 - 功能性贬值 - 经济性贬值，采用年限法计算设备的实体性贬值。功能性贬值主要体现在超额投资成本和超额运营成本两方面，由于在评估中采用现行市场价格确定重置成本，不需要再考虑超额投资成本；经现场勘察，委估设备正常在用，基准日时尚不存在超额运营成本，因此委估设备的功能性贬值取零。委估设备在评估基准日以及评估目的实现后可按原地原设计用途持续正常使用，未发现经济性贬值的现象，故本次评估我们将委估设备的经济性贬值取零。我们将确定设备评估值的公式简化为：设备评估值 = 设备重置成本 × 综合成新率。

2）主要参数的确定。

①重置成本的确定。

a. 机器设备

设备重置成本 = 设备含税购置价 + 运杂费 + 安装调试费 - 增值税

Ⅰ. 设备购置价的确定

主要通过向生产厂家直接询价取价或查阅《机电产品报价手册》，对已无法获得该设备的购置价的，选用市场上性能基本相同的设备价格修正得出。

Ⅱ. 设备的运杂费率、安装调试费我们参考《资产评估常用数据与参数手册》并结合委估设备的实际特点、安装要求以设备购置价为基础，按一定的比例选取。

b. 车辆

主要通过向经销商询价取价，以其现行购置价格，考虑车辆购置税、其他费用等确定重置成本。

c. 电子设备

主要通过中关村在线、淘宝网等渠道查询购置价，对厂家负责送货上门和安装的电子设备，以购置价作为重置成本。

②综合成新率的确定。

a. 机器设备

通过现场勘察设备运行状况，同时考虑设备的维护保养情况、现有性能、常用负荷率、原始制造质量、技术改造等情况，结合设备经济寿命，确定其尚可使用年限，然后按下列公式确定综合成新率。

综合成新率 = 尚可使用年限 + （尚可使用年限 + 已使用年限）× 100

b. 车辆

采用行驶里程法、使用年限法两种方法根据孰低原则确定成新率。

年限法成新率 = 尚可使用年限/（已使用年限 + 尚可使用年限）× 100%

里程法成新率 = （规定行驶里程 - 已行驶里程）/规定行驶里程 × 100%

c. 电子设备

依据经济寿命采用年限法确定成新率。

③设备评估值的确定。

设备评估值 = 重置成本 × 成新率

经采用上述方法评估，××医药委评的全部设备于评估基准日 2017 年 12 月 31 日的估值如表 8 - 16 所示。

本次设备类资产评估增值 1271316.40 元，增值率为 16.91%，增值原因主要为设备的会计折旧年限短于经济寿命年限。

（11）递延所得税。

评估基准日递延所得税资产账面值为15843896.94元，主要为应收账款坏账准备、其他应收款坏账准备、存货跌价准备、预提费用等形成的暂时性差异所形成的递延所得税。

表8-16 账面价值与评估价值差异表

科目名称	账面价值		评估价值	
	原值	净值	原值	净值
设备类合计	17022998.28	7517273.60	12539710.00	8788590.00
车辆	4670255.15	307226.62	2915600.00	1245000.00
电子设备	12352743.13	7210046.98	9624110.00	7543590.00

本次评估中对应收账款及其他应收款考虑了预计的坏账损失，并在预计坏账损失的基础上确认递延所得税资产；存货跌价准备评估为零，相应的递延所得税资产评估为零；其他递延所得税资产项目在分析其形成过程后，以核实后的账面值作为评估值。

经评估，递延所得税资产评估值16111059.02元，评估增值267162.08元，增值率为1.69%。

（12）短期借款。

基准日时短期借款账面值为130000000.00元，均为信用借款，根据企业提供的明细，对短期借款进行逐笔核实，包括对借款合同进行核对，借款借据进行抽查，同时对部分短期借款以函证的方式进行核实，未见异常。故以核实后账面值作为评估值。

（13）应付票据。

应付票据为银行承兑汇票，评估基准日时账面余额144071433.79元，均为无息票据。在核对总账、明细账和报表一致后，逐项核实了应收票据发生的时间、内容，在核实无误的基础上，以核实后账面值作为评估值。

（14）应付款项。

应付款项包括应付账款、预收账款和其他应付款。

评估基准日时，应付账款账面值144085555.02元，主要为应付的药品款和设备款；预收账款账面值2234740.73元，主要为预收的货款和房租；其他应付款账面值26029269.17元，主要为应付××公司职工持股会的借款、促销费、未发奖金、保证金、押金等。

首先获取应付款项申报表，与明细账、总账、报表进行核对，随后依据被评估单位提供的财务账簿对各应付款项进行核对，查看其是否账表相符；对账面金额较大的应付款项进行函证，核实账面余额的准确性；抽查相关业务合同和相关原始凭证，核实业务的真实性。应付账款和预收账款中，零星尾款评估为零；其他应付款项以核实后的账面值作为评估值。

经评估，应付账款评估值 144085470.54 元、评估增值 - 84.48 元，增值率较小；预收账款评估值 2234704.64 元、评估增值 - 36.09 元，增值率较小；其他应付款评估值 26029269.17 元，无评估增减值。

（15）应付职工薪酬。

评估基准日时，应付职工薪酬账面余额为 5360906.32 元，为计提的年终奖、住房补贴、工会经费、职工教育经费和代扣各项保险。查阅了相关凭证并进行核实，以核实后的账面值 5360906.32 元作为评估值，无评估增减值。

（16）应交税费。

评估基准日时，应交税费账面余额为 - 198018.26 元，主要为预缴的企业所得税和应交的个人所得税、房产税、土地使用税、城建税、教育费附加等。查阅了纳税申报表、应交税费明细账和会计凭证资料等，以核实后的账面值 - 198018.26元作为评估值。

（17）应付利息。

评估基准日时，应付利息账面值为 179703.33 元，系根据银行借款计提的利息。对应付利息的所属期间进行了核实，结合借款本金和利率对应付利息的计提进行复核和测算，并抽查有关计提与支付凭证，以核实后的账面值 179703.33 元作为评估值，无评估增减值。

（18）长期应付款

基准日时，长期应付款账面值 5000000.00 元，为××药业股份有限公司提供给××医药的营运资金。首先获取长期应付款申报表，与明细账、总账、报表进行核对，随后依据被评估单位提供的财务账簿对应付款项进行核对，查看其是否账表相符。

通过与委托人和被评估单位进行访谈了解该笔款项的性质和用途，核实业务的真实性；并对该笔款进行函证，核实账面余额的准确性。长期应付款以核实后的账面价值作为评估值。

2. 收益法

（1）收益法选择依据。

本次评估，资产评估师取得了被评估单位历史经营情况的基本资料，分析了被评估单位的资本结构、经营状况、历史业绩、发展前景，同时考虑宏观和区域经济因素、所在行业现状与发展前景对企业价值的影响，对委托人和相关当事方提供的企业未来收益预测进行了必要的分析、判断和调整，在考虑未来各种可能性及其影响的基础上合理确定评估假设，形成未来收益预测。对关键性参数，如未来收益预测中营业收入、毛利率、营运资金、资本性支出等主要参数进行了重点关注，从所获取评估资料的充分性上判断，资产评估师认为能够使用合适的估价模型形成合理的评估结果。

（2）企业宏观环境分析。

1）国家经济形势及未来发展趋势。

初步核算，2017 年全年国内生产总值 827122 亿元，比上年增长 6.9%。其中，第一产业增加值 65468 亿元，增长 3.9%；第二产业增加值 334623 亿元，增长 6.1%；第三产业增加值 427032 亿元，增长 8.0%。第一、第二、第三产业增加值占国内生产总值的比重分别为 7.9%、40.5%、51.6%。总体来看，2017 年经济运行稳中有进、稳中向好、好于预期，经济社会保持平稳健康发展。

2）地区经济形势及未来发展趋势。

初步核算并经国家统计局核定，2017 年江苏省实现生产总值 85900.90 亿元，比上年增长 7.2%。其中，第一产业增加值 4076.70 亿元，增长 2.2%；第二产业增加值 38654.80 亿元，增长 6.6%；第三产业增加值 43169.4 亿元，增长 8.2%。

3）有关财政、货币政策。

中央经济工作会议提出 2017 年要贯彻好"稳中求进"这个总基调。财政政策要更加积极有效，预算安排要适应推进供给侧结构性改革、降低企业税费负担、保障民生兜底的需要。货币政策要保持稳健中性，适应货币供应方式新变化，调节好货币闸门，努力畅通货币政策传导渠道和机制，维护流动性基本稳定。

（3）被评估单位所在行业现状与发展前景。

1）国家、地区有关企业经营的法律法规和行业主要政策规定，详见表 8 - 17。

表 8 - 17　行业主要法律和政策

主要法律

主要法律名称	发布单位	颁布时间
《处方药与非处方药分类管理办法（试行）》	食药监局	1999 年 6 月 18 日
《互联网药品信息服务管理办法》	食药监局	2004 年 7 月 8 日
《互联网药品交易服务审批暂行规定》	食药监局	2005 年 9 月 29 日
《麻醉药品和精神药品经营管理办法（试行）》	食药监局	2005 年 10 月 31 日
《药品流通监督管理办法》	食药监局	2007 年 1 月 31 日

续表

主要法律名称	发布单位	颁布时间
《中华人民共和国外汇管理条例》	国务院	2008 年 8 月 5 日
《药品进口管理办法（2012 年修订）》	国家食药监局、海关总署	2012 年 8 月 24 日
《中华人民共和国海关法（2013 年修订）》	全国人大常委会	2013 年 12 月 28 日
《医疗器械经营监督管理办法》	食药监局	2014 年 7 月 30 日
《医疗器械经营质量管理规范》	食药监局	2014 年 12 月 12 日
《中华人民共和国药品管理法（2015 年修正）》	全国人大常委会	2015 年 4 月 24 日

主要政策

相关政策	颁布机构	颁布时间
《中共中央关于制定国民经济和社会发展第十二个五年规划的建议》	中共中央	2010 年 10 月 18 日
《全国药品流通行业发展规划纲要(2011 - 2015 年)》	商务部	2011 年 5 月 5 日
《关于进一步加强婴幼儿配方乳粉质量安全工作意见》	食药监局、商务部等 9 部委	2013 年 6 月 16 日
《关于促进健康服务业发展的若干意见》	国务院	2013 年 9 月 28 日
《国家发展改革委关于改进低价药品价格管理有关问题的通知》	国家发改委	2014 年 4 月 26 日
《关于落实 2014 年度医改重点任务提升药品流通行业服务水平和效率工作的通知》	商务部等 6 部委	2014 年 9 月 9 日
《蛋白同化制剂和肽类激素进出口管理办法》	国家食品药品监督管理总局	2014 年 6 月 27 日
《国务院办公厅关于完善公立医院药品集中采购工作的指导意见》	国务院办公厅	2015 年 2 月 9 日
《全国医疗卫生服务体系规划纲要》	国务院办公厅	2015 年 3 月 30 日
《关于改进口岸工作支持外贸发展的若干规定》	国务院	2015 年 4 月 7 日
《关于印发推进药品价格改革意见的通知》	国家发改委	2015 年 5 月 4 日
《关于促进医药产业健康发展的指导意见》	国务院办公厅	2016 年 3 月 11 日
《深化医药卫生体制改革 2016 年重点工作任务》	国务院办公厅	2016 年 4 月 26 日
《全国药品流通行业发展规划（2016 - 2020 年）》	商务部	2016 年 12 月 29 日
《关于在公立医疗机构药品采购中推行"两票制"的实施意见（试行）》	国务院医改办等 8 部委	2017 年 1 月 11 日
《关于进一步改革完善药品生产流通使用政策的若干意见》	国务院办公厅	2017 年 2 月 9 日
《网络药品经营监督管理办法（征求意见稿）》	卫计委	2017 年 11 月 14 日

2）医药流通行业发展概况。

①医药流通行业整体分析。

医药流通，是指连接上游医药生产企业与下游经销商以及终端客户的医药商品流通过程。根据商务部 2016 年药品流通行业运行统计分析报告，近年来我国医药商品销售总额保持稳定增长。与此同时，我国药品批发企业数量在逐年下降。从集中度来看，2016 年 4 家全国龙头企业营业收入占同期全国医药市场总规模的 32%，药品批发企业营业收入前 100 位占同期全国医药市场总规模的 70.9%。

按照商务部 2016 年 12 月印发的《全国药品流通行业发展规划（2016－2020年）》的规定，2020 年我国批发百强企业占批发市场总额占比要从 2015 年的86% 增长至 90% 以上，不考虑行业增速，仅集中度的提高就将为批发百强企业带来超 500 亿元批发业务的增量，这对于医药流通行业的龙头企业来说，是进一步提高市场份额的机会，未来的我国医药流通行业，将会强者愈强。

②"两票制"政策带来的行业整合。

"两票制"是指药品生产企业到流通企业开一次发票，流通企业到医疗机构开一次发票。其主旨是砍掉药品流通中间环节，以期降低药品的销售价格，从而降低医保费用。

我国药品生产企业主要的销售模式包括底价代理、高开代理、高开自营三种方式，或同时采用一种以上的混合销售模式。行业充斥着挂靠、走票、过票等行为，导致在购销药品时，证、票、账、货、款不能相互对应一致等诸多问题。

"两票制"为医药流通行业的进一步集中提供了动力，将带来行业的整合加速。"两票制"直接扼杀了中间流通企业，这部分市场将会随着企业的消失产生空白，为其他企业所填补。同时，"两票制"要求，由一家企业通过内部运转实现从生产到全国销售全过程，对流通企业的流通能力提出了很高要求。小型医药商业公司被大企业收购或将不可避免。可见，在"两票制"的严格执行下，医药流通行业的集中度将进一步提升。

3）行业发展的有利因素和不利因素。

有利因素主要有居民医疗保健指数持续增长；人口机构开始呈现老龄化趋势；基本医疗保障制度的完善，加快了医药流通市场的扩容。不利因素主要有新医改政策的不确定性；药品价格下调的风险；医药流通行业经营成本不断提高。

（4）被评估单位业务分析。

主要优势有依托 ×× 药业集团自有优势；利用终端渠道作用，与南京各大连锁药房签订销售协议，实现与厂商、客户紧密合作；尝试开发电商平台销售新模式。劣势主要有"两票制"政策对未来业务产生较大影响；药品流通企业竞争越发激烈，要求企业更加积极面对市场环境，加强厂商与客户之间的交流合作。

（5）收益法模型。

企业自由现金流折现模型：E = B - D，企业整体价值计算公式：

$$B = P + \sum C_i$$

其中，E 为评估对象股东全部权益价值；B 为评估对象的整体企业价值；D 为评估对象的付息债务价值；P 为经营性资产价值。

$$P = \sum_{i=1}^{n} \frac{FCF_i}{(1 + WACC)}$$

其中，C 为评估基准日时存在的非经营性或溢余性资产的价值；C1 为溢余资产；C2 为非经营性资产；C3 为非经营性负债。

1）收益年限确定。

根据被评估单位的经营特点及未来发展前景，且考虑到本次经济行为实现后被评估单位市场竞争能力的提升，其股东又无主动清算的事前约定和愿望，本次收益期按无固定期限考虑。

经过对被评估单位的行业发展特点企业规模及经营状况、市场供需情况、竞争环境及未来分析，预计被评估单位于 2025 年后达到稳定经营状态，故预测期选择为 2018 年 1 月至 2025 年 12 月。

2）未来收益的确定。

①营业收入的预测。

2015~2017 年度，公司营业收入结构情况如表 8-18 所示。

××医药近三年的营业收入主要来源于脉络宁、中药材、医疗器械、宝丽亚品种和其他药品的销售。受"两票制"政策，未来××医药将不再销售××药业的"脉络宁"产品和中药材，也不再代理宝丽亚产品。本次预测结合企业自身微观方面和行业宏观方面情况分析，以及被评估单位管理层沟通情况、历史发展状况、发展规划以及行业发展前景，××医药未来年度营业收入预测如表 8-19 所示。

评估师在对被评估单位以前年度经营业绩分析的基础上，进一步查阅了企业 2018 年 1~4 月的实际销售情况，与管理层进行充分沟通，了解企业的现状、所处的竞争环境、未来的发展规划、企业的优劣势和面临的机遇及挑战等。由于未来××医药将不再销售××药业的"脉络宁"产品和中药材，也不再代理宝丽亚产品，且"两票制"政策会对其分销业务产生一定影响，故预测期的前几年收入会出现下滑，尤其是 2018 年不再有上述三类产品的销售收入，2018 年度销售收入相较于以前年度会明显降低，企业将通过一系列的经营规划使其销售水平缓步上升。

表8-18　公司营业收入结构　　　　　单位：万元，%

	项目	2015 年		2016 年		2017 年	
		金额	比例	金额	比例	金额	比例
主营业务收入	脉络宁	41600.00	23.40	35413.00	17.40	9595.00	6.65
	中药材	11831.00	6.66	10385.00	5.10	11129.00	7.72
	医疗器械	10518.00	5.92	11165.00	5.49	8499.00	5.89
	宝丽亚	0.00	0.00	12929.06	6.35	14187.92	9.84
	其他品种	113749.49	64.00	133511.65	65.61	100762.03	69.88
	小计	177698.49	99.97	203403.70	99.96	144172.96	99.98
其他业务收入	出资固定资产收入	15.30	0.01	17.82	0.01	14.41	0.01
	其他收入	32.62	0.02	63.92	0.03	7.82	0.01
	小计	37.92	3.00	81.74	0.04	22.23	0.02
合计		177746.42	100.00	203485.44	100.00	144195.19	100.00

表8-19　　××医药未来年度营业收入预测表

年份 项目	2018	2019	2020	2021	2022	2023	2024	2025
医疗器械	8500.00	9350.00	10472.00	12042.80	13849.22	15511.13	16752.02	17254.58
其他品种	76500.00	84150.00	94248.00	108385.20	124642.98	139600.14	150768.15	155291.19
合计	85000.00	93500.00	104720.00	120428.00	138492.20	155111.27	167520.17	172545.77

由于其他业务主要为房屋租赁收入，本次评估对于租赁的房屋单独评估，故其他业务收入未来期间不作预测。

②营业成本的预测。

2015～2017年，公司营业成本均为主营业务成本，结构情况如表8-20所示。

本次评估通过分析企业历史数据，结合行业的发展变化，以及行业的毛利率水平、变化趋势等资料，根据企业的收入项与成本项的匹配关系，未来的战略调整，对预测期内各年营业成本预测如表8-21所示。

③税金及附加的估算（营业收入）。

被评估单位的税金及附加主要为城市建设税、教育费附加和印花税。依照被评估单位基准日执行的税收政策和税率，对公司未来年度税金及附加进行预测，详见"企业自由现金流预测汇总表"。

表 8 - 20　2015 ~ 2017 年度公司营业成本结构表　　单位：万元，%

项目		2015 年		2016 年		2017 年	
		金额	比例	金额	比例	金额	比例
主营业务成本	脉络宁针	42901.00	24.87	36670.00	18.61	10886.00	7.93
	中药材	10577.00	6.13	8949.00	4.54	9094.00	6.62
	医疗器械	9288.00	5.39	10016.00	5.08	7877.00	5.74
	宝丽亚	0.00	0.00	13190.61	6.69	13038.93	9.50
	其他品种	109700.68	63.61	128216.57	65.07	96406.63	70.21
	小计	172466.68	100.00	197042.18	100.00	137302.56	100.00
其他业务成本		—	0.00	0.00	0.00	0.00	0.00
合计		—	172466.68	100.00	197042.18	100.00	137302.56

表 8 - 21　预期内各年营业成本预测表　　单位：万元

年份 项目	2018	2019	2020	2021	2022	2023	2024	2025
医疗器械	7735.00	8480.45	9466.69	10850.56	12436.60	13882.46	14942.80	15391.08
其他品种	72675.00	79816.28	89252.86	102478.21	117662.97	131573.13	141872.83	146129.01
合计	80410.00	88296.73	98719.55	113328.77	130099.57	145455.59	156815.63	161520.09

④销售费用的预测。

公司历史年度的营业费用及构成如表 8 - 22 所示。

表 8 - 22　2015 ~ 2017 年销售费用明细表　　单位：万元

年份 项目	2015	2016	2017
职工薪酬	2188.83	2078.90	2774.94
中介机构代理费	10.61	359.23	334.76
运输费	132.17	341.46	342.05
业务宣传费	9.14	25.61	0.00
促销费	-566.61	-1242.38	127.46
业务招待费	57.97	119.20	89.26

续表

项目＼年份	2015	2016	2017
差旅费	36.76	89.93	68.48
其他	243.35	346.70	257.97
销售费用合计	2112.22	2118.65	3994.92

对公司历史年度各项费用分项分析，并测算了未来各项费用。由于宝丽亚业务不再发生，中介机构代理费用将不再发生。被评估单位未来销售费用预测如表 8－23 所示。

表 8－23　××医药销售费用预期表　　　　　单位：万元

项目＼年份	2018	2019	2020	2021	2022	2023	2024	2025
职工薪酬	2824.89	2875.75	2927.52	2980.21	3033.85	3088.45	3144.04	3200.63
中介机构代理费	0.00	0.00	0.00	0.00	0.00	0.00	0.00	0.00
运输费	88.40	97.24	108.91	125.25	144.03	161.32	174.22	179.45
业务宣传费	0.00	0.00	0.00	0.00	0.00	0.00	0.00	0.00
促销费	75.13	82.65	92.56	106.45	122.41	137.10	148.07	152.52
业务招待费	91.04	92.86	94.72	96.61	98.54	100.51	102.52	104.57
差旅费	24.65	27.12	30.37	34.92	40.16	44.98	48.58	50.04

⑤管理费用的预测。

公司历史年度的管理费用及构成如表 8－24 所示。

表 8－24　2015～2017 年管理费用明细表　　　　　单位：万元

项目＼年份	2015	2016	2017
职工薪酬	1079.59	1115.53	1208.34
固定资产折旧	258.29	247.67	319.66
无形资产摊销	18.12	39.86	74.08
咨询顾问费	27.42	5.47	40.39
业务招待费	43.77	29.09	17.71
其他	237.22	192.71	207.37
管理费用合计	1664.41	1630.33	1867.55

通过对公司历史年度各项费用分项分析，并测算了未来各项费用，折旧费用单独测算。被评估单位未来管理费用预测如表 8-25 所示。

表 8-25　××医药未来管理费用预期表　　　单位：万元

项目＼年份	2018	2019	2020	2021	2022	2023	2024	2025
职工薪酬	1230.09	1252.24	1274.79	1297.73	1321.10	1344.88	1369.10	1393.74
固定资产折旧	355.59	324.87	324.87	324.87	418.28	418.28	418.28	418.28
无形资产摊销	21.62	21.62	21.62	—	—	—	—	—
咨询顾问费	41.20	42.02	42.86	43.72	44.59	45.48	46.39	47.32
业务招待费	18.06	18.42	18.79	19.17	19.55	19.94	20.34	20.75
其他	249.87	273.40	296.99	320.67	344.44	368.30	392.27	416.33
管理费用合计	1916.43	1932.57	1979.92	2006.16	2147.96	2196.88	2246.38	2296.42

⑥财务费用的预测。

××医药历史年度财务费用主要为利息支出和利息收入。根据未来经营规模、资金使用和付息负债情况对财务费用进行预测，详见"企业自由现金流预测汇总表"。

⑦资本性支出、折旧与摊销的预测。

本次评估，结合××医药未来投资规划进行预测。根据公司近几年来每年对固定资产的更新投资情况，历史年度维护性资本支出情况并结合未来发生的概率作为资本性支出的预测数。根据预测的资本性支出和存量资产的折旧、摊销额，预测的资本性支出、折旧和摊销如表 8-26 所示。

表 8-26　××医药资本性支出、折旧与摊销未来预期表

项目＼年份	2018	2019	2020	2021	2022	2023	2024	2025
折旧	355.59	324.87	324.87	418.28	418.28	418.28	418.28	418.28
摊销	21.62	21.62	21.62	0	0	0	0	0
折旧摊销合计	377.22	346.49	346.46	324.87	418.28	418.28	418.28	418.28
资本性支出	34.48	34.48	34.48	150	243.41	243.41	243.41	243.41

⑧营运资金预测、营运资金增加额的确定。

营运资金增加额系指被评估单位在不改变当前主营业务条件下，为保持企业

持续经营能力所需的新增营运资金，如正常经营所需保持的现金、产品存货购置、应收账款等所需基本的资金以及应付的款项等。

本项目所定义的营运资金增加额为：

营运资金增加额 = 当年末营运资本 - 上年末营运资本

当年末营运资本 = 当年末流动资产 - 当年末无息流动负债

根据对被评估单位历史资产负债与业务经营收入和成本费用的统计分析以及未来经营期内各年度资产负债、收入与成本估算的情况，预测未来经营期各年度的营运资金及增加额如表 8 - 27 所示。

表 8 - 27　　××医药营运资金及增加额未来预期表　　　单位：万元

项目 ＼ 年份	2017	2018	2019	2020	2021	2022	2023	2024	2025	2026
销售、采购、生产营运资金	9226.13	8500.00	9350.00	10472.00	12042.8	13849.22	15511.13	16752.02	17254.58	17254.58
其他营运资金	-127.56	460.00	470.00	480.00	500.00	500.00	610.00	630.00	640.00	640.00
营运资金占用合计	9098.57	8960.00	9820.00	10952.00	12542.80	14349.22	16121.13	17382.02	17894.58	17894.58
营运资金变动	—	-138.57	860.00	1132.00	1590.80	1806.42	1771.91	1260.89	512.56	0.00

注：营运资金包括销售、采购营运资金和其他营运资金。其中，销售、采购营运资金根据历史年度的营运资金周转率测算，以前年度营业收入为剔除脉络宁、中药材、宝丽亚产品后的净销售收入，并以该营运资金周转率为基础，结合预测期的营业收入测算销售、采购营运资金；其他营运资金主要为支付税金、职工薪酬所需的最低现金保有量。

通过查阅、分析基准日企业财务报表，评估人员认为以下资产负债为被评估单位的非经营性资产和负债，本次评估中的非经营性资产和非经营性负债以核实后的账面值确定评估值，如表 8 - 28 所示。

表 8 - 28　　××医药账面价值、评估值　　　单位：万元

行次	项目	账面值	评估值	备注
一、	溢余资产			
二、	非经营性资产			
1	其中：应收账款	0.00	0.00	石家庄市太行医药有限公司
2	应收账款	919.53	919.53	浙江英特药业有限责任公司
3	预付账款	526.21	526.21	凯西亿腾（香港）有限公司
4	预付账款	0.84	0.84	浙江英特药业有限公司

续表

行次	项目	账面值	评估值	备注
5	存货	4544.61	4540.53	宝丽亚库存
6	可供出售金融资产	150.00	87.67	云南××植物药业股份有限公司
7	可供出售金融资产	600.00	2852.00	福建××医药有限责任公司
8	长期股权投资	140.00	6951.00	南京××大药房有限责任公司
9	长期股权投资	0.00	39.03	××海洋制药有限责任公司
10	其他应收款	0.00	1105.00	××海洋制药有限责任公司
11	其他应收款	200.00	200.00	××大药房
12	固定资产	440.35	5695.90	房屋
	小计	7521.54	22917.71	
三、	非经营性负债			
1	其中：应付利息	17.97	17.97	
2	其他应付款	320.00	320.00	公司职工持股会
3	其他应付款	10.49	10.49	南京××大药房有限公司
4	长期应付款	5000.00	5000.00	××药业股份有限公司
	小计	5348.46	5348.46	
	合计	2173.08	17569.25	

3）折现率的确定。

本次评估收益采用企业自由现金流量，根据收益口径与折现率匹配的原则，则适用的折现率选用加权平均资本成本（WACC），计算公式如下：

$$WACC = \frac{E}{D+E} \times K_e + \frac{D}{D+E} \times (1-T) \times K_d$$

其中，K_e 采用资本资产定价模型（CAPM）确定。计算公式如下：

$$K_e = R_f + \beta \times MRP + Q$$

其中，Q 为企业特定风险调整系数。

①无风险报酬率 R_f。

无风险报酬率参照中国国债市场截至评估基准日在二级市场有成交的 10 年期以上国债到期收益率的平均水平作为无风险报酬率 R_f 的近似，即 $R_f = 4.41\%$。

②市场风险溢价（MRP）。

本次评估从中国证券交易市场取得相关数据，按如下过程计算市场风险溢价（MRP）。选用沪深 300 收益指数（H00300. CSI）测算中国资本市场的历史收益。该指数在样本股除息日前按照除总参考价予以修正，指数的计算中将样本股分红计入指数收益。

Ⅰ. 计算证券交易市场（股票）期望的收益率（分别采用算术平均和几何平均两种计算方法）算术平均值计算方法（23.51%）：

$$R_i = (P_i - P_{i-1})/P_i \quad (i = 1, 2, 3, \cdots, n)$$

其中，R_i 为第 i 年收益率；P_i 为第 i 年末沪深 300 全收益指数收盘点位。

$$A_n = \sum R_i / n (i = 1, 2, 3, \cdots, n)$$

其中，A_n 为第 1 年到第 n 年收益率的算术平均值；R_i 为第 i 年收益率。

几何平均值计算方法（10.48%）：

$$C_i = \sqrt[i]{\frac{P_i}{P_0}} - 1 \quad (i = 1, 2, 3, \cdots, n)$$

其中，C_i 为第 1 年到第 i 年的几何平均值；P_i 为第 i 年末沪深 300 全收益指数收盘点位。

经计算，证券交易市场 2002 年至 2017 年股票期望的收益率为 23.51%（算术平均值）和 10.48%（几何平均值），由于几何平均值更能恰当地反映年度平均收益指标，评估人员选用几何平均数作为股票市场期望的收益率（R_m）。

R_m（股票市场期望的收益率）= 10.48%（取整）

Ⅱ. 确定无风险平均收益率 R_{f2}（15 年）

经统计 2003 年至 2017 年中国国债市场的长期国债（剩余收益期在 10 年以上的国债）交易情况，评估人员计算得到该期间国债平均到期年收益率为 3.92%，因此，取无风险平均收益率 $R_{f2} = 3.92\%$。

Ⅲ. 确定市场风险溢价

$$MRP = R_m - R_{f2} = 10.48\% - 3.92\% = 6.56\%$$

③β（Beta）系数。

β 系数是用以度量一项资产的风险，取自资本市场，是用来衡量一种证券或一个投资组合相对总体市场波动性的一种风险评估工具。资产评估师获得可比上市公司的具有财务杠杆的 β 系数。被评估单位的 β 值按以下程序测算。

Ⅰ. 选择与被评估单位具有可比性的上市公司

在沪深 A 股市场，评估人员按照同花顺 iFinD 的行业分类，逐个分析相应个股的经营范围、主营产品名称、上市时间等情况，选取了可比公司柳州医药（603368.SH）、嘉事堂（002462.SZ）、南京医药（600713.SH）

广西柳州医药股份有限公司主要经营范围包括药品的批发（凭许可证在有效期内经营，具体项目以审批部门批准的为准）；Ⅰ、Ⅱ、Ⅲ类医疗器械的批发兼零售等；主营产品包括药品、医疗器械。根据新证监会行业分类，为"批发和零售业——批发业"。西部大开发的范围所有省份的企业所得税只有 15%，而其他地区全部按 25% 企业所得税，这样看来西部吸引企业落户。

嘉事堂药业股份有限公司是一家经营医药行业的企业，公司主要从事药品、医疗器械等的批发、零售业务及医药物流业务，其中包括面向广大消费者的药品、医疗器械的连锁零售业务；面向社区医院、医疗机构等的医药批发业务；面向供应商、医疗机构等的物流业务。根据新证监会行业分类，为"批发和零售业——批发业"。

南京医药股份有限公司是国内首家医药流通类上市公司，经营批发、零售、电商、物流服务等业务，主要的产品包括各类中药、西药等。在南京市场上经营多年，拥有良好的终端和渠道优势。目前公司在南京药品市场上拥有 40% 以上的份额，根据近几年公布的年报数据，批发业务占比均为 95% 以上。

Ⅱ. 计算具有被评估单位目标资本结构的 β 系数，详见表 8 - 29。

表 8 - 29　β 系数表

股票代码	参考公司	平均财务杠杆系数（Da/Ea）	β	企业所得税	无财务杠杆的 β
603368. SH	柳州医药	0. 3342	1. 2364	15%	0. 9629
002462. SZ	嘉事堂	0. 7779	1. 0354	25%	0. 6539
600713. SH	南京医药	1. 255	1. 5477	25%	0. 7973
平均值 β		0. 789	1. 2732		0. 8047

通过上述计算，各可比公司的平均无财务杠杆 β 系数为 0.8047 基准日时，被评估单位审定后净资产 7230.81 万元计入资本结构的付息负债经分析为 6000.00 万元，故目标资本结构（D/E）为 0.83，其有财务杠杆。

β 计算如下：

$$\beta = \beta_u \times \left[1 + (1 - t) \times \frac{D}{E} \right]$$
$$= 0.8047 \times [1 + (1 - 25\%) \times 0.83]$$
$$= 1.3055$$

④企业特定风险调整系数过程详见表 8 - 30。

表 8 - 30　企业特定风险调整系数

项目	风险调整系数（%）
企业规模	0. 30
企业所处经营阶段	0. 30
历史经营状况	0. 30

续表

项目	风险调整系数（%）
主要产品所处发展阶段	0.30
企业经营业务，产品和地区的分部	0.35
公司内部管理、控制机制及决策操作风险	0.35
人才风险	0.35
对主要客户及供应商的依赖程度	0.35
企业特定风险调整系数小计	2.60

评估基准日无风险报酬率为 4.41%，市场风险溢价为 6.56%，企业特定风险调整系数为 2.60%，权益资本成本为：

$$K_e = R_f + \beta \times MRP + Q$$
$$= 4.41\% + 1.3055 \times 6.50\% + 2.60\%$$
$$= 15.58\%$$

企业的债权资本成本取短期借款的加权平均利率为 5.05%，所得税税率为 25%，则被评估单位的加权平均资本成本为：

$$WACC = \frac{E}{D+E} \times K_e + \frac{D}{D+E} \times K_d \times (1-T)$$
$$= 54.65\% \times 15.58\% + 45.35\% \times (1-25\%) \times 5.05\%$$
$$= 10.23\%$$

（6）评估值测算过程与结果。

1）预测期间的现金流现值的计算。

对预测期内各年预测自由现金流量进行折现，从而得出可明确预测期间的现金流现值。计算结果如表 8－31 所示。

表 8－31　预测期间的现金流现值

年份	2018	2019	2020	2021	2022	2023	2024	2025	2026 及以后
自由现金流量	-370.41	-938.80	-596.34	-234.39	505.97	932.76	2109.78	2952.10	3464.66
折现率	10.23%	10.23%	10.23%	10.23%	10.23%	10.23%	10.23%	10.23%	10.23%
期数	1	2	3	4	5	6	7	8	
折现系数	0.9072	0.823	0.7466	0.6773	0.6145	0.5574	0.5057	0.4588	4.4846
自由现金流量现值	-336.04	-772.63	-445.23	-158.75	310.92	519.92	1066.92	1354.42	15537.61

2）终值现值的估算。

收益期按无固定期限考虑，终值公式为：

$P_n = FCF_n \times$ 终值系数

其中，P_n 为企业终值，FCF_{n+1} 按预测末年自由现金流量调整确定。

被评估单位经营性资产价值 = 可明确预测期间的现金流现值 + 永续期期后的

现金流现值

= 1539.50 + 15537.71

= 17077.21（万元）

（7）评估结果。

企业整体资产价值 = 经营性资产价值 + 溢余资产价值 + 非经营性资产价值 -

非经营性负债价值

= 17077.97 + 0.00 + 22917.71 - 5348.46

= 34646.46（万元）

被评估单位评估基准日计入资本结构的付息负债经分析为 6000.00 万元。（注：评估基准日时，××医药货币资金余额为 7743.70 万元、短期借款余额为 13000.00 万元，本次在对资本结构进行测算时，经分析最低现金保有量不高于 650.00 万元，故假定基准日时的货币资金在预测期第一年偿还 7000.00 万元借款，剩余 6000.00 万元作为付息负债。）

股东全部权益价值 = 企业整体资产价值 - 付息债务价值

= 34646.46 - 6000.00

= 28.646.46（万元）

经评估，在未考虑股权控制权可能的溢价和股权缺少流动性折扣的前提下，××医药有限责任公司的股东全部权益于评估基准日 2017 年 12 月 31 日时市场价值为 28646.46 万元，较其账面净资产 7230.81 万元增值 21415.65 万元，增值率为 296.17%。

（十）评估程序实施情况（略）

（十一）评估假设（略）

（十二）评估结论

1. 资产基础法评估结果

经采用资产基础法评估，××医药有限责任公司在评估基准日 2017 年 12 月 31 日的资产总额账面值 57407.17 万元，评估值 80681.74 万元，评估增值 23274.57 万元，增值率为 40.54%；负债总额账面值 50176.36 万元，评估值 50176.35 万元，评估增值 - 0.01 万元，增值率较小；净资产账面值 7230.81 万元，评估值 30505.39 万元，评估增值 23274.58 万元，增值率为 321.88%。

2. 收益法评估结果

经采用收益法，××医药有限责任公司在评估基准日 2017 年 12 月 31 日的净资产账面值 7230.81 万元，评估后的股东全部权益价值为 28646.46 万元，较其账面净资产增值 21415.65 万元，增值率为 296.17%。

3. 评估结论的选取

××医药有限责任公司股东全部权益采用两种方法得出的评估结果分别为：资产基础法评估结果为 30505.39 万元，收益法评估结果为 28646.46 万元，资产基础法的评估结果比收益法的评估结果高 1858.93 万元，差异率为 6.09%。两种评估方法评估结果的差异原因是：

资产基础法评估是以资产的成本重置为价值标准，反映的是资产投入（购建成本）所耗费的社会必要劳动；收益法是从未来的角度出发，以被评估单位现实资产未来可以产生的收益，经过风险折现后的现值和作为被评估企业的股权价值。

本次经济行为为 JL 药业拟出让其持有的××医药 51% 的股权给南京医药。收益法虽然涵盖了诸如供应商渠道、客户资源、人力等无形资产价值，但本次收益法的评估结果仅考虑了在目前行业政策和××医药现有经营规划的前提下可能实现的价值，而医药流通行业受政策影响较为明显，未来政策是否出现重要变化将对收益法的评估结果产生很大影响；而资产基础法的评估结果从对原有股东资产补偿的角度出发更为适合。我们建议选用资产基础法的评估结果作为本次××医药股权价值的评估结论。

××医药 51% 股权价值 = 股东全部权益价值×JL 药业持股比例

$$= 30505.39 \times 51\%$$

$$= 15557.75 （万元）$$

即在未考虑股权控制权可能的溢价和股权缺少流动性折扣的前提下，委托人——JL 药业持有的被评估单位——××医药 51% 的股权在 2017 年 12 月 31 日的市场价值为 15557.75 万元，大写人民币壹亿伍仟伍佰伍拾柒万柒仟伍佰元整。

评估结论根据以上评估工作得出：

评估结论中未考虑评估增减值对税金的影响，其税金的最终确定由各级税务机关在汇算清缴时确定。

本次评估结论建立在评估对象经营合法、合规和评估对象产权持有者及管理层对未来发展趋势的准确判断及相关规划落实的基础上，如评估对象未来实际经营状况与经营规划发生偏差，且评估对象产权持有者及时任管理层未采取有效措施弥补偏差，则评估结论将会发生重大变化，特别提请报告使用者对此予以关注。

4. 评估结论分析

资产基础法的评估结果较账面净资产形成增值的原因主要为：

（1）流动资产评估增值：其他应收款中，××医药因考虑到××海洋通过经营产生收益和现金流偿还上述债务的可能性极小，对与××海洋的往来款全额计提坏账准备，本次在对××海洋股权价值评估的基础上，对××医药的该笔债权以核实后的账面值作为评估值。

（2）可供出售金融资产和长期股权投资评估增值：可供出售金融资产和长期股权投资账面采用成本法核算，而评估值主要为对被投资单位采用了资产基础法的评估后净资产（或市场法的评估后股东全部权益价值）和持股比例的乘积，因此与账面投资成本有较大差异。

（3）固定资产——房地产评估增值：因为近几年来商业房地产市场价格增长所致。

（十三）特别事项说明

1. 可能影响评估工作的重大事项的说明

（1）应收账款——石家庄市太行医药有限公司。

截至2017年12月31日，本公司应收石家庄太行医药有限责任公司的款项余额为3715.43万元。该公司的法人代表和实际控制人因涉嫌合同诈骗已被公安机关立案逮捕，该案件目前尚处于公安机关侦办阶段，预计办结时间较长。本公司从公安机关及公司注册地获取的资料与信息均表明该客户已停止经营，其可供变现资产较少，债务较多，偿付能力较差，且涉及诈骗的犯罪嫌疑人无偿还意愿。该笔应收账款预计无法收回，按照谨慎性原则，本公司对该项应收账款全额计提坏账准备。

（2）关于宝丽亚库存和相关往来款。

评估基准日时，××医药应收浙江英特药业有限责任公司的宝丽亚货款为919.53万元，预付凯西亿腾（香港）有限公司的宝丽亚货款为526.21万元，存货——宝丽亚库存为4297.12万元。宝丽亚库存按批号分为近效期和远效期两类，目前亿腾公司将回购远效期的宝丽亚库存，预计于2018年6月前将远效期的宝丽亚采购完；近效期的宝丽亚做报损处理，损失由亿腾公司承担。

（3）与子公司——××海洋的往来款。

评估基准日时，××海洋其他应付款——××医药的款项为1105万元；而××医药其他应收款——××海洋的款项为1105万元，因考虑到××海洋通过经营产生收益和现金流偿还上述债务的可能性极小，故全额计提坏账准备。

（4）固定资产——房地产改建和拆除事项。

1）本公司"宁房权证玄转字第×××号"《房屋所有权证》中列示的二号

楼（仓储楼副楼）证载面积39.40m² "宁房权证玄转字第000027号"《房屋所有权证》中列示的11号楼（门面房）证载面积211.10m²，于评估基准日时已拆除。

2）本公司对位于玄武区太平门街55号宗地上的房屋进行了部分扩建，即在原有房屋的基础上进行加盖，扩建房屋面积合计1101.03m²，明细如表8-32所示。

本次申报评估的房屋一升州路4-1幢177-1号领有"秦变字第60126号"《房屋所有权证》，证载权利人为××医药公司，为××医药前身。该房屋为1992年向部队购买的门面房，使用的是部队土地，移交给地方后无法办理土地证（见表8-33）。

表8-32　扩建房屋面积明细表

序号	建筑物名称	结构	建成年月	建筑面积（m²）
1	水泵房	混合	1998年8月	41.34
2	质检楼加盖	混合	1998年8月	171.00
3	综合楼加盖	混合	1998年8月	522.16
4	餐厅楼加盖	钢混	1998年8月	136.25
5	办公楼辅助工程加盖	钢混	1998年8月	85.06
6	门面房后加盖	混合	1998年8月	122.12
7	厕所	混合	1998年8月	23.10
合计				1101.03

表8-33　房屋租赁明细表

序号	房屋权证编号	建筑物名称	结构	建成年月	建筑面积（m²）	备注
1	宁房权证浦转字第233020号	浦东路7号（浦口区浦建村26幢）	混合	2009年11月	288.61	供××大药房无偿使用
2	宁房权证下转字第306352号	万科红郡房产	钢混	2009年11月	145.27	供××大药房无偿使用
3	宁房权证玄转字第000026号	综合楼	钢混	1998年8月	1181.28	供××大药房和南京益同药业有限公司无偿使用
4	宁房权证玄转字第000027号	门面房2	砖木	1998年8月	305.40	供××大药房无偿使用
5		门面房3	混合	1998年8月	161.00	对外出租

续表

序号	房屋权证编号	建筑物名称	结构	建成年月	建筑面积（m²）	备注
6	无	门面房后加盖	混合	1998 年 8 月	122.12	对外出租
7	宁房权证秦初字第105872 号	江宁路 3 号 08 幢之五	钢混	2007 年 11 月	104.57	对外出租面积58m²，其余供×× 大药房无偿使用
8	秦变字第 60126 号	升州路 4－1 幢177－1 号	混合	1992 年 11 月	158.76	对外出租
	合计				2467.01	

（5）借款事项。

基准日时，本公司短期借款余额 13000.00 万元，均为信用借款，明细如表8－34 所示。

表 8－34　短期借款余额明细表　　　　　　单位：万元

序号	放款银行（或机构）名称	发生日期	到期日	月利率（%）	币种	账面价值
1	江苏紫金农村商业银行股份有限公司御道街支行	2017/08/15	2018/08/14	0.3806	RMB	3000.00
2	交通银行长江路支行	2017/02/08	2018/02/08	0.3625	RMB	1600.00
3	交通银行长江路支行	2017/04/07	2018/03/31	0.3806	RMB	2000.00
4	交通银行长江路支行	2017/04/17	2018/04/13	0.3806	RMB	1400.00
5	南京银行玄武支行	2017/04/24	2018/04/20	0.3988	RMB	2000.00
6	中信银行城东支行	2017/02/23	2018/02/23	0.3625	RMB	3000.00
	合计					13000.00

（6）未来规划的调整。

受"两票制"政策和××药业整体战略规划调整的影响，未来××医药将不再销售××药业的"脉络宁"产品和中药材，也不再代理宝丽亚产品。

2. 参股公司——福建××医药公司

（1）股权置换前形成的长期挂账款项。

2012～2013 年，福建××医药公司作为配送企业，从福州福林医疗器械有限公司购进医疗器械并销售给泉州市第一医院、福建医科大学附属第二医院和福州市第二医院，采购销售流程为福建××医药公司根据医院临床需求向福州福林医疗器械有限公司采购后再销售给医院。应收账款超期后，福建××医药公司业务人员与医院对账并发现，由于未认真跟进核实签收真实性的相关工作，对签收记录的真实性无法认定，造成医院对福建××医药公司器械骨科高值类产品的配送签收记录不予确认，即医院不认可该债权。基准日时，三笔债权账面余额1116.05万元，福建××医药公司管理层认为该债权无法收回，已全额计提坏账准备。

（2）关于近效期的存货。

福建××医药公司基准日时尚有药品——硫酸沙丁胺醇注射液45000支属于已过效期或近效期的库存，福建××医药公司未能就该批药品如何补偿与供应商取得联系，合同中也未约定该批药品如何补偿。该批存货严重滞销，基准日时账面值122.42万元，计提存货跌价准备22.28万元。

（3）关于所属用房租赁事项。

福建××医药公司的投资性房地产中，部分已对外出租，其中福州市鼓楼区洪山镇西二环中路301号1#楼一楼3-9#店面和七楼涉及长期租约。一楼3-9#店面房屋租赁期限自2004年6月1日起至2024年5月31日共20年，二十年租金总额为210万元；七楼房屋租赁期限自2004年2月1日起至2024年1月31日共20年，二十年租金总额为105万元；承租方均于签订合同时一次性支付租金。无其他可能影响评估工作的重大事项。

3. 资产负债清查情况、未来经营和收益状况预测的说明

（1）资产负债清查情况说明。

为配合本次资产评估，我们对××医药于评估基准日2017年12月31日时的全部资产及负债进行了全面盘点清查，清查范围包括流动资产及负债、不动产和设备，清查时间为2017年12月31日至2018年1月5日，清查的主要工作为核实资产账面与实际是否相符。本次委托评估的所有资产均在清查范围之内。

首先，财务人员把有关账目的收发业务登记齐全，并结出余额，在总账与所属明细账以及有关明细账之间核对无误，做到账账相符、账证相符，并做好资产清查准备工作。

资产清查阶段清查人员进入现场实际盘点，做好盘点记录。

对货币资金进行盘点，并审核了银行对账单。

对往来款项和负债科目进行清理，核对内部往来的一致性。

对存货和固定资产采用全面盘点的清查方式，在盘点的基础上与账面进行核对确认，并关注存货和固定资产的盘盈盘亏。

通过资产清查和核实，我们发现如下事项：

（2）基准日时，本公司应收石家庄市太行医药有限公司货款3715.43万元，

石家庄市太行医药有限公司相关人员因涉嫌合同诈骗已被公安机关立案，目前处于侦办阶段。该笔应收账款预计无法收回，按照谨慎性原则，本公司对该项应收账款全额计提坏账准备。

（3）评估基准日时，××海洋其他应付款——××医药的款项为 1105 万元；而××医药其他应收款——××海洋的款项为 1105 万元，因考虑到××海洋通过经营产生收益和现金流偿还上述债务的可能性极小，故全额计提坏账准备。

（4）固定资产——房地产。

房屋改建和拆除事项：

1）本公司"宁房权证玄转字第×××××号"《房屋所有权证》中列示的二号楼（仓储楼副楼）证载面积 39.40m² "宁房权证玄转字第 000027 号"《房屋所有权证》中列示的 11 号楼（门面房）证载面积 211.10m²，于评估基准日时已拆除。

2）本公司对位于玄武区太平门街 55 号宗地上的房屋进行了部分扩建，即在原有房屋的基础上进行加盖，扩建房屋面积合计 1101.03m²。

3）本次申报评估的房屋升州路 4 - 1 幢 177 - 1 号领有"秦变字第 60126 号"《房屋所有权证》，证载权利人为××医药公司，为××医药前身。该房屋为 1992 年向部队购买的门面房，使用的是部队土地，移交给地方后无法办理土地证。

除上述事项外，本次申报评估的其他资产、负债与账面记录基本一致。我们如实向资产评估机构申报了各类资产和负债，无未揭示的抵押、担保事项及未申报的或有资产、或有负债。在此基础上，我们在评估申报表上盖了章。

4. 未来经营和收益状况预测说明

根据评估申报资料的要求，××医药对未来的收入、成本、费用、资本性支出等经营情况进行了预测。对未来年度的收益预测说明如下：

（1）预测的编制基础。

2015～2017 年度的营业收入，包含营业收入的构成、市场情况、毛利率水平等情况；2015～2017 年度主要营业成本情况；2015～2017 年度税金及附加、管理费用和财务费用的发生情况。

（2）未来几年的收益预测。

营业收入的预测由管理层和财务部结合行业发展及宏观政策、市场竞争情况、企业未来发展规划等作出预测。

营业支出包括营业成本、税金及附加、期间费用等，由财务部门根据历史年度的数据结合现有的经营能力水平进行预测。

工资预测由行政部门和财务部结合目前的人员结构、工资薪金水平，及未来企业的发展需求，薪酬激励机制等多方面因素编制，作为费用中职工薪酬测算的依据。

资本性支出分析预测由管理层根据企业未来的发展规划及现有的企业规模，预测未来可能发生的固定资产购置、更新、维护等所需要的支出。

（十四）评估报告使用限制说明（略）

（十五）评估报告日（略）

四、案例分析与建议

（一）资产基础法

（1）××医药本次申报的房地产共23项，建筑面积合计10429.37m²，其中7项为加盖房屋，建筑面积合计1101.03m²，未领取《房屋所有权证》或《不动产权证书》，房屋权属不清或权属有争议。没有房产证，房屋的现行市场价值可能会受到影响，正常情况下，会低于有房产证的房屋价值；没有房产证，委托人也要提供相关证明资料证明房屋产权的合法性，比如购房合同、购房发票等，能够证明房屋合法取得的各种证明资料。

（2）在应收账款中，与子公司——××海洋的往来款仅考虑到偿还债务的可能性较小，将该笔其他应收款全额计提坏账准备。根据《企业会计准则》规定，除有确凿证据表明该项应收款项不能够收回或收回的可能性不大以外，与关联方之间发生的应收款项不能全额计提坏账准备，但如果有确凿证据表明关联方（债务单位）已撤销、破产、资不抵债、现金流量严重不足等，并且不准备对应收款项进行重组或无其他收回方式的，则对预计无法收回的应收关联方的款项也可以全额计提坏账准备。因此，委托方如果需要全额计提坏账准备，评估人员需要收集相关证据表明关联方存在上述行为，方可计提，否则需要采用余额百分比法（当期应计提的坏账准备＝期末应收账款余额×坏账准备计提百分比）、账龄分析法［当期应计提的坏账准备＝∑（期末各账龄组应收账款余额×各账龄组坏账准备计提百分比）］、销货百分比法［本期销售总额（或赊销额）×坏账准备计提比例］等计提坏账准备。

（3）其他应收款评估的增值率高达218.65%，但并未详细说明增值率较高的原因，无法确定增值率较高的合理性。其他应收账款的实际可回收性高于账面确认标准，形成评估增值。评估机构应当向被评估企业调查了解其他应收款形成的原因、应收单位或个人的资信情况、历史年度其他应收款的回收情况等。按照重要性原则，对大额或账龄较长等情形的其他应收款进行函证并对相应的合同进行抽查，从而确定评估增值率的合理性。

（4）评估出的××医药持有的云南××药业的3.33%股份是在未考虑股

权非控制权可能的折价和股权缺少流动性折扣情况下而得出的价值，该结果可能被高估。

（5）在计算 β 值时，应按最佳资本结构去预测。

（二）收益法

（1）本次收益法的评估结果仅考虑了在目前行业政策和××医药现有经营规划的前提下可能实现的价值。医药流通行业受政策影响较为明显，如"两票制"加强了医药流通行业的产业集中度，未来可能会导致行业内企业强者越强，小型医药企业面临破产或被收购的局面，应综合考虑国家、地区有关企业经营的法律法规和行业主要政策规定。

（2）评估结论中未考虑评估增减值对税金的影响，其中非流动资产中存在较大增值率的科目有：可供出售金融资产、长期股权投资、固定资产、无形资产。

（3）按照《企业会计准则》的规定，各项财产物资应当按取得时的实际成本计价，按照历史成本记账的会计原则，企业在持续经营的情况下，一般不能对企业资产进行评估调账，否则，由于计量基础的不一致，不同会计期间产生的利润将没有可比性，容易误导投资者、债权人及其他报表使用者，从而影响他们的决策。但国家规定评估增值可以调整账面价值的事项仅限于下列两种情况：一是按照《公司法》规定改制为股份有限公司，应对企业的资产进行评估，并按资产评估确认的价值调整企业相应资产的原账面价值；二是企业兼并，也就是购买其他企业的全部股权时，如果被购买企业保留法人资格，则被购买企业应当按照评估确认的价值调整有关资产的账面价值，如果被购买企业丧失法人资格，购买企业应当按照被购买企业各项资产评估后的价值入账。本次经济行为符合第二种情形，因此应该考虑，在按评估确定的资产价值调整资产账面价值时，应将按规定评估增值未来应交的所得税计入"递延税款"科目的贷方，资产评估净增值扣除未来应交所得税后的差额，计入"资本公积——资产评估增值准备"科目。

（4）可比企业税率不同，可比性差，导致 β 值偏高。柳州药业税率为15%，如果剔除柳州药业，β 值将降低，如表 8-35 所示。

表 8-35　对比剔除柳州医药的 β 系数

股票代码	参考公司	平均财务杠杆系数（Da/Ea）	β	企业所得税（%）	无财务杠杆的 β
002462. SZ	嘉事堂	0.7779	1.0354	25	0.6539
600713. SH	南京医药	1.255	1.5477	25	0.7973
平均值 β		1.01645	1.29155		0.7256

β = 0.7256 × (1 + 0.75 × 0.83) = 1.1773

经分析，剔除所得税为 15% 的柳州医药后，β 系数为 1.1773；原评估报告中的 β 系数为 1.3055，差异主要由不同可比企业之间的所得税不同导致的，在选取可比公司时应该选择与被评估企业具有相同的所得税即 25%，更为合理。

（5）资产基础法与收益法的评估结论差异率仅为 6.09%，但只选用了资产基础法的结论作为最终结论。资产基础法评估是以资产的成本重置为价值标准，反映的是资产投入（购建成本）所耗费的社会必要劳动；收益法是从未来的角度出发，以被评估单位现实资产未来可以产生的收益，经过风险折现后的现值和作为被评估企业的股权价值。

第二节 案例使用说明

一、教学目的与用途

该案例适用于《资产评估实务与案例》和《企业价值评估》的课程教学，教学对象是资产评估专业本科生、硕士研究生和各种课程班、研习班或讨论班的非在校学员。

通过该案例教学让学生了解企业价值评估技术路线，尤其是资产基础法以及收益的应用，收益法中自由现金流折现模型的选择，如何选取并确定相关参数、得出较为合理的估值。

二、启发思考

第一，医药流通企业有什么特点？什么是"两票制"？

第二，使用 FCFF 评估模型，参数如何计量？

第三，什么是风险量化的方法？

第四，交易性金融资产和可出售金融资产有何区别？

第五，沪深 300 指数与沪深 300 全收益指数的主要区别是什么？

三、评估思路分析

该案例首先由评估目的来确定本次评估所采用的价值类型，在确定好评估范围、评估基准日、评估依据后；其次对收益法、市场法、资产基础法三种方法进行适用性分析，并决定运用收益法和资产基础法对股东全部权益价值进行评估；

最后再以股东全部权益价值乘以相应的持股比例，得出最终的部分股东权益价值。书中详细介绍了评估方法的技术思路、估值模型及其参数的选择与计量，为并购双方提供了一个简单有效的估值模型，为未来同行业发生相同经济行为提供些许帮助和借鉴。

四、关键要点分析

为确定股东部分权益价值评估，首先对企业面临的宏观、中观、微观环境进行分析。其次选择合适方法比如收益法和资产基础法进行评估，收益法中采用企业自由现金流折现的方法进行。选取两种方法能够更加客观地看出企业的重置成本和未来收益能力，同时能够更加客观地看出两种方法的评估值的差异，选取更加合适的评估值作为参考价值。最后选取资产基础法确定价值，在按持股比例计算出相应的部分股东权益价值。

第九章 基于非上市少数股权出让为目的的评估案例[①]

第一节 A公司公开挂牌转让持有B公司股权的价值评估案例

一、案例背景

A公司（国有企业集团公司）拟公开挂牌转让其持有的B公司3.53%的股权，委托评估机构对涉及本评估目的的B公司3.53%的股权在评估基准日2016年6月30日的市场价值进行评估，为委托方进场挂牌确定挂牌底价提供价值参考。

二、案例内容

以下内容根据相关评估报告、评估说明进行了编辑、处理。

（一）评估报告的主要内容（略）

（二）评估方法的技术说明

1. 评估对象和评估范围

本项目评估对象和评估范围为A公司于评估基准日持有的B公司3.53%的股权，A公司将其在可供出售金融资产科目核算，核算方法为成本法，账面价值为1000.00万元人民币，未计提减值准备。

B公司是国内最早成立的专业风险投资机构之一，集并购整合、PE、VC、

---

① 案例来源：http://www.cninfo.com.cn/new/index? source = gatime。

天使投资等多手段工具，聚焦于医疗健康产业，实现对资源整合控制的股权投资。

B 公司直接投资过的项目包括 X 通讯设备股份有限公司、Y 生物制药股份有限公司等九家上市公司项目。其中投资 Y 生物制药股份有限公司是 B 公司较为成功的一次投资，是 B 公司的重要投资资产。

2. 评估方法的选择及技术思路

（1）概述。

市场法是指将评估对象与可比上市公司或者可比交易案例进行比较，确定评估对象价值的评估方法。

由于有可比股权交易案例，与股权交易案例相关的数据和资料可以通过公开渠道获知，故本次评估采用交易案例比较法。

交易案例比较法是将评估对象与在评估基准日时点近期的交易案例进行比较，对这些已知交易价格作适当的修正，以此估算评估对象的客观合理价格的方法。

（2）技术思路。

1）可比案例的选择原则。

根据《资产评估准则——企业价值》的要求，市场法评估应当选择与被投资单位有可比性的公司或者案例。本次评估确定的可比案例选择原则如下：

同一公司股权交易；

交易期接近；

交易行为性质类似。

本次评估，考虑交易期日、交易性质等因素，通过公开信息搜集了 2016 年完成交易的 3 个案例作为可比案例。

2）评估步骤。

A. 选取可比实例

首先根据评估对象的情况分析交易实例，包括交易日期、交易价格，收购的股权比例，影响交易价格的其他交易条款等，从中筛选 3 个可比案例。

B. 进行交易情况修正

主要考虑排除交易行为中的特殊因素所造成的可比实例成交价格偏差，如交易性质、交易地点等，将可比实例的成交价格调整为正常价格。

C. 进行交易时间修正

若可比实例的交易时间与评估对象不一致，会对价格造成影响，所以应将其成交日期时的价格调整为估价时点的价格。

D. 进行个别因素修正

将可比实例在其个体状况下的价格调整为估价对象个体状况下的价格。以待估对象的个别因素为基础进行修正，如持股比例、账面净资产等。

E. 确定评估结果

通过上述各种修正后，得出比准价格，根据案例的具体情况得出各案例权重，分别乘以各权重后作为待估对象的评估单价。

待估对象的评估价值公式如下：

评估值 = 比准单价 × 持股数

其中，比准单价 = 可比实例比准单价（1 + … + N）/N；可比实例比准单价 = 交易价格 × 修正系数；N 为可比实例数量。

修正系数 = （100/交易情况修正）×（100/交易口期修正）×（100/个别因素修正）

3. 评估过程

（1）可比市场交易案例。

通过公开信息查询评估师收集了距离评估基准日最近的 3 个案例，分别为：

A. 2015 年 12 月，C 股份有限公司（以下简称"C 公司"）转让 B 公司 19. 2604% 的股权；

B. 2015 年 12 月，D 股份有限公司（以下简称"D 公司"）转让 B 公司 15. 4083% 的股权；

C. 2015 年 11 月，E 投资合伙企业（有限合伙）（以下简称"E 企业"）增资 B 公司 2360. 00 万元。

表 9 - 1　交易案例的基本信息　　　　　　　　　单位:%，万元

项目	案例 1	案例 2	案例 3
股转方或增资方	C 公司	D 公司	E 企业增资
标的	B 公司股权	B 公司股权	B 公司股权
股权比例	19. 2604	15. 4083	8. 33
原始投资额	5000. 00	4000. 00	2360. 00
实际交易价	21089. 91	31000. 00	2360. 00

（2）交易案例的基本情况。

根据本次评估的实际情况及资料的可收集程度，案例选择的主要标准为同一公司股权交易且交易日期相近。可比案例的基本情况如下：

A. C 公司转让 B 公司 19. 2604% 的股权

a. 交易概述（略）。

b. 关于交易的主要公告。

2015 年 12 月 18 日 C 公司发布《关于公司出售 B 公司股权的进展公告》，公告称，2015 年 12 月 17 日，C 公司收到了昆明某产权交易所出具的《挂牌结果通知书》，征集到符合受让方条件的意向受让方 2 个。同时，公告了其他重要事项：经 B 公司 2015 年第五次临时股东大会审议通过，E 企业向 B 公司增资 2360 万元增资后 B 公司注册资本由 25960 万元增至 28320 万元，C 公司持有其股权比例由 19.260% 降至 17.6554%，故本次交易标的资产变为 C 公司持有的 B 公司 17.6554% 的股权。上述两家意向受让方均已认可 C 公司持有的 B 公司股权比例为 17.6554%，对挂牌底价未产生影响。

2015 年 12 月 23 日 C 公司发布《关于公司出售 B 公司股权的进展公告》，公告称，2015 年 12 月 22 日，公司收到了昆明某产权交易所出具的《成交确认书》，Z 投资有限公司通过电子竞拍方式以 21089.91 万元人民币竞得公司持有的 B 公司 17.6554% 的股权。

c. 交易对方概况（略）。

d. 公告的交易标的基本情况（略）。

e. 交易的定价依据。

C 公司以 B 公司 19.2604% 的股权评估价值及 B 公司持有 Y 公司限售股影响值为定价依据。

表 9-2　股权转让定价

单位：万元

项目	评估报告结论	Y 公司对 19.2604% 股权价值的影响值	两项合计	折扣率	转让底价
19.2604% 的 B 公司股权	7313.11	21958.19	29271.30	30%	20489.91

f. 涉及交易的其他安排（略）。

g. 交易目的和对 C 公司的影响。

交易有利于提升 C 公司核心竞争力，做大做强主业。此次出售股权没有损害广大股东特别是中小股东的利益，符合 C 公司的长远发展战略以及股东的利益。

h. 交易协议的主要内容（略）。

i. 股权交割情况。

经 B 公司 2015 年第五次临时股东会审议通过，C 公司将所持 B 公司 17.6554% 的股权转让给 Z 投资有限公司。2016 年 2 月 2 日，C 公司先将所持 B

公司 8.8333% 的股权过户给 Z 投资有限公司，并完成工商登记变更手续，剩余股权尚未过户。截至 2016 年 6 月 30 日 C 公司持有 B 公司 8.8221% 的股权，Z 投资有限公司持有 B 公司 8.8333% 的股权。

B. D 公司转让 B 公司 15.4083% 的股权

a. 交易概述（略）。

b. 关于交易的主要公告（略）。

c. 交易对方概况（略）。

d. 交易标的基本情况（略）。

e. 交易的定价依据。

以 D 公司持有 B 公司 15.4083% 的股权评估价值及 B 公司持有 Y 公司限售股的价值影响情况为定价依据。

按资产基础法评估，D 公司持有 B 公司 15.4083% 的股权的价值为 5762.40 万元（=37398.02×15.4083%）。因考虑到 Y 公司股权是 B 公司持有的重大资产，评估报告中就此重大事项对评估结论产生的重大影响进行了说明：B 公司实际持有 Y 公司限售股数量为 39923.209 股，B 公司股东全部权益的评估值将为 164459.85 万元，则 B 公司 15.4083% 的股权的评估价值为 25340.47 万元。

f. 交易目的和对 D 公司的影响。

近两年来，D 公司因主导产品市场价格持续低迷，致使流动资金日趋紧张，此时选择转让 B 公司股权，通过变现收回投资，有利于及时补充所需流动资金。

g. 交易协议的主要内容。

交易标的的交易方式为协议转让方式交易。股权转让价款经双方协商确定总额为人民币（大写）叁亿壹仟万元整（31000 万元）

h. 股权交割情况。

经 B 公司 2015 年第五次临时股东会审议通过，D 公司将所持 B 公司 14.1243% 的股权全部转让给投资合伙企业（有限合伙）。2016 年 3 月 16 日，B 公司完成工商登记变更手续。

注：因同期 E 企业增资 B 公司，故 D 公司所持 B 公司 15.4083% 的股权比例降至 14.1243%，受让方对此认可，转让价格不受影响。

C. E 企业增资 B 公司

经 B 公司 2015 年第五次临时股东大会审议通过，E 企业向 B 公司增资 2360.00 万元，增资后 B 公司注册资本由 25960.00 万元增至 28320.0 万元。2015 年 11 月 27 日，B 公司集团完成工商登记变更手续。根据 B 公司 2015 年第五次临时股东大会决议及 2015 年度股权激励方案，E 企业为 B 公司股权激励计划行权方，以 1 元现金对应 1 元注册资本的价格增资 B 公司。

（3）评估计算及分析过程。

根据委托方提供的资料，分析3个案例的具体情况，C公司和D公司转让B公司股权，是在公开市场环境下股权转让的结果，转让信息公开；E企业增资案例为B公司股权激励计划增资，增发价格非市场公开定价，不具可比性，因此，本次对比案例取C公司和D公司转让B公司股权案例作对比，分析调整过程如下：

A. 交易情况修正

考虑排除交易行为中的特殊因素所造成的可比实例成交价格偏差，将可比实例的成交价格调整为正常价格。本次评估根据选取案例的信息资料，对转让性质、交易地点交易情况等作调整。交易案例中有在交易所挂牌转让的，也有协议转让的，分析各案例的交易性质、形式及方式等情况，对交易案例作调整。

a. 交易性质调整：根据选取案例的信息资料，所选案例中C公司为在产权交易中心挂牌转让，D公司为公开协议转让，两者都是在公开市场中交易，则不调整交易价格。

b. 交易地点调整：不同的交易地可能交易价格会有不同，在评估时应该区别考虑，如不影响，则不作考虑。

c. 交易情况调整：根据交易转让方的具体情况，分析其转让目的、转让背景、对交易的迫切性等因素，考虑是否对交易价格造成影响。根据委托方提供的资料，C公司及D公司两家均为上市公司，无论是在产权交易中心挂牌转让，还是公开协议转让，均属于公开市场交易，因此不作调整。

表9-3 交易案例情况

项目		案例1		案例2	
		C公司转让B公司19.2604%的股权		D公司转让B公司15.4083%的股权	
比较因素		状况描述	分值	状况描述	分值
交易情况	交易性质	挂牌	100	协议转让	100
	交易地点	昆明产权交易中心	100	贵州	100
	交易情况	正常	100	较迫切	100

B. 进行交易时间修正

股东权益随时间变化，也会相应变化，而这些变化皆因B公司的经营情况及所持有资产价值变化而带来的。本次评估对委托方了解项目情况的人员进行了访谈、收集了B公司的经营情况和资产状况的资料。

根据评估人员向委托方及有关人员了解的情况，通过同花顺iFinD查询到的情况，B 公司目前持有的上市公司江西 Y 公司制药股份有限公司股权，为 B 公司持有的重大资产。Y 公司是一家专业从事血液制品生产的定点单位。

虽 Y 公司的市值因素，不能完全传导到 B 公司的少数股权成交价格中去，但考虑到 Y 公司近期股价变化较大，根据交易案例交易日 Y 公司股价至本次评估基准日的股价变化，分析 B 公司对 Y 公司的投资收益与其他投资占 B 公司总投资收益的比例，综合调整本项，作为交易时间修正的主要因素。

所选案例股权交易日 2015 年 12 月 23 日、2015 年 12 月 24 日及评估基准日 2016 年 6 月 30 日，Y 公司的收盘价分别为 41.00 元/股、41.0 元/股、62.86 元/股，与基准日收盘价相比，两个案例交易日收盘价分别上涨 53.32%、52.94%。综上所述，确定分值如下：

表 9-4　交易案例打分情况

项目		案例 1		案例 2	
		C 公司转让 B 公司 19.2604% 的股权		D 公司转让 B 公司 15.4083% 的股权	
比较因素		状况描述	分值	状况描述	分值
交易日期	交易日期	2015/12/23	65	2015/12/24	65

注：根据 2015 年 8 月 29 日 Y 公司《发行股份及支付现金购买资产并募集配套资金关联交易报告书（草案）（修订稿）》、2015 年 9 月 11 日 Y 公司《2015 年半年度权益分派实施公告》、2015 年 9 月 22 日 Y 公司《关于实施 2015 年年度利润分配方案后调整发行股份购买资产并募集配套资金的发行价格和发行数量的公告》、2015 年 11 月 3 日 Y 公司《关于公司发行股份及支付现金购买资产并募集配套资金关联交易事项获中国证监会并购重组审核委员会审核通过暨复牌的公告》、2015 年 11 月 3 日 Y 公司《关于中国证监会行政许可项目审查一次反馈意见通知书之反馈意见回复（修订稿）》、2015 年 11 月 25 日 Y 公司《关于发行股份及支付现金购买资产并募集配套资金暨关联交易事项获中国证券监督管理委员会核准批复的公告》、2015 年 11 月 25 日 Y 公司《发行股份及支付现金购买资产并募集配套资金暨关联交易报告书》，结合 2015 年 12 月 23 日 C 公司《关于公司出售 B 公司股权的进展公告》和 2015 年 12 月 24 日 D 公司《关于转让所持 B 公司 15.4083% 股权的进展公告》，在公开市场假设下，B 公司持有 Y 公司的股份数量不作调整。

C. 进行交易个别因素修正

将可比案例在其个体交易状况下的价格调整为估价对象个体状况下的价格。以待估对象的个别因素为基础进行修正，如持股比例账面净资产等。由于本次比较案例为目标公司自身交易案例，因此对行业，经营的业务，经营市场环境等宏观经济条件行业状况未作考虑。

由于可比案例交易日的财报信息难以从公开渠道获得，本次评估计算可比指标时，选取交易披露的近期数据进行比较。

a. 净资产调整

交易案例中披露的 B 公司母公司口径主要财务数据如下：

表 9 - 5　基本财务指标

日期	2015 年 9 月 30 日	2015 年 8 月 31 日	2016 年 6 月 30 日
总资产	75477.79	66450.67	95999.85
总负债	43996.30	35323.97	65667.75
净资产	31481.49	31126.71	30332.11
时间	2015 年 1~9 月	2015 年 1~8 月	2016 年 1~6 月
营业收入	2022.71	2022.71	134.76
净利润	-578.90	847.36	-3164.36

由表 9 - 5 可以看到，近期总资产及总负债有所增长，净资产基本不变。考虑到 B 公司财务信息公开程度较低，且净资产变化不大，因此未作调整。

b. 持股比例

持股比例的不同，不只彰显股东的权利和对企业的控制能力，对股权转让时的价格也有不同程度的影响。《达摩达兰论估价》中提到，有证据显示投资者愿意为获得大量股票支付溢价，即使低于 50% 的多数股权界限。经研究发现，在美国较大的大宗股票交易中溢价超过 10%。将研究扩展到意大利的大宗股票交易，并得出结论认为，大型的大宗股票交易的平均溢价为 27%，溢价随着股票规模的增加而增加，股票比例大于 10%，溢价为 31%，而股票比例小于 10%，溢价为 24%。

从 B 公司管理层来看，其董事会 7 名成员中 C 公司和 D 公司均有一位，两股东所占董事人数相当，而 A 公司在 B 公司无董事会成员。

评估师也认为，在不考虑能获得绝对控股权的情况下，对 B 公司这种股权分散的公司，股份数量多比股份数量少更易获得股份转让溢价。

综上所述，参考国外研究成果，作如下调整：

表 9 - 6　调整明细表

项目		案例 1		案例 2	
		C 公司转让 B 公司 19.2604% 的股权		D 公司转让 B 公司 15.4083% 的股权	
比较因素		状况描述	分值	状况描述	分值
个别因素	净资产	31481.49	100	31126.71	100
	持股比例	17.66%	129	14.12%	129

D. 确定权重

根据委托方提供的资料，分析交易案例的具体情况，C 公司、D 公司两家均为上市公司，无论其是在产权交易中心挂牌转让，还是公开协议转让，交易信息公开，均属于公开市场交易。

从B公司管理层控制来看，其董事会7名成员中，C公司和D公司均有一位董事，两股东所占董事人数相当。

从交易时间来看，C公司和D公司案例的股权交易时间相邻。

综上分析，C公司、D公司两个交易案例的权重分别取0.50、0.50。

4. 评估结果

通过上述各种修正后，得出比准价格，根据案例的具体情况得出各案例权重，分别乘以各权重后作为待估对象的评估单价。

比准单价＝可比实例比准单价（1＋2＋…＋N）/N

其中，可比实例比准单价＝交易价格×修正系数；N为可比实例数量。

修正系数＝（100/交易情况修正）×（100/交易日修正）×（100/个别因素修正）

具体调整如表9－7所示。

表9－7　调整分值　　　　　　　　　　单位：万元

项目		案例1		案例2	
		C公司转让B公司19.2604%的股权		D公司转让B公司15.4083%的股权	
实际成交价（万元）		21089.91		31000.00	
实际成交股权比例		17.66%		14.12%	
注册资金（万元）		28320.00		28320.00	
交易价格（单价）		4.22		7.75	
比较因素		状况描述	分值	状况描述	分值
交易情况	交易性质	挂牌	100/100	协议转让	100/100
	交易地点	昆明产权交易中心	100/100	贵州	100/100
	交易情况	正常	100/100	较迫切	100/100
	交易情况小计		1.00		1.00
交易日期	交易日期	2015年12月23日	100/65	2015年12月24日	100/65
	交易日期小计		1.53		1.53
个别因素	净资产	31481.49	100/100	31126.71	100/100
	持股比例	17.66%	100/129	14.12%	100/129
	个别因素小计		0.77		0.77
比准价格（单价）		5.0066		9.1766	

A 公司于评估基准日持有 B 公司 3.53% 的股权，持股数 1000 股，因此待估对象的评估值如下：

评估值 = 比准单价 × 持股数

$$= (5.0066 \times 0.50 + 9.1766 \times 0.50) \times 1000.00$$

$$= 7092.00 \text{（万元）（取整）}$$

5. 评估结论

经过上述分析可以得到：采用市场法进行评估，A 公司在评估基准日持有的 B 公司 3.53% 的股权的评估价值为 7092.00 万元，增值额为 6092.00 万元，增值率为 609.20%。

三、案例分析与建议

本案例采用市场法对非上市少数股权价值进行了评估，为国有企业少数股权退出提供了价值参考。

（一）案例值得借鉴之处

国有企业作为少数股权股东的国有股权退出评估，过去评估时一般评估范围都是被评估企业的全部资产与负债。尽管委托方是少数股权股东，被评估企业一般对评估公司配合程度差，但迫于多数地方国资监管审核的要求，评估公司即使在评估程序很难达到准则要求的条件下，也会盲目出具以全部资产与负债为评估范围的评估报告，因评估程序不到位为项目期后留下诸多隐患。

本案例评估思路清晰，评估对象与评估范围均为 A 公司在评估基准日持有的 B 公司 3.53% 的股权，以被评估企业自身股权交易案例为市场法评估的交易案例，案例可比性较强，其中两个已成交案例的相关资料信息收集准确完整。

（二）案例的不足之处

评估方法仅采用市场法，未充分分析论证收益法—股利折现法的适用性。评估案例选取了三个被评估企业自身股权交易的案例，随即排除了一个可比性较弱的案例，但最终保留的两个案例是否充足未做具体分析；交易时间、持股比例、因素的分值确定过程等内容虽有分析但是量化过程不清晰；两项交易案例测算的比准价格差异较大；最后，直接以两项案例比准价格的算术平均值（权重各占50%）确定为最终评估结论，欠谨慎同时缺乏合理性分析。

四、总结与启示

目前，在非上市少数股权评估实务中，困扰评估人员较多的问题：一是委托方（或监管方）的要求与被评估企业的配合程度相矛盾；二是评估方法选用的局限性。例如，企业价值评估准则引导评估人员在缺乏控制权的股东部分权益价值评估中，收益法评估宜采用股利折现法，即将预期股利进行折现以确定评估对象价值的方法。但国内的现实情况是大多数公司（包括上市公司）股利支付比例（占净利润比例）较低，股利支付政策随意性较强。如果按历史分红比例进行测算，会严重低估待估股权价值。实践中是否可以转换一下思路，基于资本市场与国际接轨的必然趋势，尝试采用发达国家相对完善的资本市场中相关企业的股利支付比例确定未来预期股利；或者测算理想状态下的预期股利，即净利润在提取必要的盈余公积、风险准备等法定扣除项目后全部用于股东分红。通过上述途径计算分析预期股利的基础上，然后再测算与之匹配的折现率最终得到收益法的评估结果。当然这种估值方法不应作为非上市少数股权评估的唯一方法，可以作为案例市场法评估结果的次选方法。总之，评估人员在有限的条件下，如何准确合理地进行估值分析尚需在实践中摸索与探讨。

第二节 案例使用说明

一、教学目的与用途

该案例适用于《资产评估实务与案例》和《企业价值评估》的课程教学，教学对象是资产评估专业本科生、硕士研究生和各种课程班、研习班或讨论班的非在校学员。

通过该案例教学让学生了少数股权价值评估思路；掌握市场法评估步骤。

二、启发思考

第一，价值比率的类型有什么？
第二，风险量化的方法有什么？
第三，案例仅采用一个方法评估，是否妥当？
第四，非上市少数股权评估存在流动性折价问题，如何处理？

三、评估思路分析

该案例首先由评估目的来确定本次评估所采用的价值类型，在确定好评估范围、评估基准日、评估依据后，对市场法进行适用性分析。其次决定运用市场法对少数股票进行价值评估。最后再用可比价值乘以相应的持股数量，得出最终的部分股东权益价值。书中详细介绍了评估方法的技术思路、估值模型及其参数的选择与计量，为并购双方提供了一个简单有效的估值模型，为未来同行业发生相同经济行为提供些许帮助和借鉴。

四、关键要点分析

为确定少数股东部分权益价值评估，对评估方法进行选择，本案选择市场法进行评估。进行可比企业选择，确定价值比率，修正价值比率，得出评估结果。只是选取唯一方法进行评估并确定价值是否稳妥值得商榷。

第十章　评估报告

第一节　评估报告构成和工作底稿

一、概述

（一）定义

资产评估报告是指资产评估机构及其资产评估专业人员遵守法律、行政法规和资产评估准则，根据委托履行必要的资产评估程序后，由资产评估机构对评估对象在评估基准日特定目的下的价值出具的专业报告。

（二）要求

（1）评估报告是发表专业意见的书面文件。

（2）按照表现形式，可分为书面评估报告和口头评估报告。许多国家认可口头报告。比如美国，评估师在出庭作证时就提供口头评估。但是，根据我国评估行业惯例和社会各界接受程度，我国只能提供书面评估报告。

（3）资产评估报告由评估师编制，但需要所在机构法定代表人签字，并且评估机构盖章后方为有效。同样，评估师必须在评估机构执业，不得以个人名义承接业务，应由具有专业资格的评估机构统一承接评估业务并出具评估报告。出具评估报告是履行业务约定书合同行为，必然是签约方履行合同责任和义务的法人行为。因此，出具评估报告是机构行为，不是个人行为。

（4）资产评估报告应当由至少两名承办该项业务的资产评估专业人员签名并加盖资产评估机构印章。法定评估业务的资产评估报告应当由至少两名承办该项业务的资产评估师签名并加盖资产评估机构印章。

（5）资产评估报告陈述的内容应当清晰、准确，不得有误导性的表述。

（6）资产评估报告应当明确评估结论的使用有效期。通常，只有当评估基准日与经济行为实现日相距不超过一年时，才可以使用资产评估报告。

（三）几个时点

评估报告有两个重要期限：一是评估报告日，二是评估基准日。财政部发布的《资产评估报告基本内容和格式的暂行规定》指出，评估报告提出日是报告提交委托方具体时间，考虑到异地执业情况，许多报告不能在第一时间提交委托方，加之报告出具时也不明确委托方何时能正式收到评估报告，考虑到报告提交日在实务中不具有操作性，因此，评估报告日为专业意见形成日。

1. 评估报告日与评估基准日关系

美国的《专业评估执业统一准则》规定了三种类型：

（1）现时性评估。

基准日与报告日是相同或接近的，大多数项目属于此类评估。

（2）追溯性评估。

需要确定资产过去价值的评估，基准日早于报告日。在资产纳税和司法诉讼情况下，追溯性评估的经济行为已经发生。

（3）预测性评估。

即资产未来价值。对正在开发的资产权益进行评估时需要确定资产未来价值。

2. 评估基准日与报告有效期

（1）评估基准日。

评估结论反映评估基准日的价值判断，仅在评估基准日成立，其有效期的规定受外部环境变化的影响。理性的报告使用者根据评估基准日后外部市场环境的影响决定报告是否有效，而不是人为地规定一个有效期。

（2）评估报告有效期。

一是评估结论在评估基准日成立，在基准日后的某个时期经济行为发生时，市场环境发生较大变化，评估结论在此期间有效。一旦市场价格标准出现较大波动，则评估结论失效。因此，规定评估报告通常自评估基准日至经济行为实现日一年内有效。在不到一年的时间，市场条件或资产状况发生重大变化，评估报告结论不能反映经济行为实现日价值，此时应该重新评估。

二是评估基准日的评估结论出具时，其经济行为即已发生，所谓有效期的问题对其没有影响。

追溯性评估价值结论不存在现实市场条件对其影响的问题，因此，追溯性评估报告不存在有效期限的限制。

二、评估报告构成

（一）评估报告内容

资产评估报告的内容包括：标题、文号、目录、声明、摘要、正文、附件。

1. 声明

（1）评估报告中陈述的事项是客观的。

（2）评估师在评估对象中没有现存的或预期的利益，同时，与委托方和相关当事方没有个人利益关系，对委托方和相关当事方不存在偏见。

（3）评估报告的分析和结论是在恪守独立、客观、公正原则的基础上形成的，仅在评估报告中设定的评估假设和限制条件下成立。

（4）评估结论仅在评估报告载明的评估基准日有效，评估报告使用者应当根据评估基准日的资产状况和市场变化情况合理确定评估报告使用期限。

（5）评估师及其所在评估机构具备本评估业务所需的执业资质和相关专业经验，除已在评估报告中披露的运用评估机构或专家工作外，评估过程没有运用其他评估机构或专家的工作成果。

（6）评估师本人和助理人员对评估对象进行了现场调查。

（7）评估师执行评估业务的目的是对评估对象进行价值估算并发表专业意见，并不承担相关当事人决策的责任，评估结论不应当被认为是评估对象可实现价格的保证。

（8）遵守相关法律法规和资产评估准则。对评估对象价值进行估算并发表专业意见是评估师的责任，提供必要的资料并保证所提供资料的真实性、合法性和完整性，恰当使用评估报告是委托方和相关当事方的责任。

（9）评估师对评估对象的法律权属状况给予必要的关注。但不对评估对象的法律权属做任何形式的保证。

（10）评估报告使用权限仅限于评估报告载明的评估目的，因使用不当造成的后果与签字的评估师和评估机构无关。

（11）其他需要声明的事项。

2. 摘要

评估报告摘要旨在以较少的篇幅描述评估报告关键内容，以便委托方和评估报告使用者了解评估报告的主要信息及评估结论。评估报告摘要披露的内容包括：评估目的，评估对象和评估范围，价值类型及其定义，评估基准日，评估方法，评估结论，评估报告日，评估师签字盖章和评估机构盖章。

摘要应当与评估报告揭示的结果一致，不得有误导性内容。

（二）评估报告正文

①委托人及其他资产评估报告使用人。②评估目的。③评估对象和评估范

围。④价值类型。⑤评估基准日。⑥评估依据。⑦评估方法。⑧评估程序实施过程和情况。⑨评估假设。⑩评估结论。⑪特别事项说明。⑫资产评估报告使用限制说明。⑬资产评估报告日。⑭资产评估专业人员签名和资产评估机构印章。

前13项内容并非独立存在，而是环环相扣。评估目的影响价值类型和基准日的选择；评估对象和价值类型影响评估方法的选择；评估结论是基于评估假设和实施的评估程序获得的。

三、评估报告内部审核

在实务中，为保证评估报告质量，根据《评估机构业务质量控制指南》确定评估报告审核级次，各机构规定不尽相同。涉及报告审核的主要有项目经理、首席评估师、部门经理、分公司质控部、总公司质控部、负责合伙人等。无论是否设立专职审核部门，评估报告审核内容主要有（见表10-1）：

（1）评估资料的权威性、客观性、适时性。

（2）评估技术思路合理性。

（3）评估目的、评估时所依据的各种假设和条件与评估使用的各种参数以及结论在性质和逻辑上的一致性。

（4）计算公式、计算过程和数据链接关系的正确性。

（5）技术参数选取的合理性。

（6）运用多种方法评估同一对象时，各种评估方法所依据的各种假设、前提条件、数据参数的可比性。

（7）最终评估结论的合理性。

（8）评估报告的合规性。

表10-1 评估报告内部审核表

项目名称： 项目编号： 资产总额：

项目经理审核意见	
负责部门经理复核意见	
分公司质控部复核意见	
总公司质控部复核意见	
负责合伙人复核意见	

四、评估报告签发和提交

提交正式报告前，评估机构可在不影响对最终评估结论进行独立判断的前提下，与委托方及其许可的相关当事方就评估报告有关内容进行必要沟通。针对其提出的核查和修改意见，项目团队及时组织复核、查证，在查实或取得支持性证据的前提下，对评估报告进行必要修改，并履行内部审核程序。

评估机构完成内部审核后，按照规定程序和签章要求出具提交给委托方和业务约定书约定的其他报告使用方。报告送达后，评估机构一般应保留委托方接受评估报告的书面凭证。涉及国有资产管理项目，报告提交后，委托方需按规定履行资产评估核准（备案）程序。评估人员协助委托方，对国有资产主管部门提出的问题或审核意见进行解释和说明。

五、工作底稿

评估人员提交评估报告后，应当按照资产评估法、资产评估准则的要求对工作底稿进行整理，与评估报告一起及时形成评估档案。工作底稿可以是纸质文档、电子文档或其他介质形式的文档。评估人员应当根据评估业务特点和工作底稿类别，编制工作底稿目录和索引号，反映工作底稿间的钩稽关系。

（一）管理类工作底稿

按照评估流程从基本事项调查表、风险评价表、业务约定书、评估计划表、资料清单、评估报告复核等涉及的所有表格均纳入管理类工作底稿。

表 10-2 ××项目管理类工作底稿

编号	底稿内容	索引号
	定稿评估报告（附件、明细表、评估说明）	
1	评估业务基本事项调查表	
2	评估项目风险评价表	
3	评估项目业务约定书	
4	评估项目工作计划表	
5	资产评估委托方或被评估单位提供的资料清单	
6	评估业务变更情况表	
7	聘请专家（专业人员）申请表	
8	评估过程中重大问题处理记录	
9	委托方意见反馈表	
10	审核表	
11	报告签发表	
12	评估报告签收单	
13	评估目的对应的经济行为文件	

编号	底稿内容	索引号
14	经济行为方案（重组方案、改制方案等）	
15	委托方、被评估单位简介（历史沿革、现状和发展前景）	
16	委托方、被评估单位营业执照复印件	
17	被评估单位章程、合同、协议、验资报告等复印件	
18	被评估企业内部管理制度、人力资源、核心技术、研发状况、销售网络、特许经营权、管理层构成	
19	企业国有资产产权登记证复印件	
20	被评估单位前三年设计报告，财务报表盖章件，其他历史财务资料，经营统计资料财务预测资料	
21	被评估单位的评估基准日审计报告及财务报表盖章件	
22	被评估单位专业许可证明（生产许可证金融机构经营许可证等）	
23	被评估单位税务登记证，含国税地税等	
24	客户申报的资产评估明细表盖章件	
25	委托方及被评估单位提供重大未决事项期后事项及其他特殊事项材料及说明	
26	有关可能影响被评估企业生产经营状况的宏观、区域经济因素、行业发展状况发展前景等相关资料	
27	有关参考企业的财务信息，股票价格或股权交易价格等市场信息以及以上评估情况等相关资料	
28	有关资产市场、产权交易市场的有关信息相关资料	
29	与相关人员访谈记录	
30	有关委托方关于被评估资产配置和使用情况说明，包括非经营性资产，负债溢余资产等资料说明	
31	有关评估对象以往的评估及交易情况相关资料	
32	企业《关于进行资产评估有关事项说明》盖章件	
33	委托方、被评估单位承诺函盖章文件	
34	委托方、被评估单位提供的其他资料	
35	与其他中介机构往来资料	
36	项目核准或备案文件	
37	专家讨论会记录	

（二）操作类工作底稿

操作类工作底稿的内容因评估目的、评估对象和评估方法等不同而有所差异，通常包括以下内容：

1. 现场调查记录与相关资料

通常包括：

（1）委托人或者其他相关当事人提供的资料，如资产评估明细表，评估对象的权属证明资料，与评估业务相关的历史、预测、财务、审计等资料以及相关说明、证明和承诺等。

（2）现场勘察记录、函证记录等。

（3）其他相关资料。

2. 收集的评估资料

通常包括市场调查及数据分析资料，询价记录，其他专家鉴定及专业人士报告，其他相关资料。

3. 评定估算过程记录

通常包括重要参数的选取和形成过程记录，价值分析、计算、判断过程记录，评估结论形成过程记录，其他相关资料。

第二节　评估报告模板

一、封皮

二、目录

三、声明

四、摘要

五、评估报告正文

（一）委托方、被评估单位和其他评估报告使用者

（二）评估目的

（三）评估对象和评估范围

（四）价值类型及其定义

（五）评估基准日

（六）评估依据

（七）评估方法

（八）评估程序实施过程和情况

（九）评估假设

（十）评估结论

（十一）特别事项说明

（十二）评估报告使用限制说明

（十三）评估报告日

六、附件

七、承诺函

参考文献

［1］曹裕，陈晓红，王富强．我国上市公司生命周期划分方法实证研究
［J］．系统管理学报，2010，19（03）：314.

［2］郭翌．资产评估模拟实验［M］．北京：立信会计出版社，2011.

［3］胡玉明．财务报表分析［M］．大连：东北财经大学出版社，2012.

［4］路君平．资产评估理论与案例分析［M］．北京：中国人民大学出版
社，2007.

［5］丘开浪．收益法评估中非经营性资产、负债和溢余资产的识别［J］．
商业会计，2013（23）：16－19.

［6］徐爱农．企业价值评估［M］．北京：中国金融出版社，2012.

［7］余明轩．企业价值评估［M］．北京：中国财政经济出版社，2015.

［8］杨志明．资产评估实务与案例分析［M］．北京：中国财政经济出版社，
2015.

［9］中国资产评估协会．资产评估实务二［M］．北京：中国财政经济出版
社，2019.

［10］中国资产评估协会．资产评估实务一［M］．北京：中国财政经济出版
社，2019.

［11］中国资产评估协会．资产评估基础［M］．北京：中国财政经济出版社，
2019.

［12］张先治，池国华．企业价值评估［M］．大连：东北财经大学出版社，
2017.

［13］张世如，杨于娆．行业生命周期与企业价值相关性研究［J］．中国资
产评估，2016（01）：26－33.

［14］朱卫东，田雨菲，张福伟，胡雪，戴潇雅．企业生命周期视角下政府
补助与中小企业价值创造关系研究——基于凝聚式层次聚类和粗糙集的规律挖掘
［J/OL］．中国管理科学：1－13［2021－03－27］．https：//doi．org/10.16381/i.

cnki. issn1003 – 207x. 2020. 1397.

[15] 周文泳，周小敏，姚俊兰．政府补贴、生命周期和科技服务企业价值 [J]．同济大学学报（自然科学版），2019，47（06）：888 – 896.

[16] 中国上市公司业绩评价课题组．2020 中国上市公司业绩评价报告［M］． 北京：中国财政经济出版社，2020.

[17] 赵强．股权流动性溢价与缺少流动性折扣研究［R］．北京中同华资产评估有限公司，2019.

[18] Dickinson V. Future Profitability and the Role of Firm Life Cycle［EB/OL］. ［2012 – 02 – 16］. http：//ssrn. com/abstract = 755804.

[19] 阿斯沃斯·达摩达兰．投资估价（第三版上册）［M］．北京：清华大学出版社，2014.

[20] 中国资产评估协会．资产评估实务（一）［M］．北京：中国财政经济出版社，2021.

[21] 中国资产评估协会．资产评估实务（二）［M］．北京：中国财政经济出版社，2021.

[22] 中国资产评估协会．中国资产评估准则（2017）［M］．北京：经济科学出版社，2017.

[23] 北京资产评估协会．资产评估操作程序使用手册（一）［M］．北京：经济科学出版社，2014.

[24] 范文娟，张心灵，胡海川．生物资产价值评估［M］．北京：中国农业出版社，2015.

[25] 中国资产评估协会．资产评估准则——机电设备讲解［M］．北京：经济科学出版社，2008.